绪　论

　　主体性是一个始于哲学而繁衍于传播学的命题。从哲学上说，它是基于对象化活动中主动一方和被动一方属性即主体性和客体性的思考而形成的命题；从传播学上说，是事关传播的效果的命题。当传统的哲学的主体性理论碰到现实的困惑时，就注意到主体与主体之间的相互关系，在主体性研究上，哲学视角的研究就逐步引入传播学视角的研究。他们从历史过程和主体间关系来削弱和修正中心性主体，主张人的存在的关系以及主体与主体间的关系，都是对话和交往的关系，这是本书研究的理论起点之一。从电视传播研究的成果来看，西方和借鉴西方理论体系的中国学者们对电视传播与主体性的关系大多持批判的态度，少有积极的、建设性的建议。这是本书研究的理论起点之二。从电视传播现实来看，如何克服早已为学者们痛心疾首的电视对人的主体性消解？建立怎样的一个机制来发挥电视对人的主体性构建的正向作用？这是本书研究的现实起点。

　　我们生活在一个被传媒所包围的环境中，"透过传媒所反映出来的信息与人的关系在目前成为个人、集体乃至社会利益的中心。人的主体性、文化观念和意识形态在不同技术条件下的传播情境中相互干扰、相互作用，每一种传播工具、传播方式的合法性也受到检验。"① 因此，从主体性构建的角度来研究电视传播的效果问题，实际上是对传播学本身的考问。

第一，从理论意义上来看，传统的形而上学日益衰落，哲学日益显示其人学内涵。主体性哲学是伴随人的自我觉醒而产生的哲学。从笛卡儿提出"我思故我在"这一哲学命题开始系统反思人的主体性，主体性问题成为近代以来人学和社会理论的核心内容。在现代社会，一切产品和活动都转换为交换价值，人的独立性得以增强，但人的社会关系转化为物的社会关系，人的能力转化为物的能力，人的交往转化为物的交往，因而人的主体性呈现出矛盾状况，即人的主体意识越强，就越是陷入主体性的困惑之中。于是有的哲学家在传统的"主体—客体"思维模式之外，提出了"主体—主体"思维模式，提出"主体际性"、"主体间性"的范畴。后现代主义思潮甚至否定主体性的存在，声称"主体和客体均被消解"。这就要求我们进一步思考，在当代社会条件下，主体和主体性是否还存在？以一种什么样的形式存在？主体性形成的机制发生了哪些变化？与现代电视传媒具有何种关系？

当现代哲学家们为人的困境寻找出路时，开始注意到传播和社会的共同作用。法兰克福学派在批判工具理性时，一并批判了媒介对意识形态的操纵。后现代哲学家利用语言学转向来理解人的主体性。海德格尔后期的思想、哈贝马斯的交往理论和伽达默尔的哲学诠释学，都特别重视语言的对话和交流的性质，认为语言就是人存在的方式，因而人与存在的关系以及主体与主体间的关系就是对话和交往之间的关系。海德格尔在 1927 年发表的《存在与时间》中指出，传播从来也不是将经验

---

① 陈卫星：《传播的观念》，人民出版社 2004 年版，第 11 页。

如意见、愿望从一个主体的内部运送到另一个主体的内部，而是我们之"被抛入"包含着他人的世界中的解释性的表达。福柯认为，并不存在自我决定、自我设计和自我控制的独立自主的主体，主体是被话语和权力关系塑造的。象征互动论的创立者米德指出，"自我"由"主体我"和"客体我"组成，个人的社会化过程，离不开使用社会所共享的语言符号进行的与他人的象征互动，即离不开传播过程。

从传播学的角度来论述人的主体性的形成，是对哲学主体性的深化。但是哲学家们大多只是天才地触及这个领域的一角，没有对传播和主体性的关系展开专门的研究。传播学学者的研究重点是传播模式，很少把目光投注到特定的"媒介、社会和文化"场域意义中去。虽然他们研究了态度的转变等传播中的客体性的表现和议程设置等主体性实现方式，但没有上升到哲学高度加以抽象和概括。把传播问题和主体性问题结合起来进行研究，有助于深化哲学主体性研究的内涵，更有助于拓展传播学学科的视野。

当然，要从哲学的高度来分析传播与人的主体性构建问题，并不是一件容易的事情。幸好，有麦克卢汉等大师的思路在前指引。麦克卢汉认为，媒介技术本身不仅是大众传播影响效果的源头，而且是社会变迁和文化发展中的重要动力。那么，我们社会的文化特征，人类主体性构建的特征都可以从媒介中找到根源。麦克卢汉认为，电视使人类恢复了自文字印刷传播兴起后长期失落的接收信息刺激时五官并用的功能，恢复了人类感官的平衡，使人们像生活中那样立体地认识问题。梅洛维茨的情景论认为，媒介的变化导致社会情景的变化，而后者决定人们的行为；电子传播媒介对社会的巨大影响力，在于它重新组织了生活情景并削弱了自然场所及生活场所之间素来很密切的联系，通过对社会情景的重新组织，使得由社会情景决定的社会行为产生相应的变化。这两位学者都认为，媒介本身会影响社会信息的构建方式，进而影响人的主体性的构建方式。虽然他们的理论都没有提及主体性这个概念，但已经发现了传播与主体性构建关系的部分本质。

第二，运用哲学的方法，梳理主体性建构与传播的关系，尤其是科学地阐述电视传播语境下人的主体性构建问题，对我国电视传播的健康发展具有非常积极的意义。传播的进步带来的最大变化是人的自主抉择、自我发展能力的增强，也就是人的主体性的逐渐丰富。电视传播也不例外，它具有双重特性，对人的主体性的作用既有积极促进的一面，也有消极解构的一面，透彻分析两者关系的本质，对电视传播的科学发展意义深远。

第三，从社会建设现实意义来看，中国的现代化也包含人的现代化，这就需要确立现代性的主体性，培养人们的自觉意识、公民意识、契约意识。中国的现代化理应包括传播的现代化，现代化的传播模式如何担当起培养人们的这几种意识的责任，我们尚无成熟的思考。尽管有对媒体过度市场化的批评，有对新闻真实性的哲学思考，但是从主体性方面来观察媒介传播尤其是电视这个大众传播媒介的功能和责任，厘清其与人的主体性构建的关系，是具有重要的现实意义的。哲学和传播学有必要携起手来，共同弘扬主体的创造性，为建立民主、公平、正义的社会做出自己的努力。

第四，从传播的实践来看，存在太多的概念化的传播，存在太多的口号式传播，存在太多以偏见代替真理的传播霸权，这一切都与过于放大传播者的主体性、过于忽略受众主体性有关系。如何建立"传者主体性和受者主体性相统一"的境界，是我们不得不面对的重大现实问题。新闻报道如何赢得理想的效果？电视传播如何健康地引导人？通过对电视传播与人的主体性关系的剖析，有助于我们找到一种科学的传播价值定位，以便于我们更自觉地探索和遵循传播规律，提高传播水平。

在电视传播效果的实证研究上，微观视角的成果很多。本书主要从电视传播与受众主体性构建的宏观视角来研究电视传播的效果问题。在电视传播中，受众的信息接受只是第一个阶段，这是许多传播学学者研究的核心内容。而本书更关心的是，受众的信息接受过程是否转化为价值认知以及把认知转化为人的自主抉择、自我发展的能力，也就是人的主体性的过程和机制。电视传播既加速了全球化的进程，又加速了本土化的进程；既促进了文化集中，又造成了不可避免的零散化和碎片化；既扩大了公共领域的疆界和范围，又以单向传播、信息源的垄断以及程式化等形式，在暗中萎缩和削弱了潜在的批判空间；既以强有力的符号摧毁一切传统的边界，使文化趋于同质化，又为各种异质因素的成长提供了某种可能。总之，它既是主体性成长的丰富土壤，又是主体性萎缩的温床。运用哲学的方法来研究主体性建构与传播的关系以及运用传播学常用的实证研究方法来探讨电视受众的主体性构建机制，力求深化传统的效果研究，这是本书的核心内容。

其一，电视和其他传播媒介一样，是人类主体性构建的强有力的中介。它通过改变受众的感观比例、拓展主体间性来促进人的主体性构建。

其二，电视传播与人的主体性构建特征。电视传播中受众的主体性是交叉主体状态下表现出来的主体性，是通过社会领域的标准化和私人领域的社会化而实现的人的主体性。

其三，电视受众主体性的构建机制。在电视传播中，电视受众的主体性的实现有着不同于先前的其他媒体的形式，它以丰富的日常生活的内容和深刻介入日常生活为基本特征，使人们在电视收视过程中，不知不觉地实现了符号消费与价值实现的统一；电视传受关系的建立，与受众虚拟主体地位的确立有着密切的关系。

其四，电视传播构建人的主体性的现实途径。创造公共空间，搭建主体性构建平台，这是主体性构建的前提；建立能动的传受关系，使受众成为主动创造的主体，是主体性构建对电视传播的本质要求；弥合边界断裂，实现人的总体性，是电视传播必须努力的方向。

在国外学者看来，主体性是与人的自我意识和人的自主性紧密联系在一起的，是近代历史和近代哲学发展的产物。关于主体性的认识可以说经历了这样几个阶段：第一，以理性的崇尚为核心内容的理性主体的阶段；第二，以生存关注为核心的生命主体的阶段；第三，以削弱甚至否定中心性主体为基本内容的后现代主体性阶段，或者主张交往主体性，或提出话语或者权力关系塑造的主体性模式，以多元离散的形式而存在；第四，实践主体性阶段。

从传播学方面来看，人类的一切思想和经验都是符号活动，因而符号是关于意识和经验的理论。同一对象可以有不同的再现和符号，这完全取决于主体的符号环境；不同的主体对同一符号可以有不同的理解和解释，这取决于主体对符号的经验和解释水平。符号的产生、信息的生产和人的主体性是一个互动的过程。关于传播与人的主体性构建，虽然没有系统的理论阐述，但仍然发现一些脉络，归纳起来，大致有这样一些理论可供借鉴：

第一，传播是一种视角，因为现实都是在传播中建立起来的，所以传播就包含了所有的事物。包括自然科学，也可以从传播学的视野加以理解。因为传播形式的变化，导致人的主体性呈现出阶段性和多姿多彩的特征。杜威、麦克卢汉、梅洛维茨的理论都有相关论述。但他们都把传播的作用过度夸大，没有找到人的主体性构建的内在动力。

第二，关于主体与环境的关系。芝加哥学派创始人乔治·赫伯特·米德提出，作为主体的"我"是自我中冲动性的、无组织的、无方向的和不可预测的那部分。作为客体的"我"即"被类化的他者"，是由与他人共享的具有组织性和一致性的模式所构成的。每个行动始自主体的"我"的神经冲动，但立刻被客体的"我"所控制。主体的"我"是行为的驱动力，客体的"我"指挥和引导行为。哈贝马斯用交往主体来界定；福柯用权力来界定；马克思用生产力和生产关系的结构来界定。

第三，关于传播对人的主体性的影响。拉斯维尔归纳出传播的三个功能，即监管（提供信息）、展现各种问题的选择性方案或者联系、社交或者教育，他称之为传输。拉扎斯菲尔德的二级理论假设意见领袖从媒体接受信息，然后再传给他人。公众舆论和"沉默螺旋"假设舆论的形成是一个沉默的螺旋，它由对孤立的恐惧所引起的，在媒体和个人之间会不断持续。乔治·格伯纳的培植分析认为，电视为人们提供观察世界的共同方式，是当代文化中进行同质化的中介物。李普曼与议程设置理论认为，公众回应的不是环境中的真实事件，而是"我们脑海中的图画"——虚构环境。唐纳德·肖和麦克斯维尔·麦克姆斯认为，媒体议程影响公众议程，公众议程又影响决策议程。使用、满足和依附理论把受众设想为具有辨别力的媒介使用者，人们对电视新闻的期望值与他们在多大范围内运用新闻来满足某种媒介需求有很大的关系，预测人们要依赖于媒介信息来满足某些需求，得到某些目标。这些理论实际上都从不同角度分析了传播在主体性构建中的作用。

第四，关于传播体制机制与人的主体性构建。法兰克福学派和普通语用学批判传播对人的宰制，当代该学派的代表人物哈贝马斯指出，对社会的理解必须结合工作、互动和权力这三种主要的利益，互动是对传播符号的使用，权力导致的是被扭曲的传播，公共领域可以为自由发表意见和进行争论创造一种大气候，提出解放性传播的口号。后结构主义提出，媒体是按照主流意识形态的内部框架来对待不同意见的，把异见群体定义为"边缘"。米歇尔·福柯认为，每个时代都有鲜明的世界观或者概念结构，他们决定了时代的知识本质。女性主义研究语言和权力的关系，指出语言是父权制的产物。男性为群体创造意义，而女性的声音被压抑了。这些流派力图从批判传播的现状，到批判造成这种现状的制度，并深入批判两者之间的共谋关系，为合乎人的主体性的传播模式的设计提供一种理念式的东西。但他们仍然是从一种抽象的概念出发，没有解决主体性构建的根本问题。

从社会学角度来看，主体性的形成不仅仅是一个意识的形成过程，而且是基于意识的复杂的决策和行动的过程。人类行动理论把人类视为具有理解力和创造性的主体，人类行动是由动机推动的，组成社会的过程是人类的互动的过程，这是一个主体之间使用词语、姿态手势和其他符号进行意义协调的持续过程，这一过程也就是主体性形成的过程。社会学关于理性范畴的研究和哲学关于理性范畴的研究，从不同角度丰富了主体性研究的内容。韦伯把行动分为四类：工具理性行动、价值理性行动、情感行动、传统行动。韦伯的解释把主体的意识、情感和行动联系起来，虽然没有分析主体行为的动力机制，但已经触及。舒茨在研究人际关系时指出，当自我的目的动机成为他我的因果动机或者反过来的时候，就实现了主体际性。帕森斯的自愿理论认为，行动者自愿地从那些有规范预先设定的目的和手段当中做出选择。他认为，一个行动系统的最低条件是：行动者依循动机来适应情景，行动者之间存在一套稳定的相互期待，行动者之间就正在发生的事具有一套共享的意义。这些社会学的分析为主体性理论分析提供了这样几个借鉴：其一，把主体性理论由意识范畴扩展到行动、选择等实践范畴；其二，对主体与客体之间的作用机制进行了详细的论证；其三，分析了社会系统和主体之间的关系。

第五，关于电视传播与人的主体性构建。电视收视行为是社会位置、矛盾召唤、交叉话语的互动过程，是人的主体性的发生过程。银幕理论假设所有的文本都是依据统一主体位置，建立在这一主体的构形之内，所有的话语效果都可以被缩减为一套单一的普适主义的心理机制功能。佩舍提出一个交叉话语的概念，指出主体的建构各不相同，可以被看作一种单一的、最初的（以及神秘的）召唤。召唤是通过话语对主体产生影响的。矛盾召唤可以看出不同话语、不同群体对主体的影响，可以洞悉不同的、矛盾的主体位置或召唤之间是如何结合的，可以看到主体动态的、临时的、不稳定的属性，同时去掉一个假定"存在着预先设定的、统一的、同质形式的阶级意识"。因此，要承认多重文本/多重主体的对应关系。社会位置决定了受众的解码范围，可能设置了潜在的解读范围。[①] 价值体系和解读方式是对应的。"人的主体性建立于多种不同的关系网络之中，这些关系只有部分是相互重合的。"[②] 人的主体性不是人类社会关系之源，而是后者的结果。"没有一种主体位置能够在逻辑上从其他主体位置上推演出来，这虽然是事实，但是这并不是意味着没有一种主体位置会比其他的位置更有影响力或者更具生成作用。这些主体位置在逻辑上处于同一水平线的事实并不意味着它们在经验上必然全都是等同的。"[③]

家庭/户是电视消费的基本单位，也是主体性形成的基本场域。家

---

① 参见 [英] 戴维·莫利：《电视、受众与文化研究》，史安斌译，新华出版社 2005 年版，第 98 页。

② [英] 戴维·莫利：《电视、受众与文化研究》，史安斌译，新华出版社 2005 年版，第 153 页。

③ [英] 戴维·莫利：《电视、受众与文化研究》，史安斌译，新华出版社 2005 年版，第 153 页。

庭中遥控器的使用者一般在男性手上，而且是与男性是否有经济的主导地位联系在一起的。① 男性主要认同"事实性节目"，而女性则表现出对虚构节目的爱好。②

　　"由于无法认同或是拒绝认同的缘故，主体性是由心理和社会等双重动力，在复杂的互动作用中逐渐被识别出来的。"（唐纳德，1989：6)③ 男性在收视中对权力控制的努力，与其说是男性特质中的控制权力的欲望，不如说是代表了这种权力的脆弱性和不稳固性（要争取才能得到的权力）。通过电视，家庭也成为公共领域的一部分（方丹，1988：284)。家庭对女性来说，是休闲和工作兼而有之的场所。广播电视把家庭和国家接合成一个"民族家庭"④。"当前的时事和杂志型电视节目的崭新形象正好是家庭以及由家庭组合而成的国家。在这类节目中，核心家庭是众多节目话语默认的前提：不但节目所面对的都是'家庭受众'，而且这种以家庭为中心的话语聚焦于以下两个方面：其主流是人情味故事；其主控表达方式则强调公共事件与日常生活的关系。"⑤ 广电系统的首要任务是对现代性的传递，对社会领域的标准化和对私人领域的社会化。电视时间取代时间的安排，编排影响时间的组织。电视还影响空间的组织，传输的空间已经超越了权力、社会生活和知识的边界，而正是

---

① 参见［英］戴维·莫利：《电视、受众与文化研究》，史安斌译，新华出版社 2005 年版，第 169 页。
② 参见［英］戴维·莫利：《电视、受众与文化研究》，史安斌译，新华出版社 2005 年版，第 177 页。
③ ［英］戴维·莫利：《电视、受众与文化研究》，史安斌译，新华出版社 2005 年版，第 186 页。
④ 参见［英］戴维·莫利：《电视、受众与文化研究》，史安斌译，新华出版社 2005 年版，第 277 页。
⑤ ［英］戴维·莫利：《电视、受众与文化研究》，史安斌译，新华出版社 2005 年版，第 300 页。

这些界定了文化的民族国家空间。① 电视使"公众"通过私人的（家庭内部）领域生活的体验：公共性被"家庭内部化"了。但与此同时，"私人"自身也被社会化了。达扬和卡茨认为（1987），不应该说电视"再现"了事件，而应该说电视为大多数人"建构"了这个事件的体验。在家庭和政府的接合上，电视起了重要作用。电视通过两种方式构建了集体性：其一是制造了一种"参与"的感觉，再者是制造了体验的"共时性"和"共享历史"的感觉。

伯明翰学派把对文化的批评集中到对电视的批评，将诸如生产、消费、商品、交换、资本等经济学的范畴引入电视批评理论，考察电视传播、文化生产与市场经济的共谋关系。菲斯克提出了要把文化经济纳入原有的经济概念的论点。他指出，在文化经济中，流通过程并非货币的周转，而是意义和快感的传播。观众既是商品又是意义和快感的生产者。文化经济产品的形式是形象、思想和符号，电视观众是能够"生产"意义和快感的，当电视台向这样的观众播放电视节目时，交换的是心理满足、快感以及对现实的幻想，消费者同时也是生产者。"快乐源自意义与权力之间的特定关系。……快乐来自对意义的控制感和对文化进程的积极参与。……电视是人们喜闻乐见的，它能给不同的人提供不同的快乐，它的文本及接受方式的特点，使我们得以积极参与被我们称为'文化'的意义生产过程。"② 把电视作为媒介来使用，和把它作为信息来使用，二者已经合二为一。客体消费和文本消费也是并行不悖的。米勒提出，要从商品的象征性和物质性两个方面入手，来了解消费。受

---

① 参见［英］戴维·莫利：《电视、受众与文化研究》，史安斌译，新华出版社 2005 年版，第 314 页。

② ［美］约翰·菲斯克：《电视文化》，祁阿红、张鲲译，商务印书馆 2005 年版，第 29—30 页。

众能够创造性地处理电视内容，"在这种消费文化里，多种技术和多种信息并排放置，二者蕴含了意义的创造过程，内含了日常生活中多种创造的可能性。从这个意义上说，消费也是一种修辞活动"①。电视培养了双重消费者，受众既是媒介的消费者，又是电视展出商品的消费者。道格拉斯、伊舍伍德（1980）、米勒（1988）和布尔迪厄（1984）、德塞尔托（1984）把消费划分为两极：把消费当作一种物质过程和符号过程；把消费当作一种积极的、创造性的／或一个被动的、事先决定好的过程。②

在电视传播与人的主体性构建的关系上，这些学者大多认为，电视造成了主体性的消解；传统消费是主动的，而在现代传播语境下，消费主体却是被动的、软弱的。波德里亚认为，电视依靠它自身的技术优势，构画出一个类象和超真实的仿真世界。仿真的对象不仅是真实的物体，而且是对人们在现实中的与物质现象接触的第一手感知和幻想的模拟，通过一系列的仿真技术，让人们在缺席于某种场景时，能够获得临场的感官享受和神经快感。仿真产生了一种普遍"超真实"的幻境，真实本身也在超真实中沉默了。复制媒介巨细无遗地临摹，真实在从媒介到媒介的过程中被挥发了，成了一种死亡寓言，真实成了为真实而真实的真实（就像为了欲望而欲望的欲望），膜拜逝去的客体，但这客体已经不是再现的客体，而是狂喜的否定和对自己仪式的消除：成了超真实。

无论是把电视当作一种话语工具、还是当作一种消费工具，这些

---

① ［英］戴维·莫利：《电视、受众与文化研究》，史安斌译，新华出版社 2005 年版，第 246 页。
② 参见 ［英］戴维·莫利：《电视、受众与文化研究》，史安斌译，新华出版社 2005 年版，第 253 页。

学者只是以一种悲世的情怀，他们的批判具有深刻人文关怀意义，但是怎么解决现实问题呢？答案又不是很清晰。当这些学者面对现实问题时，几乎毫无例外地显得悲观和无望。

所以，运用哲学辩证思维的研究方法应对传播与人的主体性构建的关系、电视传播与人的主体性构建机制等问题，这不仅可以深化主体性这个哲学命题的研究深度，还可以从宏观上探究这个问题的传播学本质，推动传播学的建设。

为了使电视传播与人的主体性构建之间的关系的论述更具说服力，本书综合利用田野调查的方式建立理论模型的图表，以及借用央视索福瑞调查数据对传播与主体性相关性进行量化统计分析，将抽象的命题与令人信服的数据有机结合起来，增强了观点的说服力。在探讨公共意识与人的主体性关系一节中，本书运用本人在实践中的一个具有明确目的的尝试来说明公共意识和主体性的相关性。因为研究对象单一、针对性强、定位精细，使得这一跨越一年多的实践个案成为一个有价值的研究过程，较为清楚地印证了本书假设。

从传播学的视角来研究人的主体性，无论对传播学来说，还是对哲学的主体性研究来说，都是一个宏大而且困难的课题。运用哲学辩证思维的方法以及传播学和社会学的实证研究方法和成果，探讨两个学科之间、两个论题之间的深刻关系，是对主体性和电视传播问题研究的深化。本书力求从以下几个方面有所创新：

对电视传播与人的主体性构建问题进行系统的梳理。关于传播属性与主体内在规定性的关系、传播与人的主体性构建机制、电视传播与人的主体性构建的关系等方面的论述，散见于哲学和传播学学者的各种论述中，本书力图系统梳理两者之间的逻辑关系，为传播学的研究提供一个尽管十分宏观但却触及传播的本质追求和人类活动终极价值追求的研究视角，而这一视角又常常被学者和媒体工作者所忽略。传播的影响问题，实际上主要表现为主体性的构建问题，无数传播学的成果证明，效果的实现是主体的愿望化为客体的愿望。没有传播，就没有主体性的实现；反之没有主体的主动性、能动性，传播就根本无法实现。传播学的成果已经浩如烟海，但从主体性构建的角度来思考，尚不多见。本书综合利用社会学、传播学、心理学和哲学的成果，梳理主体性和传播之间的关系，这种理论探索是有价值的。

探讨电视传播与人的主体性构建的机制和方法。传播学者对电视传播的终极价值的思考，大多采用批判的立场，甚至完全采取虚无主义的立场，没有找到分析电视传播与人的主体性构建的辩证的方法，也就没有找到电视传播作用于人的主体性的科学方法。本书提出解决电视传播构建人的主体性的科学途径，即营造公共空间、推行公共立意、建立能动的传受关系、弥合边界断裂等方式，试图解决电视传播和人的主体性之间矛盾背离的状况，力争在继承已有传播学成果的基础上有所创新。

运用定量方法研究主体性问题。主体性问题是定性研究的范畴，当引入电视传播研究范畴之后，对以主体性为核心的态度转变的研究必须运用定量的方法。本书通过收视率数据的分析和受众的态度量化的分析，为电视传播和人的主体性的构建找到相关的关系，这是一个有意义的尝试。

第 一 章

主体性——从哲学视角到传播学视角

　　电视传播和主体性是两个不同领域的研究命题。当我们循着人类思想发展的脉络来梳理主体性这个概念时就会发现，随着传播在近代以来的生产力的发展中起着越来越重要的作用，主体性问题研究的视角就从纯粹认识的视角越来越向传播靠近，尤其当电视传播促使人类传播的速率和质量空前提高时，人的主体性就呈现出前所未有的分化、重组的态势，客体向主体的转化、主体认识功能向交往功能的转化，使得本来已经成为弗莱德·R.多尔迈所说的"黄昏"（1980）的主体性本身和主体性的研究又焕发出一种新的生机。

一、主体与客体

　　最早的主体和客体概念是哲学的一对基本范畴。广义的主体和客体，指的是在普遍存在的事物相互作用中能动的、主动的一方和受动的、被动的一方。当事物在运动过程中，事物之间的关系总是表现为作用与反作用的、主动与被动的关系，而且，某一事物当它处于主动一方时，他就是主体；当它处于受动一方时，它就是客体。事物是主客体统一的矛盾体。我们在这里论述的是狭义的主客体，也就是哲学上所说的活动中的主动方和受动方。

哲学上的主体，即有自我意识的人，具有认识和实践能力的人。在这里，要把人的生物学意义上的属性和社会的属性区分开来，生物学意义上的主体是有别于人的社会属性的自然属性，也就是人的动物属性的一面。"人是一个历史发展的过程，人的主体性的澄明也是一个历史的过程。"① 在古代社会，人处在对自然和人的自然属性的过分依赖之中，群体之间相互依存，人依赖自然提供的原始资源获得生存，人的生产能力受到狭窄的范围和孤立的地点的制约，人的主体性可以说是群体主体性，人的活动方式服从于群体的活动方式，人的生产水平依赖于群体的生产水平，整个社会呈现出主体活动的无主体状态，即主体客体尚未分化的状态。古希腊哲学之所以得出人、物同源同性的结论，亚里士多德之所以认为任何实体都可以作为主体而存在，就是因为人类社会发展本身还没有为主客体的分化提供客观的物质条件。

主体是相对客体而言的。主体与客体的分化是以人的自我意识的形成为标志的。自我意识把人和对象分离开来，把自身当作主体，把外在的人和物当作观察与行动、认识和实践的对象。在这一阶段，人不仅有自然间事物之间相互作用所具有的能动和受动、主动和被动之分，而且能够意识到自己对客体的作用是能动的、主动的，"并且能够在这种作用实际发生之前，首先在观念中模拟这种作用及其结果"②。这一进化的过程，就相当于每个人的早期心理发育阶段。当儿童意识到他身边的很多物体不是他个人的存在而存在时，主体和客体就实现了初步的分

① 李楠明：《价值主体性》，社会科学文献出版社 2005 年版，第 1 页。
② 郭湛：《主体性哲学——人的存在及其意义》，云南人民出版社 2000 年版，第 20 页。

化，皮亚杰称之为"一场哥白尼式的革命"。他说："所谓哥白尼式的革命，就是说，活动不再以主体的身体为中心了。主体的身体开始被看作是处于一个空间中诸多客体中的一个……于是客体获得了一定的时空永久性。"①

主体客体是以活动为中介或者杠杆的。在人类社会的长河中，人通过不断的对象性活动来获取赖以生存的物质资料。在原始人类同自然交往的过程中，经过长期观察，逐渐认识了事物或感受到了周围和自己相关的事物和规律或者现象，经过反复实践，人类开始利用自然的规律来获取生活必需品。这时，人类就已经能够根据自己对象的内在属性，根据自己内在的尺度和要求，在实践中，利用物的属性来满足人的要求，运用自己对对象的理解来生产出新的对象。作为主客体之间相互作用的一种基本形式，人的感性活动或者说实践活动本身是一个双向的运动过程：首先，客体的规律和变化，制约主体的运动和变化，并决定了主体活动的视野和范围。马克思认为，人在生产中只能像自然本身那样发挥作用，就是说，只能改变物质的形态。不仅如此，他在这种改变形态的劳动中还要经常依靠自然力的帮助。其次，主体通过实践活动，把主体的需要、目的和尺度施加在客体身上，使客体做出符合主体利益的改变。马克思认为，人类的实践活动和动物的活动是有本质区别的。"动物只是按照它所属的那个种的尺度和需要来进行构造，而人则懂得按照任何一个种的尺度来进行生产，并且懂得处处都把固有的尺度运用于对象；因此，人也按照美的规律来构造。"② 在人的实践活动中，人既要把握物种的尺度，又要把握人的内在的尺度，还要把握美的尺度。借助于活动这个杠杆，人逐步掌握了人的活动范围所及的物种的尺度，这

① ［瑞士］皮亚杰：《发生认识论》，范祖珠译，商务印书馆 1990 年版，第 24 页。
② 《马克思恩格斯选集》第 1 卷，人民出版社 2012 年版，第 57 页。

是事物的客观属性，是人类本身不可超越的客观规律；同时，人确立了人作为人的内在的尺度，即价值的尺度，所有人类活动是以满足人的需要为目的的，通过改造自然的劳动，人们获取人类生存所需要的生活必需品和其他为人类所特有的消费品；人类活动的最高境界是自由自觉的活动，也就是美的尺度。

二、主体性与人的本质：从哲学视角到传播学视角

主体性问题是西方哲学的一个核心概念，通过实践活动，人获得了人作为活动主体的质的规定性，它集中表现为人的自觉、自主、能动和创造的特性。人的主体性概念是一个逐步明晰的过程。古代社会，人处在依赖性的社会关系中，群体主体的活动方式使社会呈现为主体活动的无主体状态。亚里士多德时代，主体并不是专指人的，任何实体都可以作为主体而存在。当代主体性概念是近代哲学发展的产物。它从理性和自我意识的角度来理解主体，用理性的旗帜去打倒神学的堡垒，个人被赋予创造、独立、自由等内容，个体的人被赋予主体的内涵。英国哲学家洛克说："人类天生都是自由、平等和独立的。"[①] 法国哲学家笛卡尔的"我思故我在"奠定了主体性哲学的基石，声明人的主体性在于人的思维和理性。费尔巴哈的"我欲故我在"说明人的主体性还有人的欲望、感受和需要。由于他们用实体和形而上学的思维来理解意识，把主观与客观、物质与意识抽象地对立起来，导致主体和客体的二元对立和分裂。

---

① ［英］洛克：《政府论》下篇，叶启芳、瞿菊农译，商务印书馆 1964 年版，第 59 页。

近代主体性概念要么"只是从客体的或者直观的形式去理解"[①]，不是从主体方面去理解；要么抽象地发展人的主体性的"能动的方面"，只是从人的主观、精神方面去理解人的主体性。特别是将抽象的理性无穷放大，过度崇尚理性的逻辑化和技术理性化，主体性自身的困境就体现出来了。表现为，把理性从生活和历史中抽象出来，泯灭了理性的价值内涵；作为求真的过程，理性被定位在以归纳推理或演绎推理等逻辑方式把握客观的必然性，伴随着理性的认知化和逻辑化，理性就日益向工具理性、技术理性转化。"这就使近代文化精神的两大支柱——理性和个体自由发生了内在的分裂和冲突。"[②] 本来作为人的主体性标志之一的理性因为其抽象和绝对，而变成了扼杀人的主体性的工具，普遍理性成为压抑个体自由的力量。因此，超越理性，寻找人的主体性的新内涵，就成为哲学的必然选择。

现代哲学的基本倾向就是回归人的生活世界，去寻求人生存的价值和意义。人本主义流派深化了对主体性的认识，用意志、情感和活动去充实理性，提出了"生命主体性"的概念。叔本华、尼采的唯意志主义认为，生命意识是人本真存在的表现，生存比认知更根本，生命永远渴求着延伸和超越自己，主体的本质是激情、冲动等生命意识，而不是被人们视为实体并且加以形而上的理性。柏格森的生命哲学认为，人的存在就是永恒的流变，"对有意识的存在者来说，存在就是交易；交易就是成熟；成熟就是无限的自我创造。"[③] 人的意识的优越性除了有一个发达、精密的人脑为物质基础外，还在于人通过社会劳动实践产生了语言和社会。动物是消极、被动地适应生存环境，人类则是积极主动地适

---

① 《马克思恩格斯选集》第 1 卷，人民出版社 2012 年版，第 137 页。

② 李楠明：《价值主体性》，社会科学文献出版社 2005 年版，第 3 页。

③ [法] 柏格森：《创造进化论》，王珍丽译，湖南人民出版社 1989 年版，第 283 页。

应环境，人不仅在环境的改变中改造自身，也积极主动地从外部环境中汲取有利条件以改造环境，使环境适合于人的生存。制造性的活动反映出人的能动性，同时也反作用于人自身，促使人类自身的不断进化和发展。海德格尔的生存论转向则标志着生命主体性理论的最终确立。他把创造、超越、生成、历史、自由、责任、孤独、畏惧等品格当作生命主体性的有机组成部分，并指出，获得了"向死的自由"的个体，才能在生命的展开过程中，发挥自己的主体自为性，自己造就人生。

当代哲学借助于语言学转向的成果，开始把哲学视角的研究转化为传播学视角的研究。他们从历史过程和主体间关系来削弱和修正中心性主体，主张差异和多元，反对霸权话语，消解作者的中心地位，否定中心性主体，提出离散的主体性概念。他们认为人的存在的关系以及主体与主体间的关系，都是对话和交往的关系，在对话中，人既是主体，又是客体，是相互作用和相互吸取的关系。海德格尔的后期思想把语言提高到决定性的地位，他认为，不是人决定语言，语言不是人的工具，相反，语言决定人，语言才是人的生成方式，人只因语言道说了存在的真理，他才以存在为家，栖居于存在之中。存在让世间万物栩栩然地呈现出来，而自身却隐而不现。"存在本身就是关系。因为人作为生存着的人来到这个关系中停留，而存在就作为这个关系打发自身。"① 这样，他就把长期以来只是封闭于自身的主体性哲学扩展到主体之外的关系，在他看来，由生存到存在的转变，就是由自我到关系的转变。而当对生命主体性的理解从单纯的自身扩展到关系之后，语言和交往的作用就凸显出来。因此，对主体性的阐释，既要有人与世界关系的视角，更要有人与人关系的视角，从人的交往关系来理解生存。进而，他提出生存活

---

① 孙周兴选编：《海德格尔选集》，上海三联书店 1996 年版，第 376、315 页。

动就是语言对话活动，"我们——人——是一种对话。人之存在建基于语言；而语言根本上唯发生在对话中。"①

哈贝马斯提出的交互主体性的概念，把这种视角向前推进了一步。交往或者说沟通，是主体和主体之间的交往和沟通，是广义上的传播。哈贝马斯以批判主体和客体的二元对立为起点。在他看来，以主体概念为核心的认识论哲学所关注的根本问题是，作为主体的人和作为客体的世界的分裂以及前者对后者认识的可能。换言之，主体和客体的二元对立是这一哲学的根本特征，无论是唯物论还是唯心论，都是如此。"自我意识不是作为先验能力的本源被放到一个基础的位置上，就是作为精神本身被提高到绝对的高度。""先验主体性的超越地位是由诸如普遍性、永恒性以及必然性等形而上学体制逐步转化而来的——尽管如此，他们还是要接受纯粹经验的分析。这样就把自己卷入了既是经验的又是先验的这样一种模棱两可的双重实践中。"② 既然意识与存在、思维与对象的同一只是毫无根据的先验假设，那么，所谓的主体也就变得十分地可疑了。然而，哈贝马斯并没有因此而抛弃主体。相反，对各种企图颠覆和解构主体的相对主义和虚无主义，他进行了坚决的反击，特别是针对由弗洛伊德创立，后被许多哲学家和心理学家所继承和发展的精神分析学说。弗洛伊德将人的精神世界区分为"意识"和"无意识"两大领域，强调作为本能欲望的无意识由于始终受到表现为道德和理性的社会秩序的压抑而无法实现自身。哈贝马斯认为，理性本身的片面化，并不能直接得出理性虚无的结论。哈贝马斯明确反对相对主义和虚无化的倾向，他认为在前科学的非对象化的生活世界中是存在整体性和统一性的。由此，他提出了重建现代性的口号。重建现代性就要对主体

① 孙周兴选编：《海德格尔选集》，上海三联书店 1996 年版，第 376、315 页。

② ［德］哈贝马斯：《后形而上学思想》，曹卫东等译，译林出版社 2001 年版，第 41 页。

性和理性重新做出解释，这个解释既非先验的普遍主体，也不是个人本能，而是交往理性。人们可以通过语言交流而取得一种具有相对确定性的共识。"在沟通过程中，言语者和听众同时从他们的生活世界出发，与客观世界、社会世界以及主观世界发生关联，以求进入一个共同的语境。"① 作为个体的人，尽管存在差异、意见不同、表达也不尽一致，但都可以以生活世界为背景，进行交往。生活世界具有绝对的明确性，"它赋予我们共同生活、共同经历、共同言说和共同行动所依赖的知识以一种悖论的特征。"② 生活世界的背景不但使语言交流具有了达成共识的条件，防止了语境主义的相对化倾向，而且又反对了把普遍性看成是先验设定的错误。他提出，一个追求沟通的行为者要求其命题或者实际前提具有真实性、合法行为及其规范具有正确性、主体经验的表达具有真诚性。但不是纯粹的主观性和先验性，言语和语法只不过是参与者互动的过程。"对于双方来说，把他者的语境解释包容到自己的语境解释当中，以便在修正的基础上用'世界'对'我们的生活世界'背景下的'他者的'生活世界和'自我的'生活世界加以确定，从而尽可能地使相互不同的语境解释达成一致。"③

哈贝马斯独到之处在于：超越先验层面和个人本能层面，突破以往只从主体自身的内在本性和主客关系的二元论中理解主体的局限，用交往理性重写现代性，把主体性放在语言的交流关系和主体间关系中来理解。所谓的主体，只能解释为人的社会化的产物，是在社会化过程中形成和发展的："自我"是在与"他人"的相互联系中凸显出来的，这

---

①　[德] 哈贝马斯：《交往行为理论》第 1 卷，曹卫东译，上海人民出版社 2004 年版，第95 页。

②　李楠明：《价值主体性》，社会科学文献出版社 2005 年版，第 66 页。

③　[德] 哈贝马斯：《交往行为理论》第 1 卷，曹卫东译，上海人民出版社 2004 年版，第95 页。

个词的核心意义是其主体间性，即与他人的社会关联。唯有在这种关联中，单独的人才能成为与众不同的个体而存在。离开了社会群体，所谓的自我和主体都无从谈起。这样，哈贝马斯就成功地将传统哲学的主体—客体模式转变为主体—主体模式，为主体性的研究开拓了一个新的视野，尤其是为主体性和传播的效果研究搭起的一座非同寻常的桥梁。

沿着对传统主客二元对立反叛的思路，伽达默尔的哲学诠释学通过探索人类的理解活动来探索人类与世界的关系，认为理解过程是人的主体性的成长过程，他实际上就已经触及传受活动的本质。他把理解看作是人的生存方式，通过理解来说明人的主体性。他提出两个概念："效果历史"和"视域融合"。在他看来，人并没有先在的本质，人被传统所决定。人从一出生，就被抛入由过去的文化以传统和习俗方式形成的"处境"，因此，每当我们理解一个事物或者解读一个文本时，就不可避免地带有"先见"，"先见"也就是"视域"，任何文本的意义，都是解释者的解读方式，文本是无限开放的，没有绝对的文本意义。视域不同，对同一文本可以有不同的解读。这就是"效果历史"，"真正的历史对象根本就不是对象，而是自己和他者的统一体，或一种关系，在这种关系中同时存在着历史的实在以及历史理解的实在。一种名副其实的诠释学必须在理解本身中显示历史的实在性。因此我就把所需要的这样一种东西称之为'效果历史'。理解按其本性乃是一种效果历史事件"①。主体的创造特性就是在效果历史的创造中体现出来的。人在与文本的对话中，不断地追求生命的意义，不断赋予生存以新的意义，不断获得主体性。但是，文本的意义并不是随意创造的，理解是两种视域的融合，即理解者生存在其中的视域和一个他把自己置入其中的当时的历

① 俞吾金编：《二十世纪哲学经典文本——欧洲大陆哲学卷》，复旦大学出版社1999年版，第593页。

史视域的相互对话。这一对主体性的观察视角，超越过去学者抽象观察人的本质的做法，从历史和现实的关系、两种视域之间的关系来思考，应该说体现了现代哲学从人的生活世界出发来说明人的价值和意义的总趋向，也体现了哲学命题逐渐向传播学实践靠拢的倾向。

从主体性作为哲学命题诞生以来，由基于主体客体二元对立的形而上学的思考，到向生活世界靠拢的人的生存价值和人的交往属性的思考，到对文本和主体关系的思考，可以看出一个基本的脉络：逐步抛弃主客二元对立的立场，在主体和主体之间寻找主体性的答案；逐步抛弃对绝对本质探求的努力，而从主体与主体之间、主体与阐释之间、主体与文本之间的关系去寻找主体性成长的基础；逐步抛弃过去纯粹的哲学思考的框架，引入社会学、心理学和传播学的视角来思考和探讨；逐步抛弃中心性主体性理论的思考方法和由这种思考方法所决定的一切以人类为中心的价值追求，主张价值多元，还人以真正的自由。

在人的特定活动中，人的主体性是指人在与客体相互作用的过程中，人作为作用主体所体现出来的人的特有属性，人的本质是指人区别于其他物种所具有的特有属性。主体性和人的本质是不能混为一谈的。人的主体性是人的本质特性的最集中的体现，是"人性精华所在"①。

人的本质和人的主体性是在客观的物质活动中即劳动中发展起来的。因为劳动，人们创造了属人的社会联系，并且在这种联系的基础上，形成有选择地、创造性地、主动改造客体的特性，形成人的主体性。因为对人的本质的认识不同，对人的主体性的认识也不一样。他们要么把自然物质视作最终的主体，把人消融于自然物质世界中，"人与自己活动的手段和对象同属一个物质世界，服从于同样的客观必

---

① 郭湛：《主体性哲学——人的存在及其意义》，云南人民出版社 2000 年版，第 31 页。

然性。人只有无条件地承认外部世界的客观实在性，严格遵循其中的必然性，才能在自己的活动中显示出有限的主体性"①。相反的观点则认为，主体性是某种观念的、精神的本体，如黑格尔就认为，绝对精神不仅是世界的本源，更是主体性的本源。这两种看似相反的理论观点，犯的是同样的错误，即把人的某一属性放大成人的本质属性，把人的自然属性和思维、精神的属性绝对对立起来，没有找到人的物质属性和精神属性相统一的根本原因。实际上，人的属性是在实践或者说劳动中成长起来的，通过主体的实践和认识活动有机统一起来。通过人的劳动，人们不仅获得自身所需的物质资料，而且获得实践和认识的主体的身份，获得同其活动的客体的关系的本质规定性，即人的主体性。

主体和客体之间的相互运动既不是客体主动给予的过程，也不是主体封闭运行的过程，而是发生在作为类的存在的人发挥自己的主体性去获取客体的信息、获得自身的利益、把客体的属性转化为主体属性的过程。借助人类劳动这个中介，主体和客体之间的关系出现以下四个特点：

第一，进入主体认识和实践范畴或者视野的客观世界才是客体。客观世界是脱离人的主观意识而存在的、有着内在固有规律的时空存在，而客体是离不开作为主体的人的。客观世界是比客体更大的范畴，客体是与主体发生关系的那部分客观世界。

第二，在不同的人类实践活动中，主客体的关系表现为不同的特征。总的来说，人类实践活动的对象是客观世界。而人类的实践活动千变万化，主客体作用的形式也是形形色色的。在工人身上，工人的主体

---

① 郭湛：《主体性哲学——人的存在及其意义》，云南人民出版社 2000 年版，第 35 页。

性是通过他手下的产品体现出来的；在学校，教育者的主体性和受教育者的主体性是通过知识的相互转化来实现的；在传播活动中，传播者的主体性和受众的主体性是通过传播过程中的传播策略的运用来实现的。一般来说，在认识活动中，主体作用的对象不是作为客体的客观事物的原型，而是表征客观事物性状的信息。因为外部存在的客体不可能直接作用于人的感官，更不能进入大脑中，必须使客体信息化，只有客体发出的信息才能直接作用于人的感官，并被主体的大脑所吸收、处理和加工。在传播活动中，传播者作为主体，作用的对象是受众，这是笼统的所指。深入分析下去，我们会发现，传播者的主体性作用的是人的信息接收机制。传播者用信息和搭载在信息上的价值去影响受众，受众却不会乖乖地做传播者的奴隶，他会对信息的价值持有自己的评价并且根据自己的需要和好恶做出是否接收的选择。

第三，客体对主体的作用主要表现在客体以其自身的规定性规定着主体及主体性发挥的空间。进入主客体关系的客观世界有着自身的运行规律，它的自在规定性不仅表现为它自身，也规定着以它为对象的主体。客体之所以成为客体，是因为客体有着自身固有的本质和各种各样的自然属性，并按其内在固有的规律在运动、发展。作为主体，要把某一事物纳入客体的范畴，就必须对客体的自然属性和客体的自然规律有充分的尊重和发现，主体性不可能超越或者违背客体的规律去实现，主体只能是在客体属性允许的范围内，发现并且灵活运用规律，发挥人的主动性。同时，人与客体发生关系的目的，是满足人的需要，物的价值属性是主客体发生关系的内在基础。价值属性表现着事物对人的需要是肯定还是否定的关系，不同于事物的本体属性，但又离不开事物的本体属性。没有本体属性，价值属性无所依附，没有价值属性，就无法进入主体的视野。

第四，主体对客体的作用主要表现在主体按自身的尺度建立主体和客体之间的关系，选择和建构来自客体的信息，把握、认识并且改造客体。每一个活动的主体都是他自身所在的环境的产物。在认识实践活动中，人们会积累起认识和实践的前提式的东西，这种以经验为土壤的人类的沉淀，或者是人类的思维模式，或者是人类的价值追求。在认识活动中，主体总是以这种模式和追求为杠杆来选择和建构客体的信息。所以，任何人的主体性的实现，首先不得不接受这个时代和他所处的环境提供的思维模式，这是由知识结构、价值观念、情感结构构成的一个有机整体。

三、传播属性与主体内在规定性

传播是特殊的人类实践活动，是人的主体性形成的必要条件。传播就是传者主体作用于受者主体的过程，是传者主体和受者主体自我塑型的过程。对社会来说，传播是社会的生产要素之一。就其微观效果而言，主体性是传播活动更深层次、更具活力的因素。

1. 传播的属性与人的主体性

在人类实践活动中，传播是独到的实践活动。在传播学的研究历史中，关于传播的定义很多，迈克尔·莫特雷认为，传播应当局限在那些向他人发出的、带有一定意图性的、并且被对方接收的行为（1990，pp.1—20）；彼得·安德森提出，传播应该包括以任何方式发出的、对接收者来说有意义的行为，不论他是有意还是无意的（1991，pp.309—325）；克莱文杰提出，把带有一定意图性的发送和接收的行为都归入传播的范畴。① 无论哪种定义，都承认传播是在传播主体和接收者之间的信息传递过程，区别只是这个信息是否是传播者自身意图的传达，是否为接收者所接收。实际上，纳入人类实践活动这个大的观察视野来观察，传播活动必然伴随传播者意图，必然会对接收者施加影响。所以，我更倾向认为，传播是传播主体对意向中的传播对象实施的带有意图性的信息传递行为。基于这个概念，我们发现传播的属性和人的主体性之间的以下三个方面对应关系：

第一，传播是传播者自我塑形的过程。在传播活动中，首先要解决的问题是传播什么和为什么要传播。当一个主体做出传播的决定时，他就先对信息的价值和传播的价值有一个基本的估计，信息的形成是传播形成的前提。信息是物质的能量过程的再现或者部分再现。对传播主体来说，信息是将社会实践和日常生活中涌现的内容转换成抽象的、自主的、可以认识的东西，是为混沌的事物赋予形式，也就是为内容确定秩序和意义。"信息的形成意味着自我的形塑，将自己放入某种形式载体中，并获得意义。"② 之所以把信息和依赖信息所指的传播当作自我塑形的过程，有这样几个理由：一是信息是主体对客体的认识，这个认识过程就是主体性实现的过程或者说阶段。一般来说，对自然、社会和人自身信息的把握与人的主体性的实现是成正比例的，对客体的信息把握越全面，人的主体性实现的程度就越高；二是信息是把握事物秩序的尺度，也是人的主体性实现的尺度，两者之间呈现基本对应的关系。随着人类改造对象能力的提高，社会的信息化程度就会越来越高，劳动方式随之发生变化。借助于劳动方式的变革，人的主体性随之也得到提升。

---

① 参见 ［美］斯蒂芬·李特约翰：《人类传播理论》，史安斌译，清华大学出版社 2004 年版，第 9 页。

② 陈卫星：《传播的观念》，人民出版社 2004 年版，第 25 页。

信息获取越多，人类从体力劳动和脑力劳动中获得的解放就越多，人类获得的自由就越多。在工业化阶段，机器工具的使用补充和延长了人的劳动器官，部分代替了人的体力；在社会信息化阶段，电子计算机的应用则补充和延伸了人脑的功能。以电子计算机为核心的劳动体系，将改变人们屈从于机器的状况，劳动表现为不再像以前那样被包括在生产过程中，相反地，表现为人以生产过程的监督者和调节者的身份同生产过程发生关系。劳动者离开实践活动的现场，通过智能化以生产工具同劳动对象打交道，似乎人的参与少了，人的作用小了，其实这恰恰是作为主体的人的理性、智慧高度发展和自由自觉的确证和表现。三是传播信息必然伴随对信息的价值判断和价位判断。传播者传播信息不可能传播纯而又纯的超越价值的信息。信息的传播一定会伴随有用、有趣或者其他之类的目的指向的。对价值的判断就是主体根据自身的需要做出的有利还是有害的判断，是主体的自我抉择过程，是主体性的成长过程。取什么，舍什么，传播过程中对信息的选择就是主体性的一种体现，就是传播者主体意志的一种体现。

第二，传播视野下的主客体，既是一种交流关系，又是一种对象关系。说传播是交流关系，因为传播是信息的发出者和信息的接受者之间双向互动的过程。传播过程不是纯粹的主动施与和被动接收的关系，而是在传播者和受传者之间存在着类似于协商交流的特性。哈贝马斯指出，语言沟通可以被当作是一种行为的协调机制。他认为传统的行为研究模式分别用不同的方式片面地理解了语言，目的行为模式把语言当作是众多媒介的一种；规范行为模式认为，语言媒介传承文化价值；戏剧行为模式认为，语言是一种自我表现媒介，"只有交往行为模式把语言看作是一种达成全面沟通的媒介。在沟通过程中，言语者和听众同时从他们的生活世界出发，与客观世界、社会世界以及主观世界发生关联，以求进入一个共同的语境"①。在他看来，语言不能片面地理解为人达成目的的手段、传承文化的工具，或者是自我表演的工具，而是人与人之间平等沟通的手段。传播在人与人之间首先建立起来的是交流关系。它体现为传播不仅能实现人们之间的信息交流，也能实现人与人之间的情感交流、观念交流，甚至实现历史与现实的交流。通过对传播交流关系的认识，可以说深化了传统的主体性认识，改变了抽象地探讨人的主体性和过度放大主体性的状态，开始尊重客体的主体性，形成主体间哲学的研究方向，为尊重受众的主体性建构了理论基础。

同时，我们仍然不能忽视的是，传播是由内向外的过程。传播意志的发出者和作用的对象是有区别的，一个是主体，一个是客体。在传播过程中，信息的发出者是传播过程中主动的一方，信息的接受者是传播过程中受动的一方。传播者的意图能否为受者所接受，取决于很多因素，包括信息本身的价值、信息传播的方式，更关键的是取决于信息本身是否能够满足受众的某种需求，传播者的主体性能否转化为受者的主体性。但是，对象关系不是单向的主客体之间的关系，而是互为主客体的关系。相互作用的传者和受者是活动者和对象的关系，是一种互为对象的对象关系。所谓互为对象，就是说，一方面，任何主体都具有双重性，他既是主体又是客体；另一方面，传播的主体同时又是另一主体作用的对象，这是一种双向的、互为对象化的对象关系。在这个理论的基础上，拉康还提出了四角游戏的概念。他认为，参与主体间言语活动的不仅是一主体和另一主体双方，而应该是四方，因为不仅有两个主体，而且对应于两个主体还有两个客体，所以，主体间言语活动不是一种简单的两方双向活动，而是一种四方参与的活动。

---

① ［德］哈贝马斯：《交往行为理论》第 1 卷，曹卫东译，上海人民出版社 2004 年版，第 94—95 页。

　　认识到传播所具有的主客体之间的多重属性，有利于我们建立更为科学的传播观、受众观，从而为人的主体性构建找到一种合理的方式，实现传播效果的最大化。任何传播离开受众的主动性参与，传播就失去价值。传播价值的实现取决于主体接受的程度。受众的主动性参与与否就使得传播本身变成由受众决定的过程，那么本来是处于被动地位的受众，反而变成主动的一方。再进一步，我们可以看到，受众的反应会以信息的方式反馈给传播者，传播者也得根据受众的反应做出策略调整。主体变为客体，客体反客为主，复杂而微妙的关系就使得传播的主体性构建问题变得十分深邃。

　　第三，传播是激发主体性的中介、工具。人类的进步主要依赖于人类活动工具的进步，工具是人类借以把自在世界改造为人类世界的杠杆。工具包括物质形态的刀、斧、锄头、机器，也包括非物质形态的制度、观念等。传播是人类活动的特殊工具，它兼有物质的属性和非物质的属性。它必须借助于语言这个中介，利用物质性的载体，传递一种特殊的物质——信息。传播界定的是人与人之间的传递关系和交换关系。陈卫星认为，传播是一切社会交往的本质，"在整个人类历史中，人类一直在改进对于周围事物的信息的接受能力和吸收能力，同时又设法提高自身传播信息的能力、速度、清晰度和便利性，不断更新信息传播的技术和方法论的思考，使传播成为社会发展的生产性要素"①。如果没有传播，人类的活动能力永远只能停留在原始的状态，无法实现积累，没有积累，也就没有传承。人类工具的功能的发挥是靠一代又一代人对工具性能的掌握并且推陈出新的结果，没有传播，人类永远只能是原地踏步，无法实现和动物世界的分离。在漫长的地球进化中，人类历史虽然

---

① 陈卫星：《传播的观念》，人民出版社 2004 年版，第 2 页。

十分短暂，但自从进入人类社会以来，却能以加速度的形式向前奔跑，原因就在于人类创作的工具和运用传播这种特殊的工具实现了人类创造能力的历史继承和创新。从这个意义上来理解，传播是生产力的构成因素，因为传播就是工具；传播也是生产方式的构成元素，因为是传播使工具产生倍增效益。正如英国人类学家葛第所说："传播模式的多样化经常和生产模式的重要性是一样的。因为它不仅暗示人际关系的发展，也包括在知识秩序当中进行储存、分析和创造的可能性。"[①] 他认为，文字的出现使得人工记忆向知识储存转化，成为人类一种外在化的技术，让人类的信息传递打破时空局限，脱离口语传播的局限，并通过语义空间的隔阂推动人类发明新的智能技术。控制论的创始人维纳把人类的传播活动形象地比作"社会这个建筑物得以黏合在一起的混凝土"[②]。从口语到文字，从印刷传播到现代的电子传播，每一种媒介的出现，就会叠加到旧的媒介之上，然后和旧的媒介一道，延伸人类的感觉，发掘人类的潜能，加速社会信息系统的运行，从而推动人类的进步。"美国学者H.H. 弗莱德里曾经做过这样一个推算：如果以公元元年人类掌握的信息量为单位 1，那么信息量的第一次倍增，花费了 1500 年；第二次倍增，花费了 250 年；第三次倍增，花费了 150 年；进入 20 世纪后的第四次信息量的倍增，所需时间进一步缩短为 50 年。其后，倍增速度骤然加快，在 50 年代，10 年就实现了倍增；接着在 60 年代和 70 年代，时间周期进一步缩短为 7 年和 5 年。根据现在的推算，人类社会的信息量倍增的时间仅仅需要 18 个月。"[③]

---

① 陈卫星：《传播的观念》，人民出版社 2004 年版，第 13 页。
② ［美］诺伯特·维纳：《人有人的用处》，陈步译，商务印书馆 1978 年版，第 17 页。
③ 郭庆光：《传播学教程》，中国人民大学出版社 1999 年版，第 36 页。

2. 主体规定性与传播

在主体作用客体过程中，人类所展示出来的独有的规定，就是人的主体性，人的主体性和传播有着密不可分的关系。

主体性是客观现实性的存在，传播是打上主体烙印的客观现实。主体是自然界长期发展的产物，主体性是人类固有的属性。从主体的物质性存在来说，它既不是绝对精神，也不是贝克莱所讲的自我的主观意识。从主体性的形成过程来说，主体的创造活动是一个复杂的过程，首先主体在实践中通过感觉器官感知、选择、接受客观事物发出的有关信息，然后经过大脑的过滤、筛选、加工制作，抽象出与人类有关的关切点，获得关于事物的本质及其规律性的认识，最后形成观念性的东西并在人类长河中和人类的进化中沉淀下来。从主体性的实现形式来看，主体性是在作用于客体的过程中所表现出来的属性，它既不能脱离客体而存在，也不能超越主体自身的局限而成为空中楼阁。它虽然呈现为自我意识的特征，却不仅仅是自我意识，它是自由自觉的自我意识。传播活动既是传播者主体性的实现，也是受众主体性对传播者主体性的回应，是主体之间在传受关系中实现的信息、情感、价值观等方面的客观的交流。

自觉能动性是主体性的核心内涵，也是传播的核心驱动力。自觉是相对于自发而言的。人有自发性的一面，那是指人的无意识和下意识的活动。"人的自发性是指人没有对客观事物本质和规律的认识、没有明确的自我意识的一种精神状态和行为状态。"[①] 自觉性是人的真正主体性的标志，因为只有自觉的人，才会有明确的目标、精心选择的活动方

---

① 宋锦添：《自觉能动性研究》，中国人民大学出版社 1986 年版，第 75—76 页。

案、坚定的意志和丰富的情感。主体根据自己取得的规律性的认识，制订实现活动目标的计划，并付诸实践。与自觉性相对应的是人的能动性。能动性意味着人在世界的关系中处于中心和主导地位，人不仅按照自然的尺度来利用自然，更重要的是人创造了自己的产品来弥补自然性上的缺陷，形成了人活动的内在价值尺度。正因为有双重尺度，人类再也不是仅仅被动地适应自然，而是充分发挥人的创造性，积极地改造事物，时刻以一种主动的姿态，把感觉转变为思想、把思想转变为行动，并且追求最好的活动效果。在实践过程中，主体根据客体的变化，不断调整活动的方法，主客体之间的对象化的过程、客体属性为主体所掌握，都是通过传播来实现的。主体的自觉能动性是形成现实世界一切关系的基础，当然也包括传播关系；是传播使主体确定自身的目标和参考坐标，也是传播使主体在多种实践方案中选择主体认为最佳的方案和对对象化的结果做出判断，并且进而确定新的目标。

现实的人的存在和活动，总是体现着社会联系。社会本身就是人的活动的联合，人的主体性是作为社会的人所体现出的属人特性。人固然是个体的存在，但人的生存却不能脱离与他人的联系、脱离社会而单独进行。需要和满足需要的活动本身既构成为第一个历史活动，又构成为人本身发展的最初也是永恒的动力。人的自主性的实现程度，人的自由自觉的类本性的发挥，就通过具体的历史过程实现并表现出来。

劳动的发展阶段是人类社会发展的相应阶段，同时也就是人主体性发展的不同阶段。按照马克思主义的观点，原始社会、奴隶社会、封建社会是人的依赖关系时代。这一时代，个人在感情、思想和行动上依次服从于氏族人群体、奴隶主和地主。由于这一时期的生产力只是在狭窄的范围内和孤立的地点上发展着，人与人的关系建立在血缘或权力的依附之上，所以这一阶段的人是没有独立性人格的人。物的依赖关系是人的本质力量发展的第二阶段，它包括社会物质交换全面发展的资本主义社会和社会主义社会。在这个阶段，以物的依赖性为基础的商品经济得到发展，形成了具有全面的社会交往关系、多方面的需求和全面的能力的体系，人的依赖性纽带、血缘差别、教育差别等都被打破和粉碎，人与人之间的关系完全变成了"物"的关系。这种关系的更替，使人的本质力量从狭隘封闭的社会和心理束缚下解放出来，获得独立性的人格。人类社会的第三阶段是共产主义社会，生产力高度发展，人们之间建立了广泛的交往关系，摆脱了人的依赖关系和物的依赖关系，劳动成了自由自觉的活动，个人也便发展成为全面的人。这一阶段并非人的主体性发展的终点，而是人的主体性进一步发展、迈向更高阶段的起点。

由此可见，只有从劳动及其历史演变出发，才能透彻地理解人类社会的发展史，才能透过人类社会纷繁复杂的现象，看到人类社会发展的客观的必然的逻辑线索，看到人类解放的现实道路。

传播是一种特殊的劳动形式，没有传播，历史难以形成，社会联系难以形成。在原始社会，人类发明了使自己彻底完成"从猿到人"的转变的传播工具——口头语言，后又发明了传播工具——文字，使信息得以离开人脑的记忆储存下来，从而使大规模的文化有效积累成为可能。人类信息的飞跃式发展是因为金属活字印刷术的发明和金属活字印刷机的发明，使得信息以批量的形式复制出来，印刷书籍的出现促使资本主义生产关系和近代文化迅速发展，极大地提高了人们分享信息的能力。随着蒸汽机的发明，蒸汽机和印刷技术的结合，印刷速度大大提高，为大规模发行的报刊诞生创造了条件。19世纪90年代，现代报业开始形成，随后，声像媒介的出现，突破了印刷媒体在空间和时间上的局限，使信息呈现出爆炸式增长的态势。在加拿大著名学者伊尼斯看来，一切文明都有赖于对空间领域和时间跨度的控制，与之相关的是传播媒介的时空倾向性，传播媒介是人类文明的本质所在，历史就是由每个时代占主导地位的媒介形式所引领的。"人的活动和力量的拓展，大体上与文字记载的使用和完善成比例。"① 他从媒介的偏向来说明传播的历史性："倚重时间的媒介，其性质耐久，羊皮纸、黏土和石头即为其例……倚重空间的媒介，耐久性比较逊色，质地比较轻。后者适合广袤地区的治理和贸易……倚重空间的材料，有利于集中化……我们考虑大规模的政治组织，比如帝国时，必须立足在空间和时间两个方面，我们要克服媒介的偏向，既不过分倚重时间，也不过分倚重空间。"②

唐纳德·艾里斯指出，主导性媒介会塑造行为和思想。口头传播占主导的时代，群体的认同程度和黏合力就高。因为群体记忆充当社会性知识的"容器"角色，就产生了无法将个人和群体区分开的集体意识。③ 书面媒介促成个人和群体的划分，创造了阶级文化。电子媒介创造了细胞文化，促成社会多元和分层，创造出尽可能满足各个群体的利益的形式。

当 20 世纪 20 年代，传播成为哲学的一个主要概念的时候，哲学家们开始注意到传播与人的生活的密切关系。美国实用主义哲学家杜威在那个年代，就发现大众传播与消遣的关系。他认为，大众传播是社会变迁的工具，生活中泡沫式激动、运动的癫狂、烦躁和焦虑、渴求艺术刺激的需要等，都与传播营造的狂热追求的氛围或者创造的"结合力"相关，传播使人们从其他事物的巨大压力下解放出来。从那以后，传播学

---

① ［加］哈罗德·伊尼斯：《帝国与传播》，何道宽译，中国人民大学出版社 2003 年版，第 8 页。

② ［加］哈罗德·伊尼斯：《帝国与传播》，何道宽译，中国人民大学出版社 2003 年版，第 5 页。

③ 参见 ［美］斯蒂芬·李特约翰：《人类传播理论》，史安斌译，清华大学出版社 2004 年版，第 355 页。

的研究如雨后春笋般兴起，传播与历史的关系，传播与人的主体性的关系的内涵被逐步发现，尤其是海德格尔在 1927 年发表的《存在与时间》中表达的传播观，为我们研究传播与人的主体性构建找到较早的理论依据。他说，"传播从来也不是将经验如意见、愿望等从一个主体的内部运送到另一个主体的内部"，而是我们之"被抛入"包含着他人的世界中的解释性的表达。①

①　参见张咏华：《媒介分析：传媒技术神话的解读》，复旦大学出版社 2002 年版，第 15 页。

第 二 章

电视传播与受众主体性构建特征

一、主体发展的新空间

"任何发明或者技术都是人体的延伸或自我截除。"[1] 尤其是传播手段，每一个发明、每一次革新都会重新布局认知世界的"感官比例"，进而影响人的主体性的构建。电视从发明之日起，就以它令人惊异的图像传播的形式改变着人们的信息传播方式和休闲方式。这个以视觉听觉符号为载体的媒体，结合了时间和空间、象征和图像的特性。听觉符号产生口头语言、音乐，视觉符号产生绘画、雕塑、建筑，视听结合则产生出戏剧、歌剧、电影、电视。20 世纪以来，电视给人类生活带来前所未有的改变，人们不仅能通过电视了解原先只是通过书本、报纸、广播了解的信息，更重要的是可以同步目睹世界正在发生的事件；不仅能够像原先的媒体一样促进沟通和了解，更重要的是基于对时空限制的突破而形成的各民族之间、各种思维方式之间前所未有的开放和交流。电

---

[1] ［加］麦克卢汉：《理解媒介——论人的延伸》，何道宽译，商务印书馆 2004 年版，第 78 页。

视文化使人们超越传统的认知世界的方式，颠覆了传统的人的主体性的构建方式，以让人欣喜而又同时让人诚惶诚恐的姿态侵入人的生活。

1. 感官比例的改变和主体性的发展

麦克卢汉的"媒介即信息"理论告诉我们，"任何媒介或技术的'讯息'，是由他引入的人间事物的尺度变化、速度变化和模式变化"[①]，因此，"媒介是人的延伸"。在他看来，各种传播媒介所利用的感官比例是不同的，感官比例是指我们各种感觉器官的平衡作用。文字和印刷媒介是视觉器官眼睛的延伸，广播是听觉器官耳朵的延伸，而电视则是全身感官的延伸。他依据这一理论，把人类社会分为三个主要时期：口头传播时期、文字印刷时期、电子传播时期。每个时期，人类感官之间相互作用不同，思维方式也不同。与此相应的是部落文化、脱离部落文化和重归部落文化。电子媒介是重归部落文化的阶段，因为它打破了旧的时空概念，缩短了人与人之间的时空距离，人的感官触及的不再仅是物理层面的事情，即媒介技术不再仅是让眼睛看得更广或让耳朵听得更远，而是让人的神经中枢外化，人的思想也被延伸到媒介技术创造的信息系统中，使人们重新体验部落文化的"感觉总体"和"感觉平衡"。

麦克卢汉的理论揭示了传播与人的主体性构建之间的因果关系，虽然有些观点比较绝对，甚至有些观点晦涩和不严谨，但他思想中天才般的智慧确实为我们认识两者之间的关系提供了一个极有价值的视角。从人类文明发展史来看，传播媒介的诞生总是伴随着一种文明的诞生。在人类发展的第一阶段，人类主要借助于图画来记录和传输，文明

---

① ［加］麦克卢汉：《理解媒介——论人的延伸》，何道宽译，商务印书馆 2004 年版，第34 页。

靠口传心授的形式传递，在认知方式上，人类刚刚脱离动物的简单的物象阶段，开始向物质抽象的方向迈开了第一步，这就是图画。图画阶段的思维方式是一种具象思维，"生活态度上是占有与攫取；伦理观念上体现为有用与无用；审美观念上是一种原型崇拜，以崇拜代替审美；数字观念上是群与类的关系；时空意识上主要是天人合一的观念"①。随着人类生产力的发展和社会交往的日益频繁，一种更有利于人们之间交流的工具——文字就诞生了。文字的诞生，使人们突破时空的限制记录和传递思想，从而使人类的经验和人类文明以更加方便的形式沉淀下来，加快人类文明的进程。在人类文明的第三个阶段——印刷时代，文字借助于印刷术的进步，实现了大规模的复制，对文字的掌握转向了对借助于文字而传承的知识的掌握；认知方式主要以文字的阅读为主，思维方式主要是抽象思维，精神上追求独立、自由，伦理观念上追求世俗的合理性。这一阶段，人类的精神交往限制在视觉范围之内，"印刷术使得人类'精神的眼睛'与书报上抽象的对象交往，从而促进人们思维的发展，但同时却把人类的精神交往限制在了视觉的范围之内，人类复杂多样的全息化的交往方式，变成了乏味的文字或印刷符号，且相当多的非文字信息被排除在了交往传播之外"②。因此，人的感官全面发挥作用的新交往形式的出现，成为了人类文化发展的迫切需要。于是，正如麦克卢汉所说，一种重归感觉平衡、类似于儿童时代图画思维的视像思维和视像文明诞生了。它的思维方式主要为视像思维或者拟像思维，价值观上主要体现为传统价值观念的解体及对现实的预支。

　　电视是视像时代影响最广泛和最深入的媒体，它促进了感官比例的改变和人的主体性的发展。第一，与文字符号和声音符号不同的是，

①　林少雄：《视像与人——视像人类学论纲》，学林出版社 2005 年版，第 1 页。

②　林少雄：《视像与人——视像人类学论纲》，学林出版社 2005 年版，第 4—5 页。

它改变了文字符号和声音符号传播过程中的抽象转化为具象的过程，直接通过眼睛把视觉符号植入人的头脑。尽管文字的传播也是通过视觉来实现，但是它必须把视觉符号转化为抽象的思维，而后通过抽象的思维将符号所代表的事物还原。第二，用视像时空来再现生活时空。电视传媒是事件的复制者，它用特殊的视音频逻辑来复制事件的时空。对时空的重新组合与剪裁，是为了重新铸造我们的时空意识和感觉，重新唤起我们的想象能力和创造能力。"社会空间不再是被传统地理学家进行霸权绘制的被动对象，满足于把世界的诸多层面视为屈服于权威意志，而是在理论上被解释为多元存在，在人类实践中不断地上演和重新上演。"① 按照视像逻辑，人们不仅要把生活固有的时空解开，要把它按照生活的逻辑还原。这里有三个过程：一是对于自身空间的建构；二是对生活空间的理解、掌握直至操控；三是时空观上升为生存观。在改变人们的时空观的同时，实际上也在改变人们的认知能力、体悟能力和抉择能力。第三，电视用特殊的符号制作方式几乎无限地扩大了人们的感官经验，尤其是视觉经验。在此之前，人们的视野是靠想象或者目力所及来构建的，人的交往范围也是与传播所及范围相当的。电视出现，一下子将世界的景象推到人们面前。从乡村到都市，从国家大事到家庭琐事，从身边到太空，只要手段能够达到，电视将人们所能想到的种种景象一网打尽。这种感官上的延伸是具有重大意义的，电视传播重新组合了世界，电视呈现的图像仿佛就是世界的图像，电视的边界不仅成为人们认知的边界，而且似乎成为世界本身的边界。它接管或者代替了人们认知世界的文化感官。

---

① ［英］戴维·钱尼：《文化转向：当代文化史概述》，戴从容译，江苏人民出版社2004年版，第178页。

2. 电视传受关系的本质是主体间性

主体间性概念的最初步的含义是主体与主体之间的统一性。从社会学（包括伦理学）的视角来看，主体间性是指作为社会主体的人与人之间的关系，关涉到人际关系以及价值观念的统一性问题。哈贝马斯的交往行为理论中所说的交往行为就是主体间性行为。他提倡交往行为，以建立互相理解、沟通的交往理性，以达到社会的和谐。哈贝马斯认为，在交往范式下，互动参与者从自身的立场出发，就世界中的事物达成沟通而把他们的行为协调起来，这样，他们就进入了一种人际关系当中，从而使得他们能够从他者的视角与作为互动参与者的自我建立联系，从参与者的视角所做出的反思就避免了客观化。而在传统的意识哲学里，主体处于一个观察者的视角，不论是向内看还是向外看，所有的一切都被当作对象。如果在观察者的视角之外没有其他选择可能时，自我关系在先验—经验层面上的强化就是不可避免的；只有在这时，主体才必须把自己看作是对整个世界的主宰，或者把自己看作是一个出现在世界上的实体。

从认识论的视角来看，主体间性意指认识主体之间的关系，它关涉到知识的客观普遍性问题。现象学大师胡塞尔认为，认识主体之间的共识或知识的普遍性的根据是人的"统觉"、"同感"、"移情"等能力。胡塞尔的主体间性概念是在先验主体论的框架内提出的，只涉及认识主体之间的关系，而不是认识主体与对象世界的关系，因此只是认识论的主体间性，而不是本体论的主体间性。哈贝马斯认为，主体和客体的同一缺乏一种完全独立于主体和客体的判断标准，只有通过交往行动，主体才可能真正达成一致。梅洛·庞蒂反对胡塞尔的先验现象学，主张知觉现象学，即身体—主体与世界的关系。认识论的主体间性仍然是在主客对立的框架中，仅仅考察认识主体之间的关系，而不承认人与世界关系的主体间性。

从本体论的视角来看，主体间性意指存在或解释活动中的人与世界的同一性，它不是主客对立的关系，而是主体与主体之间的交往、理解关系。本体论的主体间性关涉到自由何以可能、认识何以可能的问题。海德格尔后期建立了本体论的主体间性。主体间性具有了哲学本体论的意义。主体间性的根据在于生存本身。生存不是在主客二分的基础上主体构造、征服客体，而是主体间的共在，是自我主体与对象主体间的交往、对话。在现实存在中，主体与客体间的关系不是直接的，而是间接的，它要以主体间的关系为中介，包括文化、语言、社会关系的中介。因此，主体间性比主体性更根本，因为主体性是在主体间发生关系时所表现出的属性。

媒体传播中的主体间性，是进入传播范畴的人与人之间的关系，是传播主体与接受主体之间主体性相互碰撞所表现出的特性。哈贝马斯的思维方式给我们独到的启示，是回到实践层面，否定了意识哲学的个人独白，肯定主体间的交往。这就是说，所谓的主体，只能解释为人的社会化的产物，是在社会化过程中形成和发展的："自我"是"他人"的相互联系中凸显出来的，这个词的核心意义是其主体间性，即与他人的社会关联。唯有在这种关联中，单独的人才能成为与众不同的个体而存在。离开了社会群体，所谓的自我和主体都无从谈起。在传播活动中，单纯的主体和单纯的客体都是不存在的。从传播方式来看，有人把受众视为传播者射击的靶子，受众中弹即倒；有人把受众的接受过程视为选择性接受的过程。可以说，在大众传播的诞生之日，就是传播效果的困惑之时，就是主体和客体的关系变得错综复杂之时。传播者的主体性必须尊重受众的主体性，传受双方的主体性更多地表现为主体间性，即传播者作为主体和受者作为主体相互作用体现出来的特性。早期传播中，这种关系是不存在的。随着传播者主体性的受挫，传播者才开始采取措施，吸引受众对传播活动的部分参与。

电视传受关系的本质是主体间性，其判断理由如下：一是电视是最具大众传播特性的媒介，大众传媒的发展，是形成新闻传播主体与接受主体分立对应关系的直接原因。正是大众传播媒介的直接介入，使传者和受者居于大众媒介的两极分立对应而存在。而其背后深层的根据，则是人类社会生产力水平不断提高，生产方式和社会分工不断变革的结果。无论传播学者是否意识到，电视的这一特性不容置疑。要赢得受众，就必须尊重受众，不能只是把受众当客体，而是把他们当作和传播者一样有选择能力的主体。二是电视传播是一个理解现实并且用视像来再现现实的过程。视像传播形成的过程是传者主体性对受众主体性的交流过程。视像逻辑必须是受众遵循的逻辑，视像价值必须契合受众的价值。视像化就是人文化、生活化。通过视像来把握人，不能仅仅凭借知识性的了解，因为人不是物，而是活生生的、有灵魂的、甚至有无意识的人。对对象主体要尊重、同情、设身处地、将心比心，通过互相倾诉和倾听的对话，进入对象主体的内心世界，才能充分理解对象主体并且表达出来。同时，这也意味着自我主体向对象主体敞开了心灵世界，让对象主体理解了自己。三是批判学派的传人之所以提出主体间性的概念，正是基于对传统的主体——客体关系的批判和对传统传播观的批判。传播关系中人文精神的缺失，根本上源于主客关系中把受者当作客体，受者成为传者根据自己意志塑造的"物"，传者和受者之间是一种控制与被控制、压迫和被压迫的关系。"传统主体性哲学的主—客模式，在处理人与物的关系时尽管行之有效，但是在对待人与人之间的关系时，就遇到了他人不是物的困窘。就单一的主客关系而言，主体所面临的都是客体，自己也会被他人视为客体，这样必然导致人与人之间的关系紧张，人与社会的关系异化。"①在处理人与人之间的关系时，强调与主客体关系不同的主体间的关系，是一种化解社会矛盾、消除人的异化行为的新思路。主体间性超越"物化"的主体性，把人的世界当作交往的世界，在主体间关系中才能获得属于"人"的特性，立足于主体间性来理解传播才是"人"的传播。尽管电视也会出现把受众当客体的现象，但由于电视媒体面对大众进行视像传播的属性，使它成为人们接触最频繁、接触时间最长、选择性最多的媒介，它改变了人们的认知习惯和生活方式。但这种改变伴随着建构与消解、自发与自觉、感性与理性的激烈冲突，如果不把主体和客体之间的关系放在一个平等的角度来处理，势必迅速扼杀这个媒介的生存空间。

3. 新媒体的出现对电视受众的主体性提出挑战

20 世纪 90 年代以来，随着数字技术、网络技术的广泛运用，电视的传播形态也发生了许多变化。数字电视、车载电视、网络电视等把传统电视和网络数字技术结合起来，形成崭新的数字视听新媒体。在传播模式上，这种媒介改变着传统的你播我看的传播和收视习惯，基本上可以实现我看你播、我看我播，或者完全自主地进行收视。这些变化和先前已经大行其道的网络传播一道，把人类传播中受众的主体性推上了一个新的台阶，对传统电视传播中主体性构建问题提出了新的挑战。

第一，媒介形态的改变必然会带来媒介内容的改变。从口语传播到书面传播、到电子传播、到新媒介的传播，每一个媒介形态的进步，必然带来媒介内容的深刻变化。从信息的广度和深度上，从内容的实现

---

① 李欣人：《传播关系的哲学思考》，《当代传播》2005 年第 4 期。

形式上，媒介形态和内容的相关性十分密切。电视在时空的掌握上实现了飞跃，网络在互动上也实现了飞跃。新技术的发展不仅给我们带来了新的传播形态，也带来新的传播内容和新的感知方式。"今天，全球公民的生活，被包裹在与无知和象征的传播模式的似乎是无休无止的接触之中。"①办公室有网络，路上有车载电视、广播，家庭有电视，技术正在不断创造新的感知空间，建立人们与世界之间不断变幻的联系，帮助人们实现新的梦想。当电视直播超越我们人类自身视野的局限而营造出一个全新的空间时，当万里之外的朋友通过视频进行交流时，媒介形态的深度所决定的内容的深度可以一览无余。网络媒体使传播内容在平面和电视的基础上多了更多的个性和互动性，隐私也成为大众传播的内容，而且可以自由地发表意见。电视的新形态使人们对电视的内容有了更多的选择，电视传播面临前所未有的压力。传播者不得不采取强化叙事、增强悬念、还原时空等办法来打造电视内容。

第二，媒介形态的改变必然伴随人的主体性提升。新媒体技术所营造的新媒体环境下，电视传者与受众的关系已经由主客体关系转变为主体间性关系。在节目制作中，人们必须根据受众的需要，从定位到叙事、到包装、到主持作出策略上的安排，受众的口味就像一只无形的手，在指挥着电视制作者的策划和制作的全过程，电视节目的成功与否主要取决于受众的承认与否。受众的主体性地位得到充分的尊重和提升。在网络中，BBS、QQ、微博、微信等社交媒体的运用，使得受众可以在观看电视节目的同时及时交流。不仅受众的接受形态发生了变化，而且交往形态也伴随着发生变化。交往成为受众自由自觉的活动，表现的是一种互为主体的状态，受众之间的关系是一种互为主体的关

---

① ［英］尼克·史蒂文森：《认识媒介文化——社会理论与大众传播》，王文斌译，商务印书馆 2001 年版，第 190 页。

系，是主体间的关系，受众的主体间性得到凸显。互动性是新媒介的最大特点，也是传统电视在新媒介环境下发生的最大变化。在传统电视基础上诞生的新型电视媒体也和网络一样，具有灵活的交互性和互动性。数字电视不仅可以收看，而且可以存储。DV、手机电视和手机视频记录的出现，使得电视节目的制作由专业走向大众，普通观众也能成为文化产品的生产者。电视益智类节目、选秀类节目、竞猜类节目、微信摇电视等，将观众带入节目的情景过程之中，甚至因为某一受众的参与，而影响节目的结构或者结果。当你通过短信投下一票时，也许你就能决定这个节目的下一步的走向，是哪个选手进入下一轮决赛，是什么样的环节需要放大或者缩小，受众有着充分的发言权。"人们自己进行解读，自己寻找乐趣"，"人们每天看几个小时的电视，消费电视中的形象、广告和价值观，对此我们没有必要担心。人们具有批判的眼光，他们是主动积极的观众和听众，不是被媒介操纵的文化白痴"①。互动性既是相对于传播者而言，受众主体性、主动性的发挥，也是人的自我控制权利和自我选择能力的增强。受众在对电视文本的解读上享有充分自由，受众完全可以按照自己的方式来进行肯定或者抵抗的解读方式。同一个电视文本，不同受众会做出不同的解读；即使同一观众同一文本，在不同时间和环境下进行解读，也会产生不同的意义。不仅如此，受众还参与节目的制作和节目的播出流程之中，使接受过程变为一种创造过程。

新媒介的出现，对传统电视媒介提出的挑战，促使电视的制播不得不尊重受众的主体性，把主体间性当作节目制播必须遵守的基本规律。所以，当学者们把电视传播中出现的异化现象一律归咎于电视这个媒体时，实际上是把因为没有掌握电视的这个规律而造成的后果归因于

---

① ［英］戴维·莫利：《电视、受众与文化研究》，史安斌译，新华出版社2005年版，第34页。

电视本身。新媒体挑战的是传统电视的生存空间，是传统媒体一以贯之的传播者高高在上的姿态，是传播活动中主体和客体决然对立的状况，是受众主体性被淹没在传者主体性之中的被动局面。只有超越传统的主客模式，为受众的主体性营造宽松的空间，为人的主体性构建创造机制和体制上的有利环境，电视才能朝着有利于人类文明和人类主体性的成长的方向健康发展。

北京奥运会是 2008 年的传播热点，有人曾经预言这是电视和新媒体生态环境发生转折的时刻。但事实上，电视传播的影响力和受众接触仍然是最高的，而且远远超过其他媒体，包括新媒体。从央视索福瑞提供的奥运期间各媒体全天的市场份额走势可以看出，尽管新媒体的受众在不断增加，但电视仍然以其声像兼具现场性、广泛的市场覆盖、高清晰度和家庭化的集体收看特性，成为奥运传播中最具优势的媒介形式，无论是到达率还是受众使用时间，都在各个媒体中位居首位（参见图 2-1、图 2-2）。与此同时，人们也不得不正视正在追逼传统电视的新媒体。

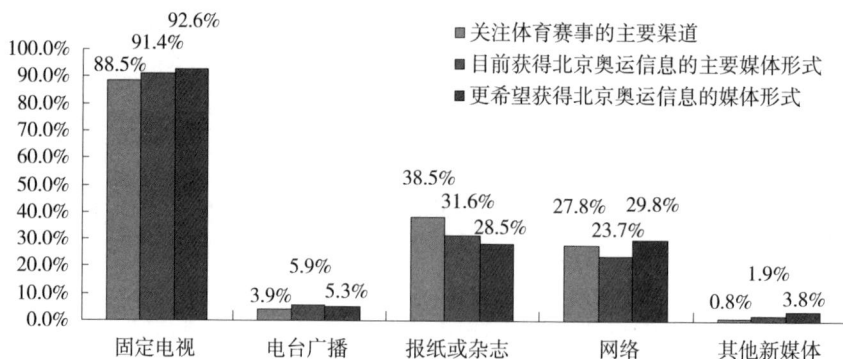

图 2-1　北京奥运受众媒介喜好比较

数据来源：央视索福瑞，下同。

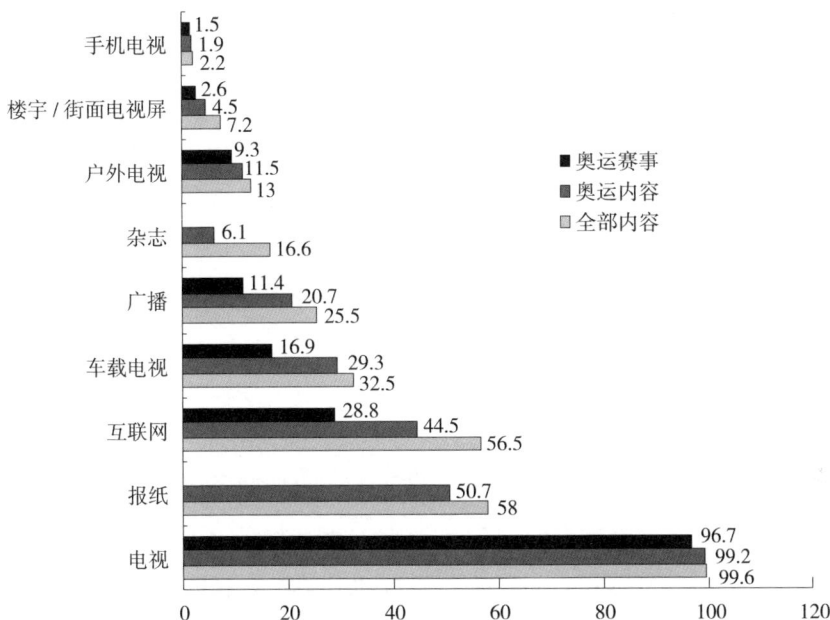

图 2-2　北京、上海、广州三城市奥运期间媒体到达率（%）

二、电视受众主体性的表现特征

电视传播是一种大众传播活动，也是有组织的传播活动，是在特定的组织目标和方针指导下的传播活动，是一种制度化的社会传播。电视传播的信息既具有商品属性，又具有文化属性，传播的对象是社会大众，因而能够产生广泛的社会影响。电视传播也能传递社会价值观、社会规范和社会文化遗产，促成社会文化体系的标准化和一致性。在主体性构建方面，和大众传播一样，电视提供多种信息、多种价值、多种方式、多种联系，丰富了选择的可能性，同时也增加了选择的困惑和难度；获得的多种意见反馈的渠道，同时也被卷入舆论的螺旋；越来越依赖于传播获得自主能力，也越来越受制于传播。人的主体性既通过传播加以丰富，也被传播扭曲。尽管如此，电视受众主体性仍然有着不同于平面媒介和广播媒介的受众主体性。比起其他大众传播媒介，尤其是平面媒介和广播媒介来，电视传播中受众的主体性是交叉主体状态下表现出来的主体性，是通过对社会领域的标准化和对私人领域的社会化而实现的人的主体性。

1. 交叉主体的形成

交叉主体是指在交叉话语的影响下，作为受众的主体所表现出的交叉的特征。一个人不是单一属性的主体，而是由多重环境影响，多重文本召唤下的多重主体。对于同一文本，多个受众可以有多个阐释。交叉（interdiscourse）话语理论把文本／主体的关系转换成多重文本／多重主体的关系。"人的主体性建立于多种不同的关系网络之中，这些关系只有部分是相互重合的。"① 在不同的社会关系中，人具有不同的主体位置，不同的媒介环境产生的不同的媒介话语也对人的主体性构建起着不同作用。人的主体性不是人类社会关系之源，而是后者的结果。银幕理论假设所有的文本都是依据统一主体位置，建立在这一主体的构形之内，所有的话语效果都可以被缩减为一套单一的普适主义的心理机制功能。银幕理论还否认解读本身是意义产生的环节，把读者当作是他们无意识位置的载体和傀儡。交叉话语认为，文本和主体的接触不能孤立地看待，他们是紧密结合在一起的。不仅如此，各种话语建构了人的主体性，"而许多相互交换的主体在这里相互联结，每一个主体形式都对话语过程的构建起着决定性的作用。因此，话语主体是一个交叉话语，它是主体本身的历史中，话语实践跨越主体所产生的效果

---

① ［英］戴维·莫利：《电视、受众与文化研究》，史安斌译，新华出版社 2005 年版，第 69 页。

的产物。"①

　　交叉话语意味着话语本身的复杂结构，也意味着解读和阐释的复杂结构。人是事件意义的创造者，也是文本意义的创造者。文本与解读的二元对立是在不断被打破中延续的。受众有主动建构的受众和被动接受的受众之分。"通过文本与读者的相互作用而创造意义的过程是一场斗争，是各具一半权力资源的二者间进行的一场谈判。"② 首先，受众不是简单的接收者，列维和温达尔的广义受众行为类型学把受众区分为选择型、卷入型和效用型；受众对文本的阐释有不同方式，帕金归纳为主控式解码、协商式解码、抵抗式解码，他们揭示了受众与文本解读之间的复杂关系。其次，不同类型的文本对受众的影响也不一样，比如，新闻是按封闭性文本建构的，它要向不同的受众传达一组具体的信息。最后，理解是传者视角和受者视角的融合。有学者认为，蕴含于文本作者的远处视界与对文本进行解读的理解者"现今的视界"之间存在着各种差距，在理解过程中，要实现乔治·伽达摩尔所说的"视界融合"，从而使理解者和理解对象都超越原来的视界，达到一个全新的视界。理解本质上是一种效果历史的关系。确实，人类在不断理解中超越自身，人类在不断更新着发展着的"效果历史"中，始终不断地重新书写自己的历史，重新构建自身的主体性。

　　传播过程中的体验和阐释是主体性实现的重要途径之一，不同的体验和阐释就形成不同的主体性。体验和阐释理论流派看到了传播过程中受众的主观能动性，文本不是孤立的存在，而是处在主客体相互作用

---

① ［英］戴维·莫利：《电视、受众与文化研究》，史安斌译，新华出版社 2005 年版，第69 页。

② ［英］索妮娅·利文斯通：《理解电视——受众解读的心理学》，龙耘译，新华出版社2006 年版，第 35 页。

关系中的存在，文本既能激活人的主观能动性，又能脱离文本的创造者
而产生无限多的意义阐释，阐释的过程是文本意义和阐释者本人现有的
假设之间进行对话的过程。虽然这一理论忽略媒介文本的组织和经济因
素，无限放大文本的意义，把阐释本身当作主体性的决定性因素，似乎
本末倒置，但从传播的角度来阐述把握人的主体性具有启发意义。胡塞
尔认为，个人对现实的有意识的体验是发现真理的唯一途径，任何独立
于实际的直接体验的概念框架都不足以发现真理。他认为，移情作用把
精神活动转向了他人的自我主体，形成交互主体性。① 梅洛·庞蒂认为，
人类是肉体和精神的统一体，是意义的创造者。人类是作为主体与世界
万物联系在一起的。人们以传播为工具，赋予体验一定意义，在传播的
过程中，人们创造出观察世界的新方式。保罗·瑞柯认为，主体与文本
阐释之间关系密切，把文本和其所处的情境分离开来的做法被称为疏
离。如果你对文本的信息进行了开放式解读，你就移用了它，把它变成
自己的东西。这就意味着主体性通过解读来实现。斯坦利·费什说，文
本能激活人的主观能动性。意义不能在文本中找到，意义只产生于读者
当中，实际上位于读者阐释群里。

交叉主体也通过召唤来实现自身的属性。召唤是通过话语对主体
产生影响的。召唤是提醒、强化，在社会的话语体系中，话语结构提
供、安排了现存的主体（事先建立起来的）位置，召唤的位置或者说召
唤的切入点是"位于构成主体和特定话语位置的交叉点上"（佩舍语）。
正如社会关系之网的网上纽结一样，特定话语的位置实际上也就是特定
社会身份的体现。因为人置身于纷繁复杂的社会关系和由社会关系所决
定的话语关系之中，所以由话语所决定的召唤也是多样的，这就是矛盾

---

① 参见［美］弗莱德·R.多尔迈：《主体性的黄昏》，万俊人、朱国钧、吴海针译，上海人
　　民出版社 1992 年版，第 59 页。

召唤。矛盾召唤可以看出不同话语不同群体对主体的影响，可以洞悉不同的、矛盾的主体位置或召唤之间是如何结合的，可以看到主体动态的、临时的、不稳定的属性。因此，要承认多重文本／多重主体的对应关系。同一个人可能被一种媒体召唤为"国家主体"，同时也可能被他的工会和同事召唤为"阶级／派系主体"。

社会位置决定了受众的解码范围，也设置了可能潜在的解读范围。受众／主体与文本接触时，文本意义构建的关键因素是受众可支配话语的范围。一个来自山区的农民不太可能接受歌剧的熏陶，同样，来自大城市的居民也不太可能熟悉乡间小调。一个人所处的社会位置不同，他所接触的符码也不同，"一个节目能否成功地传送倾向性或主控意义，取决于他接触到的受众所具有的符码和意识形态是否与节目中的相一致。如果能够相辅相成，传送就会成功；但如果它接触的受众具有的符码和意识形态与之冲突，传送就会失败"①。

2. 双重消费主体的形成

电视是特殊商品，在现代电视传播中，节目的选择就像是在挑选商品一样，电视收视就是一种消费行为，电视是消费客体，电视观众是消费主体。电视本身具有意义（它的营销和调动功能），同时电视也是意义的承载者。客体消费和文本消费也是并行不悖的。米勒提出，要从商品的象征性和物质性两个方面入手，来了解消费。他把消费当作文化活动的一种。作为象征载体的电视，是因为电视常常是品位、财富或者社会地位的象征；作为物质性的电视，是电视所体现的功能性用途。消费是一个积极的过程，是构建意义的一般过程，在这个过程中所有的社

---

① ［英］戴维·莫利：《电视、受众与文化研究》，史安斌译，新华出版社 2005 年版，第 98 页。

会范畴都会不断地得以完善。理解消费的关键在于我们必须认识其互动的可能性。消费文化以多种方式将受众嵌入其中。在这种消费文化里，受众能够创造性地面对多种技术和多种信息，从而实现意义和日常生活的多重创造。

电视培养了双重消费者。电视受众既是媒介的消费者，又是电视展出商品的消费者。"电视具有'双重接合'的特性。这是因为电视的讯息本身被人消费（它的意义在设计和销售的过程中，就预先被定义了，然后才有意义的协商——这一过程发生得稍晚），电视本身又能促进消费。"①

首先，受众消费的是电视这个媒介本身，消费作为媒介载体的电视所提供的信息。

其次，受众还要消费电视所提供的商品。电视广告是电视台业务的经济支撑，没有受众对商品的消费，受众就无法享受到对信息的消费。尽管电视是大众传播媒介，在消费的具体实现规模和形式上，却呈现出复杂的情况。如电视付费的实行，产生了"信息富裕者"、"信息贫穷者"。

最后，性别、家庭这些主体所处的位置与人的主体性相关联。家庭/户是电视消费的基本单位。戴维·莫利认为，男性主要认同"事实性节目"，而女性则表现出对虚构节目的爱好。收视行为性别中的差异实际上已经折射出传播中受众主体性的差异。下面的图形可以清楚地说明这个假设。在图2-3中，我们采集了全国35城市中湖北卫视观众的收视样本，对观众的集中度进行分析（集中度的值大于100，表示该类目标观众的收视倾向高于平均水平）。在这些城市组中，观众在回答

---

① ［英］戴维·莫利：《电视、受众与文化研究》，史安斌译，新华出版社2005年版，第249页。

"什么人更爱看这个节目"的问题时，女性选择电视剧的比男性高出 8 个百分点，男性选择新闻实事类的比女性要高出 13 个百分点。在这里，事实类电视节目包括电视新闻（消息类）、电视纪录片、专题片、系列片、深度报道等。在图 2–4 中，传统形式的主流报道类节目《湖北新闻联播》也是呈现这样一个特点，男性的收视比例比女性高出 10 个百分点。以民生题材为主，辅之以少量情感内容的《今晚六点》集中度就在发生微妙的变化（参见图 2–5），男性收视集中度仅比女性高 8 个百分点，较联播有所下降，新闻 / 时事类节目中男性观众占大多数。再拿专题类节目来看，专题类节目则看该节目是偏新闻性还是情感性，偏新闻性专题节目的男性观众比较集中如《沟通》（参见图 2–6），偏情感专题节目的女性观众比较集中如《阳光行动》、《相亲进行时》（参见图 2–7）。《沟通》是湖北卫视的一档新闻时事访谈类专题节目，节目主要内容是新近发生的事件或者受众关心的热点，访谈的对象是官员和专家，形式是访谈对象和现场观众面对面交流，这个节目的集中度男性高于女性 13 个百分点。而同为专题节目的《阳光行动》因为挖掘情感内容，注

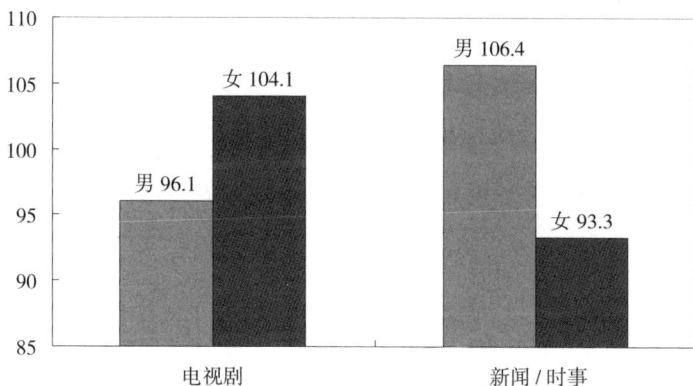

图 2–3 湖北卫视 2008 年 12 月电视剧和新闻 / 时事类
全国 35 城市组男女观众集中度对比图

数据来源：央视索福瑞全国 35 城市组收视数据。

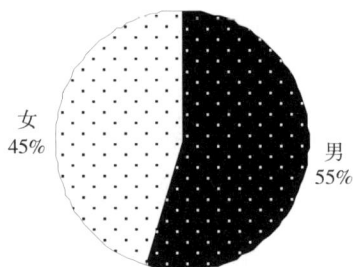

图 2–4 《湖北新闻联播》全国 35 城市组男女观众构成比例图（2008 年 12 月）

数据来源：央视索福瑞全国 35 城市组收视数据。

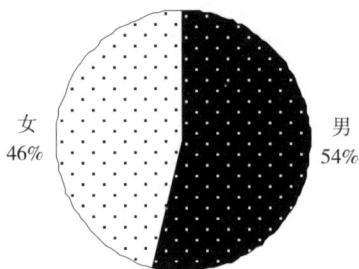

图 2–5 《今晚六点》全国 35 城市组男女观众构成比例图（2008 年 12 月）

数据来源：央视索福瑞全国 35 城市组收视数据。

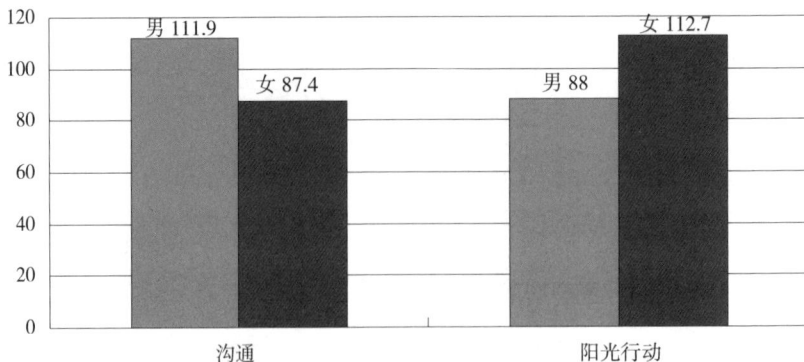

**图 2–6 专题类节目《沟通》和《阳光行动》全国 35 城市组
男女观众集中度对比图（2008 年 12 月）**

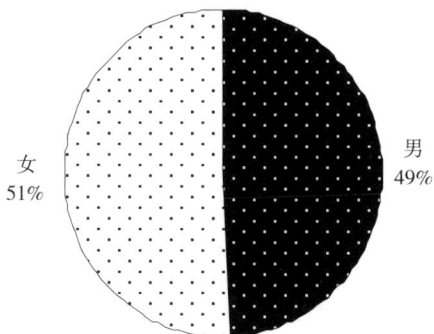

图 2–7　《相亲进行时》全国 35 城市组男女观众构成比例图（2008 年 12 月）

重情感叙事，收视集中度恰恰与前者相反，男性低于女性 13 个百分点左右。以解决男女婚姻为主旨的《相亲进行时》，因为同时为男女双方搭建相亲平台，纪实性展示相亲过程，男女收视比例相差不大，女性仅比女性高 2 个百分点（参见图 2–7）。

第四，消费电视所推销的商品，不仅仅是消费商品的物质属性，还消费电视提供的符号功能。电视经常采取渲染商品的符号功能来强化商品在受众心中的象征意义。节目本身成为商品和在节目中推销商品，常常是相伴相随的过程，作为媒介来使用的电视和作为信息来使用的电视，在节目选择和商品选择越来越趋同的情况下，二者已经合二为一。

3. 通过社会领域的标准化和私人领域的社会化来影响人的主体性

在人们传统的视野中，家庭是一个远离工作、远离公共事务、免除公共压力的地方。电视的出现，改变了这一格局。电视在客厅收视的特性，一方面，使得人们越来越娱乐休闲，越来越远离社会的纷扰；另一方面，电视却又悄然传播着社会的规范和社会的潮流，把私人的空间变成一个完全公共的空间。通过这种疏远化的办法，实现了对人的主体性的"麻醉"。

　　电视通过电视收视的仪式化来实现社会领域的标准化。电视收视不像其他人类必需的消费行为一样为人的生存之必需。电视虽然不是人们的生活必需品，但却与人们的日常生活须臾不可分离。人们对收看电视形成依赖性极强的行为，称为一种习惯，就像日日必须出席的仪式一样。拉扎斯菲尔德（1948）把它视作"麻醉剂"。就像中国人收看每天的《新闻联播》一样，许多人关注新闻只是一种仪式、一种划分日常生活节奏的方法和一种疏离的表现。"很多人接触新闻是因为他们把新闻看作是与外面世界联系的方式或者生活中的一种固定方式——然而新闻的内容对他们来说无关紧要……（因此）新闻节目并没有完成传送信息的功能：他们为完全不同的目的服务，观众关注新闻节已经成为一种仪式和习惯。从而维持一种安全感。"① 这种仪式化常常是通过时间的重新建构体现出来的，以时间作为媒介的广播电视时间已经在重构现代社会的时间节奏。通过时间的建构，电视完成了仪式化的过程，实现了对社会的标准化。电视时间取代社会标准时间的安排，电视编排影响社会时间的组织。"'全国性的'时间能直接进入私人领域，这样一来就从时间上印证了所有受众都已成为同步'时区'或者国家共同体的一分子。"② 不仅如此，电视还影响社会空间的组织。电视的传输空间已经超越了权力、社会生活和知识的边界，而正是这些界定了文化的民族国家空间。节目传输的领土似乎取代一个国家、一个地域或一个文化的界限。在这个传输领土中，人们接受同一种电视传播的语态和价值观，唤醒人们共同的记忆和情感，形成相对统一的民族和国家认同感，形成趋

---

① ［英］戴维·莫利：《电视、受众与文化研究》，史安斌译，新华出版社 2005 年版，第 295 页。

② ［英］戴维·莫利：《电视、受众与文化研究》，史安斌译，新华出版社 2005 年版，第 314 页。

同的主体性构建模式。中国人对春节联欢晚会的收视习惯，充分说明了
这一点。从湖北卫视春晚与平时节目的收视比较（参见表 2–1）来看，
武汉地区和湖北地区均比平时有大幅增长，仪式化的电视编排已经化为
仪式化的日常生活。

表 2–1　湖北卫视春晚收视率

地区	2009 湖北卫视春晚 （1 月 24 日）收视率	平时（2009 年 1 月 1 日 至 23 日）同时段收视率	收视率增长百分比
武汉地区	6.93	3.142	120.6%
湖北地区	2.082	0.563	269.8%

数据来源：央视索福瑞每 5 分钟时段数据。

　　中央电视台每年春节联欢晚会是此类节目的重中之重。拿 2008 年
除夕春晚来看，据央视索福瑞调查数据显示，除 CCTV–1、CCTV–4 以
外，还有 16 个省级卫视同步转播了央视春晚。在 35 个中心城市，中央
电视台 2008 年春节联欢晚会在 CCTV–1 播出取得 60% 的市场份额，省
级卫视转播央视春晚的整体收视率从 2007 年的 3.1% 上升到 2008 年的
10.4%。 2009 年央视春节联欢晚会的总收视率达 34.82%，比 2008 年提
高 2.43%，东北三省、北京、河北、天津等地区的收视率居高。上海地
区的收视率为 17.2%，排在中游位置，但比 2008 年多了近 3 个百分点。
春晚成为除夕团年饭（又称年夜饭、团圆饭）的一道大餐。据笔者在家
乡和同事中做的初步调查显示，40% 以上的家庭是把除夕团年饭时间
提前，以便晚八点坐到电视机前收看节目。通过这种仪式化的形式，电
视对人们生活的渗透不仅表现在时间上安排的程式化，而且表现在空间
上安排的标准化，更是把受众的情感和视线整合成一种统一的模式。在
同一个屏幕、同一个节目的背景下，在几成定式的习惯里，大家感受团
聚的融洽，获得安全、爱和归宿的基本需求。

　　电视在促使社会领域标准化的同时，还通过独特的机制构建私人领域的社会化。电视的家庭收视的特征，貌似是一种纯粹私人领域的行为，与致力于公共事务的公共领域似乎不相干。殊不知，电视通过参与感和共识感的营造，把国家和家庭"接合"起来，促使家庭成为公共领域的一部分（方丹，1988：284）。家庭是一个有别于公共领域的纯粹私人场所。公共领域不是一个固定不变、触手可及的实体，而是一个由人们的言行互动所构成的场域，是一个由人们透过言语及行动展现自我并进行协力活动的领域。在哈贝马斯看来，随着资产主义的发展，获得较多独立性的市民阶级有了更多表达自己权利的愿望，他们逐步意识到自己是公共权力的对立面，便集聚起来，对公共权力进行批判，这样就形成了一个介于公共权力领域与私人领域之间的一个中间地带：一方面，它不仅与公共权力相对立，而且是针对公共权力的批判空间；另一方面，资产阶级公共领域也不同于私人领域，虽然立足于不受公共权力管辖的私人领域，却跨越个人和家庭的藩篱，致力于公共事务。家庭对女性来说，是休闲和工作兼而有之的场所。一般来说，公共领域和私人领域之间存在着尖锐对立的关系。布尔迪厄将家庭和公共领域的关系阐释为："一方面是女性空间与男性空间的对立；另一方面是私密空间与社会关系的开放空间之间的对立。"[①] 但是广播电视把家庭和国家接合成一个"民族家庭"[②]。电视使"公众"通过私人的（家庭内部）领域来获得体验：公共性被"家庭内部化"了，公共的形式和内容被家庭化改造之后，被植入了新的内涵和外延。与此同时，"私人"自身也被转化成社

① ［英］戴维·莫利：《电视、受众与文化研究》，史安斌译，新华出版社 2005 年版，第259 页。

② ［英］戴维·莫利：《电视、受众与文化研究》，史安斌译，新华出版社 2005 年版，第277 页。

会化了，作为电视受众的存在实际上也就成为社会化的存在。达扬和卡茨认为（1987），不应该说电视"再现"了事件，而应该说电视为大多数人"建构"了这个事件的体验。在接合家庭和政府之间，电视起了重要作用。电视通过两种方式构建了集体性：其一是制造了一种"参与"的感觉，再者制造了体验的"共时性"和"共享历史"的感觉。从电视传播的策略来看，"当前的时事和杂志型电视节目的崭新形象正好是家庭以及由家庭组合而成的国家。在这类节目中，核心家庭是众多节目话语默认的前提：不但节目所面对的都是'家庭受众'，而且这种以家庭为中心的话语聚焦于以下两个方面：其主流是人情味故事；其主控表达方式则强调公共事件与日常生活的关系"①。

三、电视受众主体性的典型误读：电视消解主体

由于媒介的作用，文化沦落为商品，以快感麻醉人们的神经（阿多诺），导致文化消费者的想象力和自发性渐渐萎缩。批判理论以深刻的洞察力，建立了文化批判的话语，提醒人们注意压抑和霸权对人的主体性的扼杀，是具有见地的。但他们的批判只是站在抽象的人道主义的立场，只看到媒介受意识形态控制的一面，看不到其中的进步力量和革命潜力，也没有提出一个科学的理论体系和建构世界的科学方法。

批判理论中最典型的代表是早期的法兰克福学派，他们从研究媒介的控制开始，探讨媒介作为国家权力的一种舆论控制工具对社会的控制。媒介不仅是国家的"话筒"、权力的工具，它还是被国家加以利用

① ［英］戴维·莫利：《电视、受众与文化研究》，史安斌译，新华出版社2005年版，第300页。

的维护意识形态、传递统治阶级意志的工具，甚至它本身就是意识形态，直接履行着意识形态的社会控制职能，维护着国家统治的合法性。马尔库塞在《单向度的人》中将当代工业社会称为"病态社会"，其最大病症就是它使人变成了单向度的人，即丧失了对现存社会否定和批判的原则这一第二向度，而只剩下屈从于现存社会制度的单向度的人。单向度的人丧失了合理地批判社会现实的能力，不去把现存制度同应该存在的"真正世界"相对照，也就丧失了理性、自由、美和生活的欢乐的习惯。对大众文化，法兰克福学派抱着明显的批判态度。在对大众文化的批判上，阿多诺处于首当其冲的位置。在他看来，大众文化起码存在这样几个弊端：大众文化呈现商品化趋势，具有商品拜物教特性；大众文化生产的标准化、齐一化，导致扼杀个性；大众文化是一种支配力量，具有强制性。总之，大众文化，剥夺了个人的自由选择。

伯明翰学派把对文化的批评集中到对电视的批评，将诸如生产、消费、商品、交换、资本等经济学的范畴引入电视批评理论，考察电视传播、文化生产与市场经济的共谋关系。

菲斯克提出了要把文化经济纳入原有的经济概念的论点。他指出，在文化经济中，流通过程并非货币的周转，而是意义和快感的传播。观众既是商品又是意义和快感的生产者。在这种文化经济中，原来的商品（无论是电视节目还是牛仔裤）变成了一个文本，一种具有潜在意义和快感的话语结构，这一话语结构形成了大众文化的重要资源。在这种文化经济里，没有消费者，只有意义的流通者，因为意义是整个过程的唯一要素，它既不能被商品化，也无法消费；换言之，只有在我们称之为文化的那一持续的过程中，意义才能被生产、再生产和流通。文化经济产品的形式是形象、思想和符号，电视观众是能够"生产"意义和快感的，当电视台向这样的观众播放电视节目时，交换的是心理满足、快感以及对现实的幻想，消费者同时也是生产者，他生产的不仅是自我的满足，而且包括文化意义。"快乐源自意义与权力之间的特定关系。……快乐来自对意义的控制感和对文化进程的积极参与。……电视是人们喜闻乐见的，它能给不同的人提供不同的快乐，它的文本及接受方式的特点，使我们得以积极参与被我们称为'文化'的意义生产过程。"①

集中到电视传播与人的主体性构建的关系上，这些学者大多认为电视促进并造成了主体性的消解，他们认为传统消费是主动的，而在现代传播语境下，消费主体却是被动的、软弱的。波德里亚认为，电视依靠它自身的技术优势，构画出一个类象和超真实的仿真世界。仿真的对象不仅是真实的物体，而且是对人们在现实中的与物质现象接触的第一手感知和幻想的模拟，通过一系列的仿真技术，让人们在缺席某种场景时，能够获得临场的感官享受和神经快感。

仿真产生了一种普遍"超真实"的幻境，"真实本身也在超真实中沉默了。复制媒介巨细无遗地临摹，真实在从媒介到媒介的过程中被挥发了，成了一种死亡寓言，真实成了为真实而真实的真实（就像为了欲望而欲望的欲望），膜拜逝去的客体，但这客体已经不是再现的客体，而是狂喜的否定和对自己仪式的消除：成了超真实"②。现场直播、娱乐互动节目、家庭肥皂剧、铺天盖地的广告，在被当作真实的现实一次次地冲洗着着观众的大脑时，人们会被束缚于各自单个的空间，心灵与外界精神上的交流对象更多地受制于电视。电视使人更加原子化，文化过剩生产意味着被生产出来的信息数量超过了主体的阐释能力。波德里亚

---

① ［美］约翰·菲斯克：《电视文化》，祁阿红、张鲲译，商务印书馆2005年版，第29—30页。

② 王安民、陈永国、马海良主编：《后现代性的哲学话语：从福柯到赛义德》，浙江人民出版社2000年版，第325页。

认为，已经存在的客体被认为比主体更圆滑，更玩世不恭，更具天赋。客体的蜕变和谋略超越了主体的理解力。人们不再把自己的情感、再现和自己关于占有、失落、悲悼和嫉妒的幻想投射到物体上，心理的向度就某种意义来说已经消失，主体和客体两者之间的距离在仿真社会里被内爆，主体现在占据的世界是一个文化信息已填满了整个私人空间的世界。不再有应避讳的主体，每件事都被揭露，被讨论，主体被化约为一种乏味的、快速的文化终端，客体使主体消亡。

这些理论虽然看到了电视这种大众传播形式对人的主体性构建产生的消极影响，他们看到了媒介文化中受意识形态控制的一面，但他们都没有科学地认识到媒介推动历史进步和人的主体性丰富发展的一面。通过传播方式的革新而建立起来的人与人之间新型的交往关系必然会丰富和发展人的主体性；通过传播方式的变革必然会推动社会生产方式以及人的主体性构建方式的变革，为人的主体性构建提供更多的渠道和更加丰富的内涵。如果说消解，也只是消解着崇高的价值取向，动摇着人们对生活、对人生、对世界的传统理解。马克思十分重视社会中的传播方式，认为传播实践是个人创造力与社会限制力之间的紧张关系的结果，只有当个人获得真正意义上的自由，能够清晰地、有理性地表达自己的时候，才会实现个人的解放。传播问题不仅仅就传播本身能够加以透彻说明的问题，电视的弊端也不能仅仅归咎于电视本身。实际上电视对人的主体性消解固然有电视这个媒体固有属性的原因，更多地还是体制机制等外部原因，消费内爆的根本动力还是来自于经济驱动力。波德里亚等人的理论用虚无的形而上学的方法来分析电视传播与人的主体性构建，仅仅从抽象概念出发是不能找到解决电视传播与人的主体性构建的真正钥匙的。而且，一味地把现代社会消费文化的盛行与传播一对一地挂钩，势必会把所有的社会问题都归结于传播问题，最后掩盖问题的本质。

法兰克福学派和普通语用学依据媒介的"皮下注射"模型，批判媒介对人的宰制。把受众定义为分布广泛的、素质参差不齐的乌合之众，是大众传媒"魔弹"的"靶子"，受众在大众传播媒介之前是脆弱的，完全被动的，不堪一击的。1940 年 11 月，美国传播学学者拉扎斯菲尔德在伊利县进行关于美国总统选举的专题研究表明，大众媒体在改变个人选举中的选择中，所起的作用是非常有限的，在信息传播的过程中间，舆论领袖发挥了很大的作用。拉氏的研究结论，开创了有限媒体效果论的时代。这一观点直接影响了后来关于传播受众研究的"使用与满足"理论的产生。使用与满足理论认为，受众可以通过对媒介的积极作用制约整个传播过程，这些积极的作用是基于受众自己的需求，为了满足自己的愿望。要克服电视传播对受众主体性的消极影响，首先，我们要看到受众在传播的关系中积极主动的一面；其次，受众主体性的培养也是媒体应有的责任，只能进一步强调受众的理性作用，强调受众对信息的批判与反思的能力，即强调受众的主体性，就一定能够克服媒体本身的消极作用。

哈贝马斯在传统的批判学派的基础上，提出了一个克服异化的建设性的思路——解放性传播。他认为，对社会的理解必须结合三种主要的利益：工作、互动和权力。工作是指创造各种物质资源的努力，是一种"技术性利益"；互动是对传播符号的使用，是"实践性利益"；权力导致的是被扭曲的传播，但是，如果社群成员意识到意识形态对社会的宰制作用，那么他们自己就会努力去改造社会，权力因此又成为一种"解放性利益"。公共领域可以为自由发表意见和进行争论创造一种大气候，传播和交流是实现解放的关键性因素。解放性传播有几个必要条件：其一，言论自由；其二，每个人都有平等的发言机会。哈贝马斯提出理想话语的四个条件：同等参与、同等接受、同等表达、同等调节。集中到一点，就是合乎理性，相互尊重。体现在传播上，就是要充分尊重受众的主体性；其三，社会的模式和义务不是单面的，而应当有助于权力在社会各阶层平等的分配。只有进行解放性传播，才能满足每个人的需求。这一视角已经超越了一般的牢骚型的意识形态批判的层面，在传播机制的设计上有了新的突破。

第 三 章

虚拟主体与电视受众主体性构建机制

主体性构建是通过符号、结构和行动等机制来实现的，在电视传播中，符号的视像化、结构的碎片化、行动的虚拟化使得人与对象的关系发生了显著变化。作为传受关系中的受众，其主体性也呈现出分化聚合的特点。

一、虚拟主体的确立

在电视传播中，电视受众的主体性的实现有着不同于先前的其他媒体的形式，它以其丰富的日常生活的内容和深刻介入日常生活为基本特征，使人们在电视收视过程中，不知不觉地实现了符号消费与价值实现的统一。电视传受关系的建立，与受众虚拟主体地位的确立有着密切的关系。

1.整合日常生活

日常生活是相对于人类自由自觉的类的活动而言的一个范畴，是每日每时所进行的除了有组织的社会活动和人的自觉的类本质活动的总称。"日常生活是以个人的直接环境（家庭和天然共同体）为基本寓所、旨在维持个体生存和再生产的各种各样活动的总称，其中最为基本的是以个体的肉体延续为目的的生活资料获取与消费活动。"① 它是以日常语言为媒介、以血缘和天然情感为基础进行的交往活动以及伴随上述各种活动的日常思维或观念活动。电视对日常生活的整合，不仅表现在电视已经成为人们日常生活领域最为重要的内容之一，而且体现为它以日常性的形式来反映和诠释公共事务及人的类本质活动。在现代家庭里，客厅中最显眼的位置，放置的是电视机。人们在家庭的休闲方式，主要是收看电视节目。电视在成为人们日常生活中一个重要的组成部分的同时，也在改变人们生活方式以及生活习惯。电视对人们日常生活领域的影响是其他媒介无法比拟的。从时间上来说，电视占有人们的时间是最多的；从电视对人们生活的影响来说，从消费习惯到情感宣泄，从日常话题到人生的价值规划，电视的渗透力可以说深远广大。日常生活世界和非日常生活世界的整合构成了人类社会的全部结构，无论是非日常的社会活动和自觉的精神生产，还是自在自发的、重复性的日常生活，都是人类社会的基本层面，对于人的存在都有不可替代的价值和作用。人们在对日常生活的感知中，像精神生活中自觉运用的分类、筛选和抽象的作用并不明显，因为我们不可能直接看到可以主宰实际存在的各种杂乱现象的规律。在日常生活里，事物呈现出程式化的陈陈相因的状态。列斐伏尔认为，日常生活是由重复构成的，是无处不在的数量化的物质生活。它充满着熟悉、重复、单调感，结构松弛，节奏缓慢，在外部世界的脉动与个人内心世界之间造成一种特殊的平衡。而电视表现的日常

---

① 尹树广、黄惠珍：《生活世界理论：现象学—日常生活批判—实践哲学》，黑龙江人民出版社 2004 年版，第 306 页。

生活是经过传播者分类、筛选过的生活世界。这种被重构的日常生活，可以通过强化某些内容、忽略另外一些内容来调动起人们的某种情绪，输送传播者的价值。

"日常性"构成电视内容和形式的基础，无论是事实类节目，还是虚构的节目，都是以此为起点。从电视的题材、电视的语言形态，到电视受众的接受方式，处处打上日常生活的印记。也正因为如此，电视的吸引力就在于通过电视传播而提炼和再现日常生活本身内在的魅力，一个微不足道的细节，一句充满智慧的话语，甚至一个司空见惯的手势，常常胜过千言万语。

电视对日常生活的整合，是通过电视独特的叙述逻辑来实现的。电视的叙述有着不同于平面媒体的特点。它运用的是人们最容易理解的日常语言，遵循的是日常生活的内在逻辑，反映的是人民日常生活中的喜怒哀乐，揭示的是人们在某一个阶段的实实在在的生存状态。电视不是不反映人的类本质的活动和社会有组织的活动，而是通过日常生活的逻辑来叙述和诠释，以有利于受众迅速地接受。与传统的叙事模式中必须借助于想象来构造场景和通过场景还原来获得理解不一样，电视的叙述把"世界中的人"转到了"人中的世界"，把遥远而冷漠的世界转变成可亲可近的生活世界，以记录世俗生活的方式来原原本本地记录历史。

电视运用独特的叙述手段，传达独特的世界感知方式，同时也在改变着人们的生活，建构着人的主体性。正因为内容、形式包括情感都来自于日常生活，它对人的影响是以十分贴近与相融的方式融入日常生活。理想的世俗化、价值观的实用化，省略掉过去接受媒体过程中人的主动性介入和抽象思辨的环节，使接受过程变得直接、简单，这也是被人们一再批判的电视消解人的主体性的原因之一。可以说，电视已经不再仅仅是一种传播媒介，而成为日常生活中的一个内容，一个见证，一个不可分割的组成部分。在电视融入人们的日常生活的过程中，主体自己规划建构世界的能力和人通过自己的主体性来改变周围的环境的能力发生了变化，建构自己的世界的方式也发生了变化。

从央视索福瑞媒介研究有限责任公司（简称 CSM）和中国传媒大学调查统计研究所共同发起的十城市关于"2008 年北京奥运会媒介传播效果调查"数据来看，奥运受众仍然选择电视作为主要关注的媒体。在被调查对象中，物价问题、北京奥运会的举办是所有城市中最关心的问题，除此之外，就是家庭、住房、就业、医疗等问题。有 13.5% 的受众表示最关心北京奥运会的举办，而另外还有 7.6% 的受众选择北京奥运会的举办作为他们第二关注的问题。对北京观众来说，北京奥运会的举办成为他们最重要的议题，有 22.5% 的北京受众将北京奥运会的举办列为自己目前最关注的问题，表示第二关注的受众也有 12.7%（参见图 3-1）。受众关心的这些内容不仅构成日常生活本身，而且已经成为电视传播的主要内容。

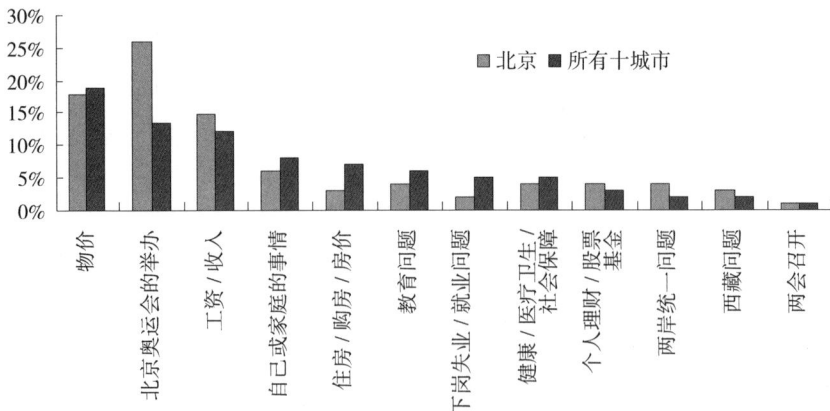

图 3-1　十城市受众目前最关注的问题①

---

① 参见王建平：《受众的奥运认知与媒介接触》，《收视中国》2008 年第 6 期。

2. 符号消费与价值实现的统一

在传播效果研究中，大致经过三个阶段：第一阶段，是把受众当作被动的个体，受众是中弹即倒的靶子；第二阶段，是把受众的接受过程视作选择性接受的过程。英国的文化研究者斯图亚特·霍尔把电视文本意义的定制从生产过程转移到消费阶段，电视文本意义不是传播者"传递"的，而是接受者"生产"的，电视观众在信息接受方面是主动的、积极的，而不是文化批判家眼中那样被动的、消极的。然而他们的"主动的观众"理论虽然大大提升了观众在电视节目的生产和流通环节上的重要性，但是又无一不是把观众作为电视节目流通的最后一个环节而已；第三阶段，把电视接受过程视为消费过程。"主动的观众"转而成为"影响生产"的"主动的消费者"，消费社会随之来临。

在消费社会中，人与人之间的关系变成了人与物、物与物之间的关系。消费建构起人与人之间的联系，无论是社会公民，还是一般观众，从消费主义的视角来看，他们都是消费者而已。电视消费者不仅消费媒体本身，也消费所传播的商品；不仅消费电视所传播的实物的价值，更消费电视所传达的符号价值；不仅实现消费的完整过程，也实现受众自身的价值。

电视传播语境的消费不仅是使用价值的消费，也是符号价值的消费。这个时期的商品价值已不再取决于商品本身是否能满足人的需要或是具有交换价值，而是取决于交换体系中作为文化功能的符码。电视传播所主导的这个时代，有人称之为后现代，是一个类像时代，是一个由模型、符码和控制论所支配的信息与符号时代。"任何商品化消费（包括文化艺术），都成为消费者社会心理实现和标示其社会地位、文化品位、区别生活水准高低的文化符号。"① 在铺天盖地的广告中，消费东西不一定是生活中必需的，消费者看重的并不是这件商品的使用价值，而是附着在这个商品上面的符号价值，即身份、地位、格调等象征物。广告诱发的欲望可能潜藏于人们的无意识中，广告通过精美的商品意象逐渐训练出消费者一套新的感觉方式，使消费者认可接纳传播者塑造的符号体系。

在产品匮乏的时代，产品的生产占据着十分重要的地位。对于消费者而言，消费产品的过程就是人的价值实现的过程。满足人的物质需要的活动成为人类前进的根本动力。在这一阶段，人通过各种手段获取生产和生活资料，实现人的最基本的价值，满足人的基本的生活需求。随着生产力的迅速发展，生产技术大大提高，产品供应大大地超过了市场消费者（不包括潜在的消费者）的需求，社会产品显得相对过剩和饱和。消费上升到生产之上，不再是生产者决定生产，而是由市场决定生产，众多消费者的需求决定生产的数量和方向。因此，发掘消费者的需求成为现代生活和传播最重要的逻辑。在以现代城市为主要背景的消费社会里，个人通过消费进入大众生活逻辑之中，人们在消费物的同时也在消费主体成功的神话。过去孜孜追求的主体的永恒的价值，被人们抛弃或者视为过时的服装。"消费是一个系统，它维护着符号秩序和组织完整：因此它既是一种道德（一种理想价值体系），也是一种沟通体系，一种交换结构。"② 对财富及商品符码的占有，不仅是当代社会人们交往、生活的基本基调，也是人们沟通和交谈的基本语汇，最终体现的是人们的价值追求。从象征着地位、时尚和品位的消费追求中，人们确立了新的价值观和道德观，这种价值观类似于主体对真善美的追求，类

---

① 王岳川主编：《媒介哲学》，河南大学出版社 2004 年版，第 18 页。

② ［法］鲍德里亚：《消费社会》，刘成富、全志刚译，南京大学出版社 2000 年版，第 68 页。

似于超越现实生活的精神追求，但又不是形而上的追求，而是被物质符号同化了的精神，被自娱的绝对命令诱发的自我兴奋、享受和满意。在符号消费和价值实现的统一过程中，人的主体性的构建，就以前所未有的构建形式和前所未有的主体客体交往模式来实现。"电视始终将不同文化、不同习俗、不同阶层的人连接在传媒系统中，并在多重传播与接受过程中，将不同人的思想、体验、价值认同和心理欲望都'整流'为同一频道、同一观念模式和同一价值认同。在这里，人与世界、人与自我、人与他人的对立似乎消失了，似乎不再有主体和客体的对立，不存在超越性和深度性，不再有舞台和镜像，只有网络和屏幕，只有操作的单向摄入与接受的被动性。"①

　　电视购物节目是把商品的符号价值和消费价值渲染到极点的电视节目形式。央视索福瑞 2008 年在全国十个重点城市对电视购物进行了相关的电话调查，从观众（消费者）对电视购物认知途径的数据来看，电视所渲染的符号价值是最容易被转化为消费者的现实消费的。从图 3–2 显示的数据来看，"76.57% 的被访者在近半年中收看过电视购物，而在这些人中有 10.53% 近半年中购买过相应商品，本次调查的 15—64 岁的被访者中，有 8% 的人在过去半年中通过电视购物购买过商品。在购买商品的人群中，年龄在 35—44 岁的比重更高。在收入上，个人月收入 2600 元以上的较高收入人群比重更高，在学历上，高中毕业以上文化程度的观众比例更高。在职业构成上，政府机关或企事业单位普通职工 / 技术人员 / 专业人士和自由职业者 / 个体从业者的比重更大"。② 这就与人们预测的电视购物商品的消费者主要是文化素质较低的人群相去甚远。之所以说电视购物是把电视的符号价值和消费价值发挥到极致

① 　王岳川主编：《媒介哲学》，河南大学出版社 2004 年版，第 29 页。
② 　吴东、周欣欣：《消费者对电视购物的认知、购买与评价》，《收视中国》2008 年第 7 期。

的传播形式，是因为电视购物节目改变了传统的购物者主体性的实现形式。根据购买者决策过程的五个步骤——需求确认、信息寻找、选择评估、购买抉择和购买后评估，当一种新产品出现后，在购买决策前的选择评估时，有人会抢先去尝试，有人会紧跟其后，有人则在大多数都购买了后才去购买。"一般产品从做广告到投放市场，再从销售状况得到反馈需几个月时间，而电视购物则是一种在半小时之内就可以反映出产品是否有市场生命力的经销方式，它是把广告宣传和市场售卖的经营行为缩短为一个环节来完成的快速反应形式，在这次调查中当问到'收看电视购物后购买产品的方法'时，71.11% 的人会'收看后立刻打电话咨询购买'。"（参见图 3–2）①

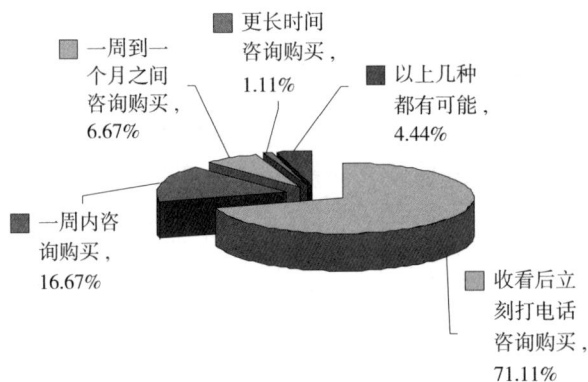

图 3–2　观众收看电视购物节目后购买产品的方法

数据来源：CSM 媒介研究。

表 3–1　观众对电视购物的认知途径

	十城市	北京	上海	广州
电视	96.68	93.20	98.18	98.10
互联网	19.83	8.74	10.91	20.00

①　吴东、周欣欣：《消费者对电视购物的认知、购买与评价》，《收视中国》2008 年第 7 期。

	十城市	北京	上海	广州
朋友 / 同事介绍	11.57	6.80	0.09	4.76
报纸	9.01	2.91	5.45	12.38
杂志	4.36	0.97	3.64	5.71
广播	2.94	1.94	3.64	3.81
其他	0.47	0.00	0.00	1.90

数据来源：CSM 媒介研究。

消费者对电视购物的认知途径主要是电视（参见表 3-1），"收看后立刻打电话咨询购买"的观众（参见图 3-4）属于冲动消费型人群，女性比例相对较高，年龄在 35—44 岁的人群比例相对较高。特别有价值的信息是，在"促使观众购买电视购物产品的因素"问题中（参见图 3-3），产品是否有吸引力占据最高比例，产品价格和产品性能尾居其后，三者的数据都在 50% 以上，而产品"正好合乎需要"的仅仅占 6.6%。这两个数据说明产品的符号价值已经超过产品的实用价值。

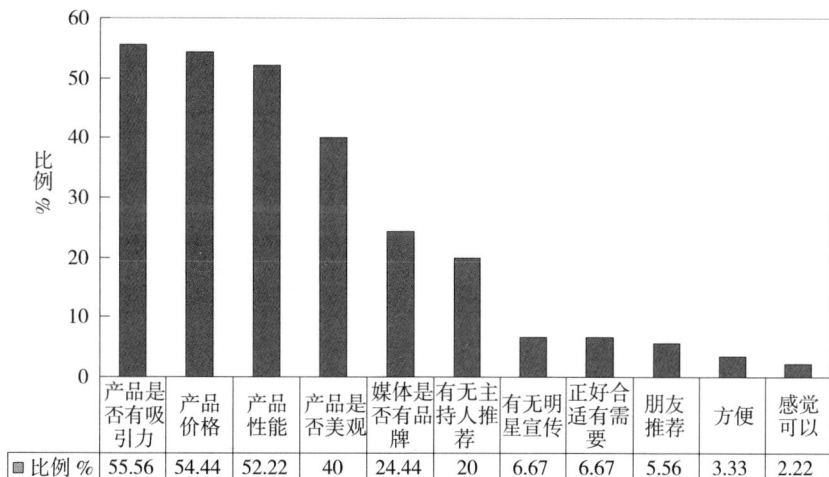

	产品是否有吸引力	产品价格	产品性能	产品是否美观	媒体是否有品牌	有无主持人推荐	有无明星宣传	正好合适有需要	朋友推荐	方便	感觉可以
比例 %	55.56	54.44	52.22	40	24.44	20	6.67	6.67	5.56	3.33	2.22

图 3-3　影响观众收看电视购物节目后购买产品的因素

数据来源：CSM 媒介研究。

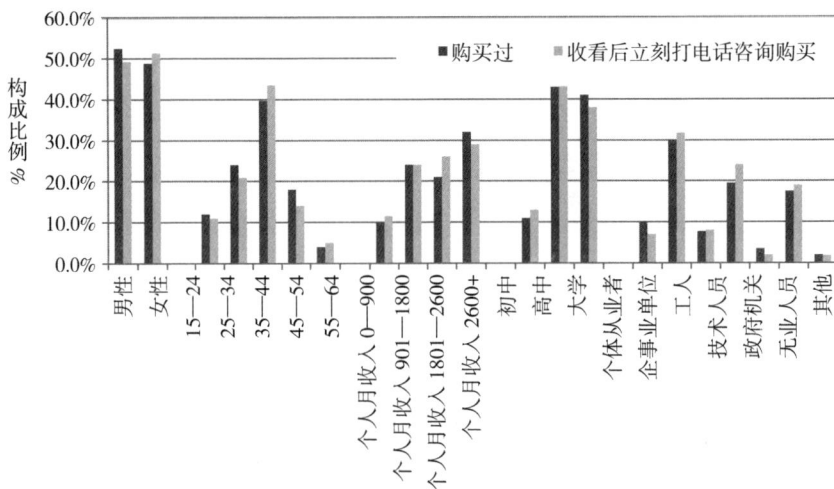

图 3-4　收看后立刻打电话咨询购买的观众构成

数据来源：CSM 媒介研究。

3. 虚拟主体地位的确立

在电视节目中，尤其是娱乐互动类节目中，我们发现这样一个现象：在演播室现场的人固然是置身现场之中，完全参与到节目中去，而不在现场的电视观众和在场的人一样，也有"我在现场，我在思考，我在选择，我在影响"的感觉。电视观众观看节目，都会有虚拟的主体地位和真实的自我感觉。"似乎我们到达一个在文明历史中从来未见过或听过的奇特点上。在此极限点上，呈现即人们观看并假定观众与舞台间存在距离的景观把我们也包含进舞台之中，还促使我们相信这种包含。"①

虚拟的主体地位，即人在非现实空间显现出的人的主体地位。相对于现实主体性来说，虚拟主体性允许"身体缺场"，是通过虚拟的非物理性空间实现人的主体性的。在电视传播营造的空间里，受众仿佛

---

① [法] 吕西安·斯费兹：《传播》，朱振明译，陈卫星审译，中国传媒大学出版社 2007 年版，第 100—101 页。

和电视中的主人翁同悲同喜；电视对时空的重新构造，使得受众不在现场，胜似现场；电视互动节目设置的环环相扣的情节，使受众的意识不由自主地被深度卷入。同样的主体性意识可以跟不同身体相联系，同样的身体可以跟不同的主体性意识相联系。这种虚拟主体性与现实身体间的对应关系的多样性，无疑拓展了人的主体性的活动空间。这种虚拟的主体有这样几个特点：

一是通过身体缺场提高主体的感知能力。正因为打破了人类主体的物理空间的限制，"身体缺场"使主体有了更多的超越身体在场方式的主体在场，给主体带来了全新的感知层面。就拿体育直播来说，受众在电视上观看的镜头和获取的信息要比在现场丰富得多。在为受众构建的空间中，受众主体突破了人的视野的限制，突破了物理空间的限制，重构了人的主体性。如果仅仅局限于人的感官所及，受制于物理空间，人的实践活动就会在一个极为狭小的范围内，人的主体性实现的空间也就变得极为狭小。通过媒介，尤其是电视传播媒介，电视为人们提取物理世界中的信息，建立起符号化却又通俗易懂的叙事逻辑，传播着特别生活化的价值观，在润物无声的过程中，建构起人的感知空间和体验，使人的精神获得一种新的发展方式，使人的智力和非智力因素在体内和体外得到积累性增强，成为认识和实践能力更强的主体，从而获得更全面、更理想的发展。

二是通过虚拟超越提高主体的自由度。"身体缺场"是指身体对某一具体现场的缺位，是对物理时空限制的突破，使虚拟主体性的发挥可以脱离时空及肉体的限制，达到空前的自由。虚拟实在的超时空性使主体能将自己的大脑与社会网络相连，在高度信息化的神奇世界中自由漫游。这种自由包括以下几个方面的内容：一是借助电视所实现的超越自身身体等局限的自由；二是借助电视所实现的获取信息渠道的自由；三是借助电视所实现的情感满足和价值实现的自由。从哲学角度来看，人的自由获取程度是与人的对象性活动能力成正比的，人的主体性自然也与人的自由获取程度成正比。电视通过对视音频压缩或者延伸的时空，使我们可以理解自身常常无法到达的时空，它带给我们的不仅是感知能力的增强，更是对象化活动能力的大大提升。电视改变人们的娱乐方式、信息获取的方式和价值建构的渠道，改善了主体长期以来所依赖的抽象思辨、自我批判和自主选择的建构方式，把物理空间主体的建构和虚拟空间的主体建构结合起来，实现了抽象思辨和形象思维的结合、认同和批判的结合、现实和虚拟的结合。2008 年 8 月 8 日的北京奥运会开幕式和 8 月 24 日的闭幕式，在中国大陆（不包括港澳台），中央电视台、省级卫视以及部分地面频道都进行了直播，据央视索福瑞统计，观看开幕式的观众达到了 8.42 亿人，占全国电视收视人口的 68.8%；观看闭幕式的观众达到 6.58 亿人，占全国电视收视人口的 53.7%。这种受众规模和几乎全民参与的景观恐怕是迄今为止任何一个媒体都难以企及的。正因为现实主体和虚拟主体的融合，营造了主体充分自由的休闲和构建氛围，才使受众主体能自由地参与，也因此才形成如此大规模的接受群体。

三是通过非现实化提高主体开放程度。主体必然是一个开放的自结构的系统。一个封闭的个体，是无法从环境中、从对象中获取保持主体旺盛生命力的营养的，也无法完成对象化的活动。主体开放的过程，就是主体超越自身局限和环境局限、实现主体自由自觉特性的过程。虚拟的主体性，是通过虚拟技术实现了主体的"去肉体化"和信息化，使实在人变成虚拟人，物理人变成信息人，自发的人变为自觉的人。电视受众主体可以遨游古今，使转瞬即逝的物质世界变为精神上的永恒；电视受众还可以突破地域的界限，获得全球性视野，海纳百川，自觉抉择。虚拟主体非现实化的过程是人的开放性建立的过程，是主体信息的全球开放和全球信息为我所用的信息共享过程。当一个社会充分开放时，社会就充满勃勃生机；而当一个主体充分开放时，主体的创造力就会得到自由发挥。

二、受众主体性构建机制

传播在人的主体性形成过程中，起着举足轻重的作用。传播对人的主体性构建作用的发挥，是通过符号、结构和行动环节来实现的。符号是人的主体性发生的原点，是主体性萌芽的土壤；结构是主体性发育的幼年时期，在结构信息的过程中，人们不仅实现了信息的分类分级，更是实现了主体的框架搭建；人的主体性通过人的以选择为前提的行动表现出来。选择是主体根据信息的判断和价值的判断，而做出的取舍上的决定，可以说每时每刻人都面临选择，它是人的自主性确立的一个标尺。行动则是主体性向外实现的形式，人的行动又进一步提升了人的主体性。

1. 符号—主体性萌芽的土壤

传播是信息的流通，而流通的载体是符号。符号是有意义的代码即代码系统，如声音、图形、姿态、表情等，它是一切传播活动的基础，也是人的主体性形成的基础。符号活动是人特有的属性。"人是进行符号活动的动物"，"符号化的思维和符号化的行为是人类生活中最富有代表性的特征"（卡西尔）。人类的一切思想和经验都是符号活动，因而符号是关于意识和经验的理论（皮尔斯）。在人和自然的关系中，没有任何东西直接呈现在我们面前，没有任何东西是完全在场的，只有通过符号系统才能达到它。在符号系统中，语言符号是人类最基本、最主要的符号。在索绪尔看来，语言有两个组成部分：一是能指，即用来表达意思的字、词、句；二是所指，即这些语言要素指向的意义。著名语言学家萨丕尔曾断言："我们可以毫不犹豫地做出这样的结论：除了指出语言之外，其他一切自主的传达观念的方式，总是从口到耳的典型语言符号的直接或间接的转移，或至少要用真正的语言符号做媒介。"① 符号是人的意识的依附体，人类的文明就是建立在符号基础上的，语言是人类之所以成为人类的根本原因。"如果说语言使人最终脱离动物界而成为人，正如巴甫洛夫所言，没有东西可以比语言更能使我们成为人类；那么，文字则使人脱离原始状态而跨入文明的大厦。"② 文字从属于语言，最早是为了记载或交流的需要，语言的传播功能更多是在一个共时性的空间来实现；而文字则突破这个局限，使传播跨越时空，促使人们建立起各种社会关系，使信息以几何级数的形式快速增长，并且人人都能享有。如果说符号是人和动物分化的起步的话，文字则使人的主体性逐渐发育成熟。因为，文字首先拓展的是人的抽象的能力，随之扩展的是建立在抽象能力基础上的信息自繁殖的能力，而这正是人的主体性形成的最基本的条件。

给事物赋予一个符号，实际上是人和事物发生关系的过程，这个过程中，人们赋予事物一定意义和意义的表述方式。同一对象可以有不同的再现和符号，这完全取决于主体的符号环境；不同的主体对同一符号可以有不同的理解和解释，这取决于主体对符号的经验和解释水平；编

---

① ［美］萨丕尔：《语言论：言语研究导论》，杨信彰译，外语教学与研究出版社 2001 年版，第 19 页。

② 李彬：《媒介话语》，新华出版社 2005 年版，第 106 页。

码者和解码者都不能离开阐释这一中介要素。符号可分为三类：迹象符号、类象符号、象征符号。迹象符号是指意符在结构上相似于意指的符号，意符和意指之间存在自然的关系；类象符号是指通过类似或者一种泛义上的类似来延续对象。一个与事物同质的符号是迹象，如火的灰烬；而一条对角线、一个图标则是类象。象征符号是符号的符号，其意义是基于传统的价值，而不是由于形体的类似，某物代表他物是基于约定俗成或者联想。迹象符号、类象符号可能包含对想象的暗示和指引，而象征符号则体现了主体思维，寻找关系，区别差异，说明不在场，预见即将消失和到来的事物。"在所有的传播形式中，是象征符号在一般意义上建立了传播的秩序、稳定性和环境框架，可以说，是在元水平上发挥了传播的组织作用。""信息传播行为不仅仅是一种事实的逻辑和理性的秩序，也是一种操作，事实诞生于阐释模式的交叉当中。所有的媒介和信息的剧本都是为了同时维持事件的幻觉、现实的赌注和事实的客观性。"①

在人的行为的各个阶段，符号发挥着不同的作用，在感知阶段，符号起到了指明的作用——即指出、展示或者指涉某个事物或者某种情形。在操控阶段，符号会规定、指导或者告诉我们应当做什么，采取什么方法。在完成阶段，符号起到了评价和估算的作用。查尔斯·莫里斯认为："'感知'通常是一个感情上较为疏离的阶段，人们往往用客观的态度来观察各种事物和情形。'操控'则是一个主宰和控制的阶段，符号往往担负起一定的权威地位。而'完成'阶段通常是一个在感情上表现出依赖性的阶段，人们通常依赖于符号这种方式来构建回应行为。"②

符号是社会生活的方方面面的关系形成的基础。通过符号的互动，

---

① 陈卫星：《传播的观念》，人民出版社 2004 年版，第 197 页。
② ［美］斯蒂芬·李特约翰：《人类传播理论》，史安斌译，清华大学出版社 2004 年版，第71 页。

社会结构和意义得以创制和建构。人们在行动之前，会对自己所处的环境形成一个基本的了解和判断，主体依赖于所属群体共享的符号来理解他们的体验，通过人类的互动来定义，形成有意义的客体。芝加哥学派创始人乔治·赫伯特米德认为，活动中，人们给事物命名，赋予其意义，自我也就在这个过程中通过与他人的社会是由社会成员经过合作而完成的行为所组成的，群体行动主要由高度稳定、重复出现的模式所组成。自我——把自己当作一个对象视角的建立，是因为符号互动的结果。作为主体的"我"是自我中冲动性的、无组织的、无方向的和不可预测的那部分。作为客体的"我"即"被类化的他者"，是由与他人共享的具有组织性和一致性的模式所构成的。每个行动始自主体的"我"的神经冲动，但立刻被客体的"我"所控制。主体的"我"是行为的驱动力，客体的"我"指挥和引导行为。思维，是与自己互动的过程。把"我"分为主体和客体，实际上也是看到人兼具主体性和客体性的双重属性。一个人对自身的判断和别人对他的判断可能是不同的，因为别人的判断而影响自身对自身的判断，就是符号互动的结果。依据一定判断，甚至依据自身对事物的定义，通常反映了他们会以何种方式对该事物采取行动。符号的互动、建构和聚合，也就是价值、道德、体验模式、自我意识的互动、建构和聚合。符号的互动、建构和聚合理论流派把自我分为主体和客体，看到人性中自主性和受制约性之间的张力和运动，互动是指信息之间的相互作用。库恩认为，自我概念是个人针对自我所进行的行为规划，包含了个人的身份、好恶、目标、意识形态和自我评价，是判断其他事物的框架，个人是主动的策划者，个人与行为的对话是人的行为的重要组成部分。这直接触及了人的主体性的核心，虽然没有找到人的主体性形成的原因，但是对探讨人的主体性提供了一个有价值的视角，即传播学视角。符号理论看到社会关系的形成是以符号为载体的，但把符号本身作为社会关系的本质是有失偏颇的，人的本质和社会本质的形成的根本动力并不是符号，而是符号背后的满足人类需要的感性活动本身。符号也是因满足这种需要而创制出来的工具。尽管如此，从传播学的视角来研究人的主体性，符号理论是一个基础。社会关系和人的主体性之间是通过符号来发挥作用的。

2. 结构—主体性框架的搭建

结构是社会学和哲学上的范畴和假定，"指的是在直接感受到的经验之下潜藏的各种社会安排所体现出来的模式。"① 从外来说，结构是社会安排所体现的模式，是决定经验的隐秘模式，是主体性形成的社会背景，是决定因素；从主体性形成的内部原因来说，结构是主体性形成的机制或者特征。当我们运用符号进行传播活动以及人类其他活动时，我们是基于对符号的基本的价值判断，对符号做出条理性的处理和安排。这种条理性的处理过程就是结构的过程。

当符号纯粹是符号时，它就是一盘散沙，人们必须用一个骨架把符号搭建成一个可以观察、模仿、理解、传递的相对稳定的模式，在符号的时空之间建立其联系，这个骨架就是结构。

结构是人的主体性向前迈进的一大步，在建构主义社会学看来，结构是人有意无意创造出来的。思维着、行动着的主体被看成结构安排及其内在约束的创造者。吉登斯认为，社会系统是被实实在在地再生产出来的结构，由人类主体真实而具体的活动构成，包含个体行动之间和集合体之间的相互依赖关系，体现为一个相互衔接的历时事件流。当代建构主义学者皮亚杰认为，认识是不断建构的产物，建构物、结构对认

---

① ［澳］马尔科姆·沃特斯：《现代社会学理论》，杨善华等译，华夏出版社 2000 年版，第13 页。

识起着中介作用。结构不断地建构，从建构比较简单的结构到更为复杂的结构，主体在这一过程中不断从社会及其他环境中和渠道中学习、建构新的知识和经验。结构或者体现为外在的力量，或者体现为内在的强制性思维。在弗洛伊德那里，结构是强制性思维。他把人分为本我、自我与超我，结构就是本我和自我之间矛盾对立的结果。列维·斯特劳斯认为，原始的思维也是结构，它被无意识地携带着，并通过遗传传递下去。拉康认为，无意识也像语言一样被结构化，正是通过一种语言分析，它才得以揭示。马克思强调，是生产的物质结构决定社会的生产关系，生产力决定生产关系，经济基础决定上层建筑。生产关系是起主要的、决定作用的关系；其他社会关系，如政治关系、法律关系都建立在生产关系的基础之上。生产关系是基础，政治、法律等关系是建立在这一基础之上的上层建筑，生产关系的性质决定了上层建筑各种关系的性质，生产关系的发展变化也决定了上层建筑各种关系的发展变化。同时，上层建筑各种关系也不是消极地适应和被决定，它一旦形成又会对生产关系产生促进或阻碍的作用。这就是社会关系的运动结构，正是这种结构限定了现实的人的本质。一个人的本质如何，首先要考察这个人在生产关系中所处的地位和作用，然后再看上层建筑各种关系的制约。生产关系和上层建筑各种关系的结合作用，产生一种大于部分之和的总体效应，形成纷繁复杂具体人的本质。

从结构的角度来看，主体就不是一个纯粹自由的存在，而是一个既创造着结构又被结构规定的存在。主体存在的方式为社会方式、包括语言的方式所决定的，拉康所说的能指（声音）凌驾于所指（思维）、而想象自我的能动作用则是异化的、虚幻的观点，就是看到主体与结构的复杂关系。在他看来，在语言结构中，社会的结构及人格的结构建立起了同源对应关系。在儿童时期，儿童以想象着自己的自我建立起想象秩序，主体无需中介即将自身与他本身或其他（虚幻地）直接等同起来。在符号秩序里，源自镜像阶段的想象秩序总是受到隐喻、转喻等符号秩序手段的侵蚀、组织和理解，而符号充当了关系之间的中介。语言本身就是结构过程，德里达认为，语言起着一种分类系统的作用，它确立了在场／不在场之间的区别或两极对立，书面语言比较涉及差异，还包括延异。延异是指存在于语言中的差异与分类乃是前序事件的产物。符号包含此前的痕迹或者记忆，连接的有在场的对象，也有不在场的对象。因此，符号的意义，变得完全任意，文本和文本解读之间就产生了矛盾。于是，他提出"解构"的概念，即在语言表面上意欲表达的东西和未充分表达的东西之间寻找那些未被注意到的细节。他要解读或者解析的就是这种内在的结构。

3. 行动—主体自主性的确立

行动是主体性外化的形式，或者说是主体性实现的形式。在人和自然的关系中，人是具有创造力的主体，当人们积累起符号的认知并且结构化为人特有的思维时，人类的意识就指向目标，并为达成某个目的而付诸行动。从行动与符号的关系来看，行动是对符号的回应。在感知阶段，人们意识到符号的存在；在操控阶段，人们对符号进行读解和阐释，并且确定如何对它进行回应；最后，行动以实际回应的方式得以完成（查尔斯·莫里斯）。

人类行动是由动机推动的，推动社会形成的是人类的互动，这是一个主体之间使用词语、姿态手势和其他符号进行意义协调的持续过程。马尔科姆·沃特斯认为，这一过程也就是主体性形成的过程。人类的行动的动机是人类特有的意识活动，是建立在人类认知基础上的人类实践活动的起点，在主体性形成中，它表现出以下三个特点：其一，是对象化的主体意识。主体自觉地把自己同客体区分开来，不仅把客体作为自己的认识对象，而且把客体作为实践的对象；其二，是主体能动性的表现，即主体在认知活动的基础上，主动、积极、创造性地实现主体的目的；其三，是主体选择性的集中表现。行动的主体具有选择性特征，因为行动者自愿地从那些由规范预先设定的目的和手段当中做出选择（帕森斯）。动机是主体对客体所发出的信息进行加工、分析、推断之后，形成的具有指向性的认知；其四，动机是社会性的，韦伯认为，只要行动的主观意义考虑到了他人的行为，并就此在行动过程当中借之确定方向，行动就是社会性的。所以，动机从萌芽之始，就是要充分运用传播手段，依靠人类的互动，实现人类的意义协调。

依据行动的动机，人们一般将行动分为几个类别。哈贝马斯详细展开了他的关于行动与合理性的思想。他区分出四种行动类型：

第一种是目的性行动，又称作工具性行动。这是一种目标取向的行动，在比较、权衡各种手段以后，行动者选择一种最理想的达到目的的手段。

第二种是规范调节的行动，即一个群体的受共同价值约束的行动。规范控制行动严格遵守那些由个体组织起来的群体所具有的价值期望。"规范是一个社会群体中共识的表现……服从规范的核心意义在于满足一种普遍的行为期待。"[①]

第三种行动是戏剧式行动，它指行动者在一个观众或社会面前有意识地表现自己主观性的行动。这种行动重在自我表现，通过自我表达达到吸引观众、听众的目的，是一种对自身的经验表达加以修饰的行为。"行为者自己给了他的观众一个具体的形象和印象，为此，他把自

---

① ［德］哈贝马斯：《交往行动理论》第1卷，曹卫东译，上海人民出版社2004年版，第84页。

己的主体性多少遮蔽起来一些，以达到一定的目的。"①

第四种是交往行动，它是至少两个以上具有言语和行为能力的主体之间的互动。行动者使用语言或非语言符号作为理解其相互状态和各自行动计划的工具，"行为者通过行为语境寻求沟通，以便在相互谅解的基础上把他们的行为计划和行为协调起来。"② 相互理解是交往行动的核心，而语言具有特别重要的地位。

在行为模式和传播的关系上，哈贝马斯认为，目的论模式把语言当作是众多媒介中的一种；戏剧行为模式认为，语言是一种自我表现媒介；规范行为模式认为，语言媒介传承文化价值，树立起一种共识；只有交往行为模式把语言看作是一种全面达成沟通的媒介。交往行动也是一种言谈行动。言谈行动又分为三种有效的断言（陈述）：在"命题内容"或涉及外部或主观世界方面，陈述是真实的；在关于现存的规范关系或社会界方面，陈述是正确的；在表明经验者的意图与其主观感受方面，陈述是真诚的。在现实的交往活动过程中，这三种有效断言能被提出、接受或被反驳，说明了交往行为比其他行为更合理。

行动者通过传播和互动来构成社会，符号互动论者认为社会是由代表心理过程的姿态和语言的交换构成的。米德认为语言是人类社会与其他动物社会相互区分的关键因素。哈贝马斯肯定米德的观点，提出了交往行为的概念，认为米德把理解视为一种面对面的、相互理解的互动过程，从而在行为理论中实现从孤独的合目的性向社会互动的视角的转变；由于米德否认理性范式为孤立的意识，因此他比任何一个当代学

---

① ［德］哈贝马斯：《交往行动理论》第 1 卷，曹卫东译，上海人民出版社 2004 年版，第 84 页。

② ［德］哈贝马斯：《交往行动理论》第 1 卷，曹卫东译，上海人民出版社 2004 年版，第 84 页。

者更进一步把理性范式设计为交往行动，并阐述它在人的解放过程中的作用，也因此，他的思想必然被包括在任何一种社会重建的方案中。他认为，作为交流的条件，语言、沟通在人类发展中，有两种功能性趋势：想象他我、互动。他的意思是说，人们可以通过想象处在他人心目中的自我，而无须真正处于他人的境地，来确定行动方案；人的行动是一个互动的过程，既要考虑他人的期待，也会向他人施加压力。

沟通是传播手段，也是理性要求。沟通就是语境一致性的达成。"把他者的语境解释包容到自己的语境解释当中，以便在修正的基础上用'世界'对'我们的生活世界'背景下的'他者的'生活世界和'自我的'生活世界加以确定，从而尽可能地使相互不同的语境解释达成一致。"①哈贝马斯认为，要深入发展沟通理性。真实和道德是人类的社会建构，是行动的结果，但这种行动是主体际性的，即由人与人之间的交流互动构成。互动通过"言说行动"为中介，通过言说，行动者将在建立人际关系、表达状态和事件、表达体验这三个纬度上达成理解，从而确立行动主体所共同遵守的行动和价值规范。

通过行动理论，我们可以确立这样一些前提：第一，行动的动机来自主体意识。主体意识与传播的关系表现为传播是主体意识的源泉和动力。第二，行动者之间的关系是主体之间的关系，这种关系通过言语、话语等传播手段来实现。第三，任何行动都离不开社会联系，或社会背景，任何行动的真实、正确性或者道德性，不是绝对的，也不是主观断定的，而是被确立他们的社会背景定义的。真实和道德是人类的社会建构，是行动的结果，但这种行动是主体际性的，是通过传播建立起来的。

---

① ［德］哈贝马斯：《交往行动理论》第 1 卷，曹卫东译，上海人民出版社 2004 年版，第 101 页。

三、电视受众的主体性构建机制

拉斯韦尔概括传播的作用时，有一个经典的论述。传播有三大功能：监视环境、联系社会、传递遗产。美国社会学家在此基础上，又增加了第四项功能——提高娱乐。对于受众来说，人们都能够从媒介那里获取信息、消遣娱乐和价值塑造，每一种新的媒介必然会改变人们获取信息、消遣娱乐和价值塑造的方式。电视传播以前所未有的时空感，形成了受众的信息获取的碎片化方式、主体价值观的隐喻式引导、主体功能的感官式延伸。

1. 主体信息的片段化获取

电视受众是信息接受者，也是信息加工者。因为电视语言对视音频分割重组的特点，使受众对信息的接受呈现出片段化的特点。"在电视中永远不可能保持传统现实主义叙事中的单一虚构世界的独立性。"[1]

以画面为核心内容的信息是片段化的信息，这是电视符号的基本特点。在当今由传媒海量传递的信息中，电视信息的独特性就表现在它的片段化上。片段化是独特的意群特征，是通过画面或者声画一体的形式表达一个相对完整的意群。无论是政治的、经济的、教育的新闻报道，还是服饰、旅游、投资、房产、医疗卫生等服务性信息，电视传播都是借助电视画面实现的。电视以视觉形象和声音的复合体来传达信息，把世界上所有东西转换成栩栩如生的画面，"让你直观地'看'，亲

---

[1] ［美］约翰·菲斯克：《电视文化》，祁阿红、张鲲译，商务印书馆2005年版，第209页。

自去体验、辨认、参与和猜测，信息革命转化为画面革命，所有的电视节目、电视明星包括主持人如同家庭成员似地夜夜造访，都是通过画面传送到人们的眼前的"①。一个画面截取的是正在运动中的事物的一个片段，一组画面再现的是事物的一个过程。画面的构图、光线、角度不仅是具象的世界，也是被简化了的纯理性的思考和思想。当电视传播者把一个个生动、鲜活的镜头组接到一起，当传播者把世界的秩序打乱之后再用画面重新组合起来的时候，当传播者用线、形、色构建起一个个事物之间的逻辑联系时，电视就以片段化的形式向人们传递着信息。片段也就是单元，或者说是一个信息组，一组画面所包含的信息常常超过平面媒体长篇累牍的描述。所以这种片段化是信息的较高层次，对接受者来说，是更易于理解和接受的信息。

电视画面是一个个组接起来的，所以它呈现出拼贴的特点。电视画面的组接按照蒙太奇的手法，传播者按照自己对事物的理解将其切分成若干可以用电视记录的画面，然后把它拼接成受众可以接受的顺序，引导观众接受编导对某类现实事件、历史事件或生活现象的阐释。在一个新闻节目中，镜头常常由全景、中景和特写构成，每一类镜头承担着不同的职能，全景交代环境，特写定格表情，中景交代关系。由环境、表情和关系拼接成的叙事段落是片段化的，若干片段就构成一个叙事整体。电视剧也是一样，情节的发展是若干的细节和情感单元拼接成为一个故事。在电视的编排形式上，也是拼接的结果。每天的节目由若干节目类型拼接而成，包括新闻、专题、广告、电视剧、文艺节目等，各种色彩、各种生活方式、各种情感宣泄方式、各种景观，用电视内在的逻辑拼接在一起，把现代世界的多元化展示得淋漓尽致。"电视文本的一

---

① 金丹元：《电视与审美——电视审美文化新论》，学林出版社 2005 年版，第 15 页。

个典型特点就是片段。……干扰叙事并割裂其虚构世界，是电视设备所特有的功能，也就是说，是电视节目与广告商业性结合的特征，也是电视家庭接受模式的特征，这意味着观看者可以根据她/他的家庭时间安排连续或间断地收看。"①

电视用动态的画面记录的是人类发展过程中一个个片断构成的历程。当今社会瞬息万变，生活节奏越来越快，电视顺应这种节奏，以全新的视觉体验、类型化的思维方式和地道的消费指向，快速复制平民化、世俗化的信息。以流动推进流行，以解构的形式来实现结构，以刻意创造的风尚来表达随意。"现实中，解构不只是对某一种既定的传统、道德观念、行为准则、生活方式的嘲弄式摒弃，新的时尚、新的作品、新的形式也在不断地解构着刚刚才出现不久的观念、时尚作品的形式，流行也就成了一种流来流去的人的行为和社会现象。"② 由于节奏很快，电视信息的传递就像电视信号的瞬间输入输出一样，此条信息尚未让受众完全理解，下一条信息就又生产出来；同时信息的意义又以不断重复的形式重新揭示。片段的不断生产和不断堆积完全改变了过去信息传受过程陈陈相因、时空有序排列的方式，使受众甚至没有记住什么信息，"但是他们很可能记住了'事件的次序界定'——嵌入具体内容结构中的意识形态范畴"③；使受众面对太多的随意性和太快的节奏而无所适从，但主体性却在消费大潮中以消解的形式得以构建。

电视广告以秒为计算单位。在几秒的单元里，要挤入产品名称、厂家和产品诉求等方面的信息，信息的拥挤程度可想而知。而在一个晚上

---

① ［美］约翰·菲斯克：《电视文化》，祁阿红、张鲲译，商务印书馆 2005 年版，第 145 页。
② 金丹元：《电视与审美——电视审美文化新论》，学林出版社 2005 年版，第 19 页。
③ ［英］戴维·莫利：《电视、受众与文化研究》，史安斌译，新华出版社 2005 年版，第 90 页。

的节目里，要播发几百条这样的广告。每一个广告单元，就是一个由视音频组成的片段。一个片段就是一个意义群，在这个群里，包含着许多观众可以瞬间理解并且通过不断重复接受而实现长期记忆的信息。在这个片段里，电视传播者通过微型叙事，创造了生动的形象和朗朗上口的理念，扩大了人们想象生活的空间。这种片段化传播，是以制造诱导人们的消费欲望为依据的，广告以"生活在别处"的姿态来塑造人们的未来，宫廷生活、异国风情、明星之梦、青春活力、家、成功、高尚、环保等是广告不断运用的代码系统，是广告不断倡导的理想生活。

2. 主体价值观的隐喻式引导

美国学者大卫·李斯曼在《孤独的人群》中，研究美国人格的变化，提出了三种分别属于不同历史文化形态的性格模式，即所谓的"传统引导型"、"内部引导型"和"他人引导型"，所谓传统引导是说人们的性格发展是受社会传统规定、由顺从传统形成的，内部引导也可以说是"印刷品引导型"或"书籍引导型"，是通过阅读而形成的具有自主倾向的内部引导性格，"他人引导型"也可以说是"大众传播媒介引导型"、"画面引导型"。在电视传播语境下，人际交往空前扩大，人们的行为动机和内在需要变成了更加社会化的东西，受他人的影响增大直至左右着每个人的人格发展。① 毋庸置疑，电视对人的性格和价值观的形成有着不同于传统媒体的特征，电视对人的主体性影响的深度是通过充溢于生活空间的图像传输不知不觉地来实现的。所以，顺着李斯曼的理论再向前推进一步，我们发现这种引导是"他人"以悄无声息的方式来实现的，电视通过画面营造一个理想的色彩、理想的生活、理想的世界

---

① 参见冉华：《电视传播与电视文化》，武汉大学出版社 1998 年版，第 167—168 页。

和理想的人生，以平易近人的叙事和隐喻的手法传递着价值取向，实现对受众主体的隐喻式引导。

所谓隐喻，是修辞上的一个术语，是比喻中相对于明喻而言的一个范畴。一般来说，用"是"字带出的比喻是隐喻，用"像"字带出的比喻是明喻。明喻是典型的比喻，是两个现成事物之间的比较，而隐喻是通过彰和显、前和后的关系来揭示事物的本质。明喻是同一个平面上的两个事物的相似处，隐喻则是两个层面上的本质的"相似处"。所以，隐喻是未加明言的比喻，是通过暗示的手法明确的一种关系。这种约定俗成的意义上的独特联系已成为人们交流的基本条件。孔多塞断言，在语言起源时，几乎每一个字都是一个比喻，每个短语都是一个隐喻。正如推理一样，他们都是通过现象来表现本质，只不过推理是通过逻辑的方法来推断出现象后的本质。而隐喻运用艺术的手法，从典型的现象来反映本质。

借用隐喻这个概念来分析电视传播与受众的主体性构建，是因为我们发现电视传播对人的影响是悄无声息却又深入人心，受众对电视语境的接受和接纳是轻松愉悦而潜移默化的过程。通过隐喻的手法，电视输送庞大而复杂的价值体系，在这个输送面前，受众看似保持着自身的独立性，看似时时保持着批判的姿态，但就是在半拒半迎的、羞羞答答的过程中，受众主体的价值观得到构建。"电视力图构建一个理想的主体地位，并让我们去占领；如果我们这样去做了，就能感受到意识形态上的快乐，使我们再次体验到主流意识形态实践的明显作用。"[1]

隐喻首先是通过树立模仿的榜样来实现的。美国学者班杜拉认为，学习是以模仿为基础的，模仿是人们彼此间相互影响的重要方式之一，

---

[1]　[美]约翰·菲斯克：《电视文化》，祁阿红、张鲲译，商务印书馆 2005 年版，第 73 页。

是实现个体行为社会化的基本途径。人可以模仿他人举止，进而认同他人的价值取向。模仿可以通过奖赏等外部强化方式来获得，也可以通过观察学习去体验模型，了解哪些行为是肯定的，哪些行为是否定的，从而形成与模型一致的行为，这就是替代性强化。在替代性强化中，榜样是无形的力量，电视就是通过类似于榜样的模型来强化人们的价值认知。在青春偶像崇拜中，榜样的作用通过电视表现得淋漓尽致。对崇拜对象感性品质的认同和强化，是青春偶像崇拜的最突出的特征。这里的感性是指以外在形象为标志的青春性，如女性的靓丽、性感，男性的英俊和凶悍。这些用独特的服装、发式、体态、语态等外在的东西包装起来的极致化了的别致，标新立异，自由任性。感性化又是和欲望化相联系的。欲望或表现为青春欲望，或表现为性爱欲望，或表现为自我扩张的欲望。"青春偶像总是一个被极端地神圣化、扩大化的青春偶像，他或她以一个当代人的身份，却享受着当代人只有在幻想中才能享受到的个性、自由、奇能、风采、光辉。所以，青春偶像是当代个人欲望的对象化或偶像化。它是个人欲望的替代性满足。"① 通过电视传播，追星越来越热。为了使人物成为偶像，传播者要精心包装，就像造神一样，既要向受众展示其神圣完美，更要展示它的现实性和生活性，使之变成一个可以企及的但要仰望的目标。在这里，榜样的建立实际上就是一个形象塑造过程，形象的塑造实际上是个价值引导的过程，价值引导实际上是个通过隐喻来强化主体性的过程。

隐喻不仅通过塑造形象，更通过强化观念、建构认知来影响受众的价值建构。当一个人为以前的经验寻找某种合法性或有效性，"电视的作用是使观众已经熟悉的某种观念或者思想方法显得更有地位一些"，

---

① 王岳川主编：《媒介哲学》，河南大学出版社 2004 年版，第 211 页。

"通过观众对思想的一致性、关联性和冗余性的要求，电视节目也许能组织人们的信念和思想框架，使其变得更具体、过硬。"①格伯纳发现，看电视较多的人（所谓"重度收视者"）比起那些"轻度收视者"来，更倾向于按电视所建构的社会现实来看待世界，而轻度收视者对现实的建构更接近于实际情况。

约翰·菲斯克的《电视文化》认为，电视与观看者之间是一种共谋关系，以家庭的逻辑，讲家庭的故事，"对家庭来说，'世界'存在着潜在的分裂，所以，新闻所报道的基本上都是负面的、有威胁性的'外部世界'，连续剧每周表现的是试图分裂家庭的伦理与力图使家庭团结的'本质'力量之间的较量"②。由于隐喻机制的作用，电视叙事逻辑不仅家庭化，而且人情化。在新闻上，以人情味的故事和明快、轻松、活泼、幽默的文风，拨动观众的情感，引起观众共鸣。这种情感虽然是人为加入的，但绝非矫揉造作，而是作者就新闻事实本身所表达的一种情感；这种情感虽然不能改变新闻事实本身，但却能通过叙述技巧的娴熟运用来传达情感诉求和价值诉求。

讲故事就是通过隐喻手法传达价值的最常用也最有效的手法。正如巴尔特所说，"叙事是国际性的、跨历史的、跨文化的：它是一种存在，就像生命的存在一样"，"叙事是意义生产机制，主要在两个维度上起作用。组合是一个维度，根据因果关系法则或联想法则，把事件理性地连在一起。无论使用哪条原理，它都把事件联系起来，使它们之间的关系具有意义，便于理解"③。从央视和全国电视台推出的主题报道来

---

① ［英］索妮娅·利文斯通：《理解电视——受众解读的心理学》，龙耘译，新华出版社2006年版，第28页。

② ［美］约翰·菲斯克：《电视文化》，祁阿红、张鲲译，商务印书馆2005年版，第81页。

③ ［美］约翰·菲斯克：《电视文化》，祁阿红、张鲲译，商务印书馆2005年版，第185页。

看，大都采用的是讲故事的报道模式。人情味的故事是主流的内容。电视媒体通过典型宣传，强化社会主义核心价值的符号特征，发挥其在构建社会主义价值观中的引领作用。例如：央视在党的十八大之后，推出的《科学发展，成就辉煌》、《走基层之百姓心声》系列、《家风是什么》等系列，这些报道都是用故事化的手法，或者凸显事件中的矛盾因素，或者放大事件中的细节，或者分析典型人物的人生经历与心路历程，以隐喻的手法弘扬社会核心价值观。

当今社会资讯十分发达，多种手段和多种方式都可以发布新闻事件，媒体发布独家新闻越发艰难，而通过挖掘新闻事件中的故事，挖掘出新闻事件更深层次的新闻价值，这就成为电视媒体的必然选择。例如2007年，湖北野三关发生公路岩崩，一辆客车被岩石埋没，造成37人死亡的大事故，这样的新闻事件人人可报，但是在湖北卫视《今晚六点》栏目，独家连线了在事故现场的一位好心大婶，她一声大吼拦住了两辆车，让车上的80多人躲过一劫。这样的强叙事性，为栏目创下当天的收视高峰。

3. 主体功能的感官式延伸

主体的各种功能是主体在视听功能延伸的基础上形成的思维和抉择能力，借助于电视，主体实现了自我功能的感官式延伸。所谓感官式延伸，是指通过电视对时空极限的突破，从而大大突破主体因为时空的局限而形成的主体的局限。电视的诞生，使主体的功能由自身视力所及和体力所及的范围，一下子跃升为电子技术所及的范围，电视手段所能实现和电视传播所能实现的范围，原则上就成为受众主体性建构所及的范围，电视之镜成为主体之眼，主体功能以感官延伸的形式实现自身的延伸。

电视现场直播与事件同步，达到了时效性的极限，是感官延伸的最好诠释。它利用现代电视技术对传播对象进行同步传播，是最能体现电视特色的一种节目样式，当然是在时空上突破最为彻底的形式。2003年3月20日10时35分，举世瞩目的伊拉克战争打响，5分钟后，美国CNN开辟窗口开始直播；6分钟后，CCTV-4三管齐下，主持人口播新闻、切入美军大规模空袭巴格达的爆炸画面，同时飞出字幕。中国香港凤凰卫视也接入境外信号，开始直播。一场实时同步的电视直播战与硝烟弥漫的战事几乎同步打响。一时间，全世界的眼球几乎全部被这些新闻直播吸引，电视台的收视率迅速飙升，CCTV-4的收视率一下子比平时高出了28倍。早在海湾战争时期，美国CNN就已经尝到了电视直播的甜头，正是通过电视直播，CNN奠定了它在全球新闻报道中的地位。2001年"9·11"事件发生时，凤凰卫视迅速打通整个频道，全天候跟踪事件进展，用直播奠定了它在中国有大事看凤凰的地位。2008年"5·12"汶川大地震发生以后，中央电视台在第一时间开辟直播窗口，每天以24小时的现场直播，牢牢地锁住人们的眼球。据央视索福瑞数据显示，中央电视台新闻频道的收视份额从4月的第19名上升到震后第5名，份额上升幅度高达162%；四川卫视则从第10位上升到第4位，份额上升幅度为93.3%（参见图3-5）；CCTV-4的份额上升了46%；上海东方卫视也从4月的第13名上升到第5名（参见图3-6）。

对时空的突破是所有传播媒介苦苦追求的境界，电视新闻现场直播的优势就在于他在人的感官的延伸上有着其他媒介难以企及的境界。

其一，同步传播的时效性消弭了主体感知的时间阻隔。电视新闻现场直播是把新闻事件现场信号通过摄录设备采录处理之后，通过电波或者电缆以每秒近30万公里的速度直接向受众传递现场的信息。这种传播速度比起其他任何现有媒体的传播速度都要快得多，甚至于比我们

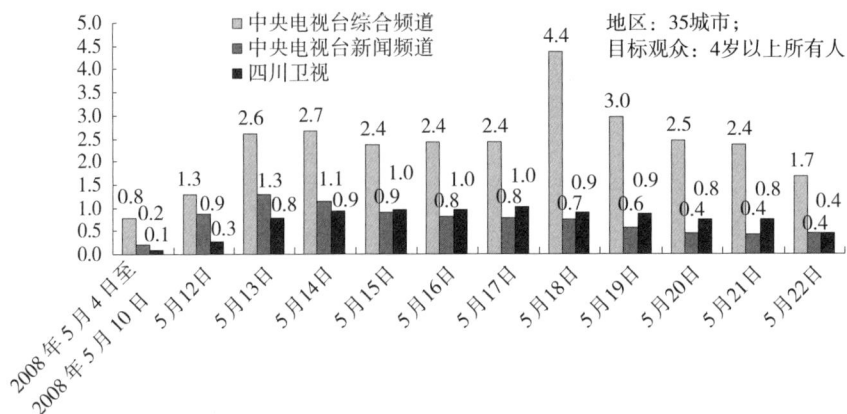

图 3-5   CCTV-1、CCTV-12、四川卫视汶川地震后收视趋势

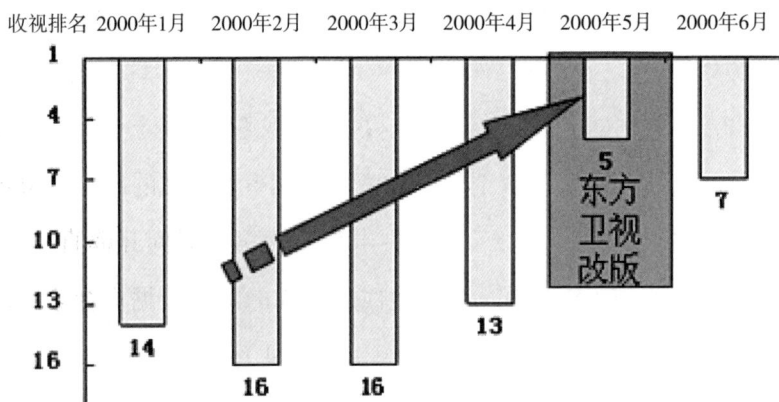

图 3-6   东方卫视汶川地震后收视趋势

数据来源：央视索福瑞。

的思维速度还要快。我们可以把它视为一种同步传播的手段。时效性是新闻价值的最重要的要素之一。人们对信息的接受都渴望在事件发生的同时有所感知，在事件的过程中同步体验。当全世界的人都同时在为同一件事欢呼或者悲恸、为同一画面激动不已的时候，作为主体的激情和理性都在与受众群体的交汇中产生巨大的能量。因此，电视现场直播节目的出现，既符合人类自身的社会化天性，也符合人类在传播中所追求的

人性化审美理想。现场直播可以使观众接受信息与事件发生同步，使观众目睹和感受新闻事件正在发生和发展的过程，实现了信息获取过程的时间的同步，实现了人类信息传播和信息接受的最高理想。

其二，声画传播的现场感消弭了主体感官的空间阻隔。如果说电视现场直播首先是通过时间的突破来实现新闻传播时效上的极致的话，那么现场直播通过对空间的突破来营造生动鲜活的现场感，则实现了信息传播的另一个最高境界——传受过程的零距离。电视本来已经把现场完整地呈现在观众面前，而直播以第一时间、以声画并茂形式，把事物的关系信息、意义信息、过程信息表现出来。事件当事人的神态、举止、语气，事件发生发展过程中的微妙变化，都是扣人心弦、引人入胜的。直播过程中，观众或狂喜、或焦躁、或悲伤、或沉思，都与直播现场紧紧相连。第一时间，第一现场，通过观看直播，观众不仅延伸了感官视野，更是延伸了自我实现的心理需求，而这种延伸是观众把自己置身于与事件现场当事人同一境遇的零距离的参与感形成的。

其三，过程传播的完整性加强了主体理解的信息重构。现场直播便于展示事件的过程，这是其他信息传播手段所无法替代的优势。平面媒体是用文字来传播，它既不能同步描述，也不可能完整无误地描述；广播媒体尽管运用有声语言这个符号，但由于缺少形象画面，对事件过程中的关系信息、承递性的信息也会有所遗漏。而电视现场直播是以一种连续的方式传播事件的全过程，而其他报道方式都或多或少地经过了后期加工。在事件过程和播出之前的这种加工，首先就是一种信息筛选的过程，这一过程，也就是重新加入记者和新闻把关人观念的过程，也是事件真实信息的衰减过程。事实上，事件没有经过过滤的过程展示与经过主观改造过的信息的报道，对受众产生的心理期待和传播效果是不同的。传播规律告诉我们，人们在接受信息传播的时候，传播层次愈多，信息损耗就愈大，其可信程度就越低。现场直播直接向观众展示了新闻事件的最新状态，减少了中间的转述层次，因而传播效果大大增强。尤其是现场直播的组织过程，实际上是事物过程的电视化再现过程。电视化的过程是放大主干信息、重组现场信息的过程，传播者在传播过程中，帮助受众梳理出一条易于理解的结构线索，就像无数双眼睛、无数个头脑帮助受众完成对事物过程的理解和重构。在体育直播中，人们常常有一种感觉，就是在赛事现场还不如在电视机前精彩，其原因就在这里。

连续的片断化的信息可以省却受众对信息的捕捉和理解的复杂过程，使得受众以一种更加轻松、更加随意的方式参与传播过程，以看似自发而实际上却是深度自觉的方式完成信息的接受和主体的构建。

其四，叙事的悬念性延伸了主体的感知欲望。电视也是一种叙事文体，叙事性文体吸引接受对象的是故事本身的曲折性或趣味性，而故事吸引人的机制是它的悬念感。"叙述就是从一个平衡向另一个平衡的过渡"，在电视新闻中，"平衡状态被打破，破坏的力量不断地被征服，直到大功告成，从而达到了可以与第一个平衡状态相同或不相同的另一种平衡状态"①。一个平衡被打破，新的平衡是否能够形成？新的平衡形成之后，又会如何被打破？层层递进，环环相扣。电视新闻现场直播的悬念性则来自两个方面：一是事件本身的发展进程也就是平衡态富有不可预知的要素，这也是真正意义上的现场直播之所以成立的基础。面对结果不可预知的新闻事件，那些现场同步拍摄的画面、同期采录的音像，能使观众在收视中破解未知、体验惊喜，这一点，是其他媒体根

---

① ［英］尼古拉斯·阿伯克龙比：《电视与社会》，张永喜等译，南京大学出版社 2001 年版，第 70 页。

本无法企及的；二是现场直播的节目编导可以通过强化或者隐藏某种信息，来吸引观众探究的目光。所谓眼花缭乱，实际上就是平衡的不断突破；所谓扣人心弦，实际上就是通过视听激发的窥探的欲望的满足和新欲望的再诞生过程，人的心灵的感知触觉通过电视得以实现前所未有的延伸。

第 四 章

电视构建受众的主体性的现实途径

当学者们怀着忧时的心态、批判的眼光开始审视电视，并进而思索电视与人的主体性构建关系时，大多只是消极地批判，如法兰克福学派向伯明翰学派的发展过程中，虽然已经从伦理的追问和学理的批评，开始关注电视传播现象背后的市场这支"无形的手"的作用，虽然不再局限于单纯的道德的愤怒，但是对于如何建立起一个机制，使得电视传播与人的主体性之间形成一种正相关的关系，学者们还没有开出一个公认的良方，有的甚至还没有一个像样的方案。本书认为，从宏观层面来看，一个好的社会环境是电视传播作用于主体性构建的外部条件，哈贝马斯所提倡的公共领域是主体性构建的前提条件，公共空间的创造就是我们要做的基础性工作。从中观来看，构建能动的传受关系和激发人的创造性是相辅相成的，通过传播新机制的建立，使接受过程成为自我实现的过程，使接受成为主动创造的过程，使接受过程成为沟通的过程。主体性构建的最终目的是实现人的总体性，那么，在传播机制的设计上，议程、中介的设计是核心，必须致力于弥合传播的边界断裂、弥合传播与人的接受之间的边界断裂，实现人的总体性。

一、创造公共空间，搭建主体性构建平台

哈贝马斯在其经典著作《公共领域的结构转型》中，提出公共领域这一概念，并且详细论述了资产阶级公共领域的理想状态和结构转型。公共领域是公共意见和意志运行的空间，也是公共权力的批判空间，它以国家和社会、公域和私域的分离为前提，作为公共领域运行工具的媒体，首先是在公共领域的建构中起着至关重要的作用，随后通过公共领域的构建创造出思想和意见充分表达的空间，进而为人的主体性的构建营造有利的空间。在我国，由于受到权力和市场的影响，其公共性受到严重损伤，人的主体性也受到制约。我国社会目前已经具备公共领域存在的基础。电视可以通过培养公众意识、搭建沟通平台、变革表达语态和建立防损机制来促进我国公共领域的建构。

1. 电视通过公众舆论影响公共领域

传媒作为信息传播的载体和意见表达的平台，是民主社会的组成部分。哈贝马斯认为，传媒通过公众舆论的形式，既鼓励和保障大众参与公众生活讨论、表达各自意见的自由权利，又对国家机器和民主进程行使批判和监督功能，它在公共领域的建构中承担着不可替代的责任。在自由资本主义时期，传媒为资产阶级提供了较为充分的意见表达的空间，但是，随着资本主义的发展，传媒受到政治和经济的双重控制，保障和推动公共领域的功能日渐式微。这种变化的根本原因，在于传媒政治模式和经济模式的矛盾，是强大的市场利益驱动和政府利益集团控制的两股力量作用的必然结果。

公共领域是公共权力的批判空间。公共领域的概念起源于古希腊"公"与"私"的划分，在高度发达的古希腊城邦里，自由民所共有的公共领域（koine）和每个人所特有的私人领域（idia）之间泾渭分明。公共生活（政治生活）不定期在广场上进行，对城邦的事务展开讨论。当时，一个人在公共领域中的地位取决于领主的地位。在封建社会，世俗生活领域等同于私人生活领域，不存在真正意义上的公共领域，只存在代表主权特征的代表型公共领域，如国王的印玺。作为一种历史现象，公共领域的典型的历史形态是资产阶级公共领域。

在哈贝马斯看来，随着资本主义的发展，获得较多独立性的市民阶级有了更多表达自己权利的愿望，他们逐步意识到自己是公共权力的对立面，便集聚起来，对公共权力进行批判，这样就形成了一个介于公共权力领域与私人领域之间的一个地带：一方面，它不仅与公共权力相对立，而且是针对公共权力的批判空间；另一方面，资产阶级公共领域也不同于私人领域，它虽然立足于不受公共权力管辖的私人领域，它却跨越个人和家庭的藩篱，致力于公共事务。"在这个主要由重商主义政策激发并应运而生的阶层当中，政治当局引起了反应，从而使作为公共权力的抽象对立面的公众意识到自己是公共权力的对立面，意识到自己是正在形成当中的资产阶级公共领域中的公众。这是因为，形成这样一种资产阶级公共领域，其前提是市民社会对私人领域的公共兴趣不仅要受到政府当局的关注，而且要引起民众的注意，把它当作是自己的事情。"[①]

哈贝马斯把资产阶级公共领域分为文学公共领域与政治公共领域

---

① ［德］哈贝马斯：《公共领域的结构转型》，曹卫东等译，学林出版社 1999 年版，第 22 页。

两种形式。文学公共领域诞生于家庭主体性所建构起来的独特的空间。在这个空间里，批判精神得以培养，自我意识得以启蒙。但是文学公共领域也不是地道的资产阶级公共领域，地道的资产阶级公共领域是政治公共领域，其使命是调节市民社会，保障商品交换。①

资产阶级公共领域的运作机制是平等交往、关注世俗和公开讨论。无论是在宴会，还是在咖啡馆，或是在沙龙，公共领域形成的机制具有这样几个共同的特点：一是建立在平等基础上的交往形式。这里说的平等并不是指社会地位的平等，而是指"单纯作为人"的平等。唯有在此基础上，论证权威才能要求和最终做到压倒社会等级制度的权威。二是公众讨论的范围应当限制在一般的问题上。在资本主义发展已经为某些社会范畴提出越来越以信息为准绳的行为要求时，公众所批判的"一般问题"的解释权被教会和国家所垄断，讲坛尚且如此，哲学、文学以及艺术当中更是如此。但是，如果说哲学作品和文学作品，乃至整个艺术作品都是为市场制造的，并且以市场为中介，那么，这些文化财富和所有那种信息便是极为相似的：即作为商品，它们一般都是可以理解的。它们不再继续是教会或宫廷公共领域代表功能的组成部分；这就是说它们失去了其神圣性，它们曾经拥有的神圣特征变得世俗化了。私人把作品当作商品来理解，这样就使作品世俗化了；为此，他们必须独自沿着相互合理沟通的道路去寻找、讨论和表述作品的意义，这样于不言之中同样也可以产生无穷的力量。三是使文化具有商品形式，进而使之彻底成为一种可供讨论的文化。文化成为商品之后，公众就会具有开放性，就不会与世隔绝、盲目排外。因为，他们一直清楚地知道他们是处于一

---

① 参见［德］哈贝马斯：《公共领域的结构转型》，曹卫东等译，学林出版社1999年版，第55页。

个由所有私人组成的更大的群体之中，而私人作为读者、听众和观众，只要拥有一定的财产和受过良好的教育就能占领讨论对象的市场。"公众一旦建立起有讨论伙伴组成的稳定的团体，那么，它就不再是这个公众自身，而是要求充当其代言人，甚至充当其教育者，要以它的名义出现，要代表它——这是一种新的市民代表形式。"①

综上所述，公共领域是介于公共权力领域和私人领域之间的一个公众对一般社会问题进行平等交流和批判的领域。它是一个向所有公民开放、由对话组成的、旨在形成公共舆论、体现公共理性精神的、以大众传媒为主要运作工具的批判空间。"公共领域"概念的价值规范集中体现在它对公共性的高扬与彰显，而公共性不仅以批判与开放为其特征，更重要的是，它以自由、民主、正义为其基石。

传媒是公共领域建构的双刃剑。公共领域以公众舆论的形式来体现自己的价值。公众舆论具有两个条件：一是公众必须是自觉地把握可认知的状态；二是公众舆论要通过讨论来形成。在自由主义模式下，传媒对公众舆论的形成起到了良好的推动作用。但是，在现实的运作中，随着资产阶级公共领域从结构到功能的转型，不仅公私领域的二分结构趋于解体，而且公共领域本身已经被各种利益团体所侵占，特别是作为其运作工具的大众媒体受到公共权力和市场势力的双重宰制，公共领域实际上已成为被利益集团操纵的空间，伪公共性替代了真正的社会共识。哈贝马斯认为："按照自由主义公共领域模式，这种具有批判精神的公众机构应当掌握在私人手中，不受公共权力机关的干涉。但是，过去一百年来，由于商业化以及在经济、技术和组织上的一体化，它们变

---

① [德] 哈贝马斯：《公共领域的结构转型》，曹卫东等译，学林出版社 1999 年版，第 42 页。

成了社会权力的综合体，因此恰恰由于它们保留在私人手中，致使公共传媒的批判功能不断受到侵害。与自由资本主义时代的报刊业相比，一方面，大众传媒的影响范围和力度达到了前所未有的程度——公共领域本身也相应地扩展了；另一方面，它们越来越远离这一领域，重新集中到过去商品交换的私人领域。它们的传播效率越高，它们也越容易受某些个人或集体的利益的影响。如果说过去报刊业只是传播和扩散私人公众的批判的媒介，那么现在这种批判反过来从一开始就是大众传媒的产物。随着个人的新闻写作向大众传媒的转变，公共领域因私人利益的注入而发生了改变。尽管这些私人利益本身并不完全代表作为公众的私人的利益，但是它们在这一领域却优先得到表现。"①

"随着商业化和交往网络的密集，随着资本的不断投入和宣传机构组织程度的提高，交往渠道增强了，进入公共交往的机会则面临着日趋加强的选择压力。这样，一种新的影响范畴产生了，即传媒力量。具有操纵力量的传媒褫夺了公众性原则的中立特征。大众传媒影响了公共领域的结构，同时又统领了公共领域。于是，公共领域发展成为一个失去了权力的竞技场，其意旨在于通过各种讨论主题和文集既赢得影响，也以尽可能隐秘的策略性意图控制各种交往渠道。"② 通过对公共舆论的精心策划，批判的公共讨论功能不断遭到破坏，"公共领域变成了一座宫廷，公众可以瞻仰其所展示出来的声望，但不能对它自身提出批判"，公众关心的再也不是公众舆论，而是对声望的舆论。③

---

① ［德］哈贝马斯：《公共领域的结构转型》，曹卫东等译，学林出版社 1999 年版，第 224—225 页。

② ［德］哈贝马斯：《公共领域的结构转型》，曹卫东等译，学林出版社 1999 年版，第 15 页。

③ 参见 ［德］哈贝马斯：《公共领域的结构转型》，曹卫东等译，学林出版社 1999 年版，第 235 页。

在我国改革开放事业向纵深推进的今天，在我国法治建设和文化建设全面发展的今天，公共领域正逐步从传统的政治模式中脱颖而出，成为社会生活最具活力的一个力量之一。因为随着我国市场经济体制的逐步建立，作为公共领域存在前提的公域和私域分化的格局正在逐步形成，国家和社会的功能正在逐步分离。伴随这一变化，私人从等级制度中逐步分离出来，作为公共领域本质要求的批判的主体性也正在逐渐形成。如何批判性借鉴这一理论，发挥电视传媒在公共领域建构中的作用，确立一种什么样的体制和机制来保障电视传媒在公共领域中发挥健康的作用，如何创造公共空间来为主体性的建构营造一个良好的氛围，是一个具有重大现实意义的课题。西方长期以来进行的公共电视的实践对我们具有启发意义。虽然在商业化大潮之下，电视的商品化属性正在不断被强化，但我们不得不正视我们媒体的社会责任和职业责任，我们必须在公共空间的创造上下足功夫，为人的主体性的构建创造一个充满活力、不断进取的环境。

2. 强化电视公共服务功能与公共领域构建

在西方，有一种电视叫公共电视，它是以独立于国家和利益集团之外、为公众服务的电视媒体，在某些国家体制下又叫公共服务电视（Public Service TV Broadcasting），它是为公共利益提供电视服务的一种电视服务类型。公共电视和公共领域在"公共"的外延上是重合的，都是普通大众的话语空间，但是在内涵上各有侧重，公共领域的"公共"侧重的是其批判属性，公共电视的"公共"侧重的是其服务属性。公共领域是公共电视服务的对象，公共电视是公共领域建构的重要力量。哈贝马斯分析的公共领域是以资产阶级公共领域为典型的分析蓝本的。在他看来，新闻媒体在资产阶级公共性的营造方面起着至关重要的作用，传媒在公共领域的形成过程中也经历了一个从积极促进到消极破坏的阶段，尤其是在大众传媒推动之下的文化商业化，使得市场成为文化创造的内在法则，消费主义粉墨登场，批判主义黯然失色，导致了公共领域的土崩瓦解。借鉴他对西方大众传媒的批判，我们可以找到我国电视传媒的传播活动和社会生活的契合点，找到我国电视公共服务建设的方向。强调电视的公共服务功能，从体制和机制上能够有效地避免自身受到过度市场化的伤害。

　　强化电视公共服务的宗旨符合公共领域的目标追求。商业化的最终选择必然是迎合受众趣味的娱乐化，以受众的最大收视为目的，这是电视商业功能的特征。而电视的公共职能则要通过另外的渠道来实现，即通过制播文化、教育等关乎公众或者少数族群利益的节目来实现为公众服务的目标。服务公众和营利都是电视的职能。电视的公共服务这一宗旨追求，在其传播实践上就体现为努力为公众构造一个话语平台，努力为公众利益提供一个诉求空间，努力为公众提供多元丰富的内容服务，努力形成有别于商业电视高收视率的高影响力、高信赖度和高支持度。公共领域的基础就在于对公众利益强烈的表达愿望。在国家权力和商业利益的缝隙中，公众要保持自己的独立性，要获得自己的话语空间，就必须借助于媒体，来放大自己的声音，吸引公众的注意，调动起公众的批判精神，电视可以理直气壮地担当此任。在这一点上，公共电视体现得最充分。公共电视台有一些基本的特征，譬如公共电视台为了提高公众的教育水平，要提供尽可能丰富的、多元化的、反映多民族利益的节目（Pluralism）。为了实现为绝大多数公众服务的目标，公共电视台需要平衡各种利益。为了平衡各民族的利益，公共电视一般会使用多种民族语言播出；为了平衡商业利益，公共电视对企业广告施加种种严格的限制；为了平衡国家利益，公共电视一方面宣传政府政策，另一方面监督政府政策；为了平衡观众利益，公共电视也会像商业电视那样提供"最少反对的节目"（Least Objectionable Program）①。总之，用公正的方式来确保公共性目标的实现，是公共电视和公共领域的共有特征。

为了实现公正的目标，当然必须建立实现这个目标的体制。一般说来，国外的公共电视台一般都是在该国议会通过《广播电视法》或专门《公共电视法》的要求下成立，作为社会公共财产（Crown entity），不以营利（Non-profit）为目的。公共电视台由宪章（Charter）约束自身规范，由政府或议会任命的理事会（董事会）管理，编辑独立，不代表任何党派、政治和营利团体利益（Editorial Independence and Institutional Autonomy）②。这种体制设计对公共领域的建构起着良性促动作用。这种体制的构成要素一般有这样几个方面：首先，以法律的形式规范电视公共服务的经营方向。一般的公共电视通常都会通过国会立法来保障其独立性，并有相应的宪章，这样从制度上确定了公共领域较少受到公共权力的干预，为公众提供较多的意见表达平台。如英国政府虽然可以通过吊销营业执照等手段，保留对公共广播机构的控制权，但是政府一般不干预具体的节目制作和播出。多年来公共电视就保持了独立运作的地位。其次，电视的经费主要来自广告之外的其他渠道。学者麦金西（McKinsey，1999）曾经以收入来源为标准，对公共广播模式进行划分。他认为，公共电视的收入来源主要有视听费（最重要的非政府收入）、政府资助（最重要的政府性收入）、广告收入（最重要

---

① 参见冯广超、冯应谦：《世界公共电视的生存及其争议》，香港《中国传媒报告》2005年8月4日。

② 参见冯广超、冯应谦：《世界公共电视的生存及其争议》，香港《中国传媒报告》2005年8月4日。

的商业收入）和其他（捐助、赞助）四种，与此相应，公共广播模式
可以分为四类：第一类是"纯粹的公共广播"——收入完全或几乎完全
来自视听费，包括英国、日本、挪威、瑞典、澳大利亚等国家；第二类
是"公共主导型广播"——收入结构是混合型，但以视听费为主，如德
国、土耳其、比利时、荷兰等国家；第三类是"具有公共成分的国营或
商业广播"——视听费占一定比例，政府补贴或商业收入是最重要的收
入来源，例如法国、波兰、丹麦等国家；第四类是"纯粹的商业广播或
商业政府广播"——不收视听费，收入来自政府或广告收入，只具有较
少的公共成分，例如新西兰、葡萄牙、西班牙等国家。① 在这四类模式
中，真正具有公共电视特质的收费模式是视听费模式，如英国广播公司
（BBC）的经费中，过去九成以上来自政府征收的收视费，其余由国库
补贴，不播出广告。较少的广告播出，较少的刻意追求市场份额，就具
有较多的独立性和公正性，就会在更深的层次上构筑一道抵御商业利益
侵入的屏障。最后，在管理体制上，公共电视由政府或者议会任命的董
事会或者理事会来管理。在这种体制之下，经营者离权力的核心较远，
更不受投资人的制约，能够比较独立地行使权力，能够比较自如地贯彻
公共电视的宗旨。

3. 电视的公共服务和我国公共领域构建

随着我国社会主义民主政治的不断进步和多元社会的不断完善，
电视愈来愈发挥着公共服务的作用。因为，单纯的市场主导、一味"迎
合"观众的喜好，会损害知识的传播和核心价值观的建立。电视的责任

---

① 参见［德］Manfred Kops：《公共广播电视及其经济来源分析》，何勇编译，《媒介研究》
2004 年第 1 期。

应当是倾力将各领域内最优秀的知识、行为和成就传送到千家万户（古德温，2001；史蒂文森，2001；BBC，2004）。通过知识的传播，通过公众意见表达平台的构建，通过制度设计来加以保障，公共领域就可以借助电视获取充分的营养。电视可以通过作用于公共领域的建构来实现对受众主体性的构建。

强化公众意识。公众意识是公共领域建构的内在条件。商业电视重娱乐、轻责任的现象，被学者杰姆逊称为"后现代电视"[①]，它拥有四大景观：深度感的削平，历史感的削平，本体性的削平，距离感的削平。由于商业化、娱乐化，海量、迅捷的信息，助长了"人的惰性"[②]。这样，公众意识的棱角就被逐渐削平，公众意识就被淹没在如潮的消费意识之中，媒体对公共领域的建构功能也随之得以消解。因此，有必要采取措施，在内容和形式两个层面淡化消费意识、强化公众意识。电视固然追求商业利益，消费意识与公众意识固然不是决然对立，但是过度的商业追求势必造成过度的娱乐化、过度的平面化，忽视本体性的追求、忽视主体性构建的追求、忽视公共利益追求。要尽可能避免电视被利益集团或者极端的利益诉求所操纵，尽可能保证服务的公正性和传播的真实性，能够尽可能为公众营造话语空间，提高其参与社会、尊重他人、积极创造的主动性。

搭建沟通平台。哈贝马斯所说的"公共领域"中的"公众"是一个互动的概念，绝非是静止的、停滞不前的被动接受者或是旁观者。"公共"本身就意味着相互之间的交流和共识达成。媒体的信息传递过

---

① ［美］杰姆逊：《后现代主义与文化理论》，唐小兵译，陕西师范大学出版社 1986 年版，第 171 页。

② ［美］约翰·菲斯克：《解读大众文化》，杨全强译，南京大学出版社 2001 年版，第 116 页。

程，实际上也是解释框架的传播过程，也是沟通平台的搭建过程。著名的"霍尔模式"提出：意义不是传递者"传递"的，而是接受者"生产"的。电视与受众的互动表现为受众不仅可以参加电视的制作和发布，获得话语权的转移，而且公众不再是被动的接受者，而是积极主动地对所聚焦的问题产生影响力的参与者，传播过程实现真正的双向互动；从传播效果来说，一方面，媒介中所反映出的社会现状和公众的抽象互动会对社会日常生活的认知及行动产生影响；另一方面，媒介所提供的信息发布平台会促使公众成为公共事务的潜在参与者，从而推动社会整体政治文明的发展，改善公共生活。因此从本质上来说，电视有责任为受众提供一个理性解释框架，为受众的价值选择提供参考，为受众的主体性构建营造一个良好的氛围。哈贝马斯在1990年版《公共领域的结构转型》的序言中说："应当把社会批判理论的规范基础建筑得更深一些。交往行为理论应当挖掘出日常交往实践本身蕴藏着的理性潜能。"① 但是，无论国内外还是近现代，媒体被利益集团操纵并进而践踏人权的现象层出不穷，媒体通过扭曲事实来煽动群众的非理性情绪的现象至今仍然严重存在。电视必须通过管理体制和营运机制的设计，在传播上更加逼近事件的真实，在分析上更加逼近事物的本质，提供多种意见、多种传播框架，为受众的相互沟通、为公共领域的构建搭建一个理性的沟通平台。从宏观上来讲，这个平台有利于缓解各种矛盾、增进社会和睦、沟通民众和政府；从微观主体来讲，就是为主体性的构建创造一个良好的氛围。

变革表达语态。语态既是媒体的叙述形态，更是媒体的议程设置

---

① ［德］哈贝马斯：《公共领域的结构转型》，曹卫东等译，学林出版社1999年版，第25页。

和传播的姿态。电视是一种家庭收视媒体，如何确立与家庭收视方式相适应的语态是电视媒体面临的抉择。一味地导向腔调，会把受众赶跑；一味地娱乐化，会纵容受众的懒惰、冷漠等消极情绪。所以，电视在语态的设计上既要贴近受众，又要引领受众；既要把镜头更多地对准普通老百姓的生活，为百姓解决问题，又要提供更多的社会公共服务的内容。费尔克劳强调"口语化"、"家常化"对于公共领域的作用，他认为，电视这种口语体所产生的一个影响就是公共领域与家庭个人空间的界限逐渐被打破。在电视时代，公共生活正日益被电视这种大众化媒体公开报道，但这些内容不可避免地具有公开性、权威性、距离感。通过"家常化"、"口语化"的方式，可以消除接受者和传播者在传播过程中造成的信息损耗，使得公共事务深入到个人家庭中去，同时使社会个体、市民阶级投入到公共事务中去。这样既吸引了受众的关注，提升传播的社会效应，也使得电视媒介更多地扮演了社会民众和政府之间"中介人"的角色，监督、制约政治强权，监督、制约过度的市场侵入，为公众提供可资借鉴的语态，营造公共领域的话语空间。

建立防损机制。在哈贝马斯看来，理想的资产阶级公共领域由于受国家和商业的双重宰制，很难真正建立起来。无论是国家还是商业集团，对媒体的宰制都是通过对媒体的高度垄断来实现的。要避免公共领域在现代传播环境下出现被外在力量宰制的情况，媒体应该处理好这样两个关系：一是服从市场规律与避免过度市场化的关系。电视传播要服从市场规律，顺应市场的需求，研究受众的特征和运作机制，要研究市场并且服从市场规律，要通过一定的议程设置和必要的舆论策划来吸引受众的注意力，但是又不能完全依从市场的审美趣味和价值判断，不能一味追逐市场热点。过度的市场化，过度的舆论策划，势必颠覆公共领域的基础，因为"在操纵的公共领域里，随时准备欢呼的情绪，一种舆论氛围取代了公众舆论"①。二是媒体的批判功能与媒介的舆论策划的关系。媒介担负着监督社会的职能，如果一切服从市场需求，势必会丧失立场和媒体独有的批判功能，失去社会公信力。所以在媒体策划时，要兼顾市场的服务功能和社会监督功能。三是要抑制过度垄断。吉登斯在《第三条道路》中认为，政府可以保护"公共领域"，防止"公共领域"受私人控制，使其"再封建化"；政府可以鼓励市场竞争，抑制垄断。利益多元必然促成话语多元、诉求多元和主体性的丰富发展。远离权力和市场核心，把公众利益当作自己的最终追求，它遵循市场规律，引入一定策划，但是严厉拒绝受利益集团的操纵和操纵市场和公众，就能够有效地避免公共领域受到宰制，促进公共领域的繁荣和发展。

二、推行公共立意，培养主体的自觉意识

在中国，公共领域的构建问题，目前虽然没有转化为人们的自觉行动，但在人们的生活中，在主体意识的形成中，公共领域正在发挥着潜移默化的作用。

2008 年 10 月，湖北卫视新闻栏目《今晚六点》对公众的主体自觉意识进行了专项调查，发现在调查对象中，关注公共领域问题的男性高于女性（参见图 4–1），学历较高者高于学历较低者。这次调查的内容为图 4–1 至图 4–14。

---

① ［德］哈贝马斯：《公共领域的结构转型》，曹卫东等译，学林出版社 1999 年版，第251 页。

问（1）：您的性别 [单选题]

选项	男	女	有效答卷份数
小计	94	48	142
比例	66.20%	33.80%	
男	66.20%		
女	33.80%		

图4-1 关注公共领域问题男女比例

问（2）：您对"公共"的理解是 [多选题]

选项	代表公共利益	反映公众诉求	反映政府声音	公共权利的推行空间	[其他]	（空）	有效答卷份数
小计	103	116	25	61	4	1	142
比例	72.54%	81.69%	17.61%	42.96%	2.82%	0.70%	
代表公共利益	72.54%						
反映公众诉求	81.69%						
反映政府声音	17.61%						
公共权利的推行空间	42.96%						
[其他]	2.82%						
（空）	0.70%						

图4-2 观众对公共的理解

问（3）：您认为"新闻"最重要的职能应该是［单选题］

选项	揭示事件真相	传递信息	表达公众诉求	舆论监督	［其他］	有效答卷份数
小计	58	34	29	18	3	142
比例	40.85%	23.94%	20.42%	12.68%	2.11%	

揭示事件真相		40.85%
传递信息		23.94%
表达公众诉求		20.42%
舆论监督		12.68%
［其他］		2.11%

图 4–3　观众对新闻职能的理解

问（4）：您对湖北卫视的《今晚六点》栏目的印象是［单选题］

选项	没看过，没印象	一般，印象不深	很好，印象很深	非常好，很喜欢	有效答卷份数
小计	34	49	45	14	142
比例	23.94%	34.51%	31.69%	9.86%	

没看过，没印象		23.94%
一般，印象不深		34.51%
很好，印象很深		31.69%
非常好，很喜欢		9.86%

图 4–4　观众对湖北卫视《今晚六点》栏目的印象

问（5）：您喜欢《今晚六点》的原因是 [多选题]

选项	题材贴近	反映老百姓诉求	培养公众"公共意识"	搭建沟通平台	[其他]	（空）	（跳过）	有效答卷份数
小计	52	61	33	33	6	4	34	142
比例	36.62%	42.96%	23.24%	23.24%	4.23%	2.82%	23.94%	

题材很贴近		36.62%
反映了普通老百姓的诉求		42.96%
培养公众的"公共意识"		23.24%
搭建了一个沟通平台		23.24%
〖其他〗		4.23%
（空）		2.82%
（跳过）		23.94%

图4-5 观众喜欢《今晚六点》的原因

问（6）：您最喜欢《今晚六点》哪类题材新闻 [单选题]

选项	突发事件报道和最新的信息	帮老百姓解决很多问题	与公众利益相关的话题	舆论监督类	[其他]	（空）	（跳过）	有效答卷份数
小计	21	36	33	15	2	1	34	142
比例	14.79%	25.35%	23.24%	10.56%	1.41%	0.70%	23.94%	

突发事件报道和最新的信息		14.79%
帮老百姓解决很多问题		25.35%
与公众利益相关的话题		23.24%
舆论监督类		10.56%
〖其他〗		1.41%
（空）		0.70%
（跳过）		23.94%

图4-6 观众对《今晚六点》的题材喜好

问（7）：《今晚六点》对公众意识的报道不少，给您留下深刻印象的是以下哪些［多选题］

选项	超市垃圾食品流向何方	2岁幼童脸上长大瘤无奈奶奶沿街讨药费	蔷薇老妈要整容向巩俐看齐	现场直播：为汶川大地震遇难者默哀	杨威奥运再扬威家乡人民为你自豪	［其他］	（空）	（跳过）	有效答卷份数
小计	61	34	23	40	11	4	1	34	142
比例	42.96%	23.94%	16.20%	28.17%	7.75%	2.82%	0.70%	23.94%	

超市垃圾食品流向何方	42.96%
2岁幼童脸上长大瘤　无奈奶奶沿街讨药费	23.94%
蔷薇老妈要整容　街向巩俐看齐	16.20%
现场直播：为四川汶川大地震遇难者默哀	28.17%
杨威奥运再扬威　家乡人民为你自豪	7.75%
〖其他〗	2.82%
（空）	0.70%
（跳过）	23.94%

图4-7　观众对《今晚六点》公共意识报道内容的记忆

问（8）：以下是《今晚六点》的部分节目，您最认可哪一个节目展现的价值观［单选题］

选项	"玉米"街头宣传公益 追星族由疯狂到理性	为母治病女大学生退学打工	跳楼讨说法 维权变违法	七尺男儿想变性男硕士要当女白领	十几年助学如一日武汉"月定"你在哪里	（空）	（跳过）	有效答卷份数
小计	11	35	27	9	20	6	34	142
比例	7.75%	24.65%	19.01%	6.34%	14.08%	4.23%	23.94%	

"玉米"街头宣传公益　追星族由疯狂到理性	7.75%
为母治病　女大学生退学打工	24.65%
跳楼讨说法　维权变违法	19.01%
七尺男儿想变性　男硕士要当女白领	6.34%
十几年助学如一日　武汉"月定"你在哪里	14.08%
（空）	4.23%
（跳过）	23.94%

图4-8　观众对《今晚六点》节目的价值认知

问（9）：《今晚六点》一直倡导公众要树立正确的公众意识，您比较认可本栏目提倡的哪几项［多选题］

选项	公众优先的意识	公众环保的意识	公众安全的意识	公众法制的意识	公众文明的意识	（空）	（跳过）	有效答卷份数
小计	53	39	54	56	69	1	34	142
比例	37.32%	27.46%	38.03%	39.44%	48.59%	0.70%	23.94%	
公众优先的意识								37.32%
公众环保的意识								27.46%
公众安全的意识								38.03%
公众法制的意识								39.44%
公众文明的意识								48.59%
（空）								0.70%
（跳过）								23.94%

图4-9　观众对《今晚六点》关于公众意识观念的认知

问（10）：《今晚六点》所提倡的价值观是较主流的价值观，您认为这种价值观如何影响您的价值观［单选题］

选项	电视新闻传达的价值观对我个人价值观起主要作用	电视新闻、家庭教育、社会熏陶共同作用于我价值观形成	电视节目完全不起作用	电视节目起相反作用	［其他］	（空）	（跳过）	有效答卷份数
小计	14	83	7	0	3	1	34	142
比例	9.86%	58.45%	4.93%	0.00%	2.11%	0.70%	23.94%	
电视新闻传达的价值观对我个人价值观起主要作用								9.86%
电视新闻、家庭教育、社会熏陶共同作用于我价值观形成								58.45%
电视节目完全不起作用								4.93%
电视节目起相反作用								0.00%
［其他］								2.11%
（空）								0.70%
（跳过）								23.94%

图4-10　观众对《今晚六点》个人价值观影响力评价

问（11）：《今晚六点》培养许多人的自觉意识，您认为这种自觉意识表现在［多选题］

选项	认识社会现实	参与公共事务	提高获得和处理信息的能力	和政府的良性互动	理性思考	［其他］	（空）	（跳过）	有效答卷份数
小计	63	63	58	28	51	3	2	34	142
比例	44.37%	44.37%	40.85%	19.72%	35.92%	2.11%	1.41%	23.94%	

认识社会现实	44.37%
参与公共事务	44.37%
提高获得和处理信息的能力	40.85%
和政府的良性互动	19.72%
理性思考	35.92%
［其他］	2.11%
（空）	1.41%
（跳过）	23.94%

图 4–11　观众对自觉意识的判断

从《今晚六点》以上调查来看，电视传播中，公共平台的搭建，是受众主体性构建的最基本的要素（参见图4–2）。首先，受众对公共的理解趋近于学界对公共的理解，70%以上的人认为"公共"是公共利益的代表，是公众诉求的反映，还有42.96%的人认为是公共权利的推行空间。在"新闻"最重要的职能应该是什么的问题中（参见图4–3），40%以上的人认为是揭示事件真相，23.94%的人认为是传递信息，20.42%的人认为是表达公众诉求，只有12.68%的人认为是舆论监督。揭示事件真相和表达公众诉求实际上是公共领域构建的两个层次。其次，从《今晚六点》的观众构成来看（参见图4–5），长期观看该栏目的观众认为他们接受该栏目是因为栏目"反映了普通老百姓的诉求"

（42.96%）和培养了公众的"公共意识"（23.24%）以及搭建了一个沟通平台（23.24%）。在观众最喜欢的新闻题材中（参见图4-6），帮百姓解决问题占最高比例，为1/4强，与公共利益相关的话题也达到23.24%，超过受众对突发事件了解的需求。最后，从电视新闻与受众主体性形成的紧密关系来看（参见图4-10），电视新闻传达的价值观对其个人价值观起主导作用的占9.86%，认为电视新闻、家庭教育、社会熏陶共同起作用的占58.45%，认为电视节目完全不起作用的只占4.93%。

在《今晚六点》有关"培养人的自觉意识"的调查中（参见图4-11），认为这种自觉意识表现在"认识社会现实"、"参与公共事务"和"提高获得和处理信息的能力"的均在40%以上，"理性思考"占35.92%，和政府的良性互动占19.72%。

从《今晚六点》的调查来看，公共领域问题越来越受到受众的关注。《今晚六点》从当初的娱乐化的定位到公共新闻的定位，其中经历了诸多探索。从收视率的表现来看，栏目的公共色彩越浓，题材涵盖的公共范围越广，涉及的公共的内容越深，收视率越高。实践证明，"代表公共利益、表达公众诉求，推行公共权利"，这样一种"公共新闻"定位既是电视新闻改革、电视新闻发展的新路子，也是人的主体性构建的重要力量。

通过一年多的摸索实践，《今晚六点》历经了三个阶段的蜕变，逐渐形成了"以责任之心聚焦社会热点、以公共立意提升民生新闻品质、以健康监督实现舆论引导"的栏目特色，把"与观众形成良性互动、在潜移默化中培养公众参与公共事务的自觉意识"作为主要抓手，来培养观众忠诚度、实现"收视突围"，让栏目健康成长。

以下，我们试通过《今晚六点》的成长轨迹（2007年4月开播）来看"电视新闻与受众公共意识形成的紧密关系"（参见图4-12、图

4–13、图 4–14）。

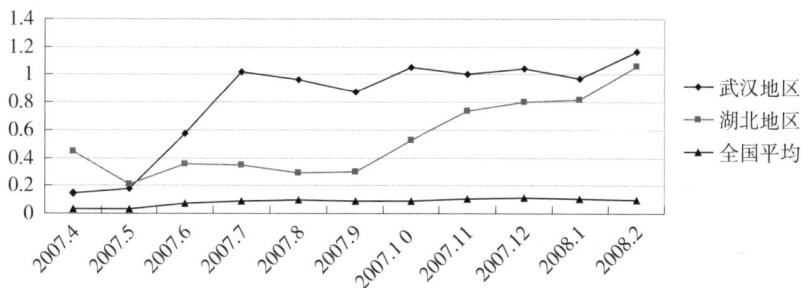

图 4–12　《今晚六点》2007 年 4 月—2008 年 2 月收视变化图

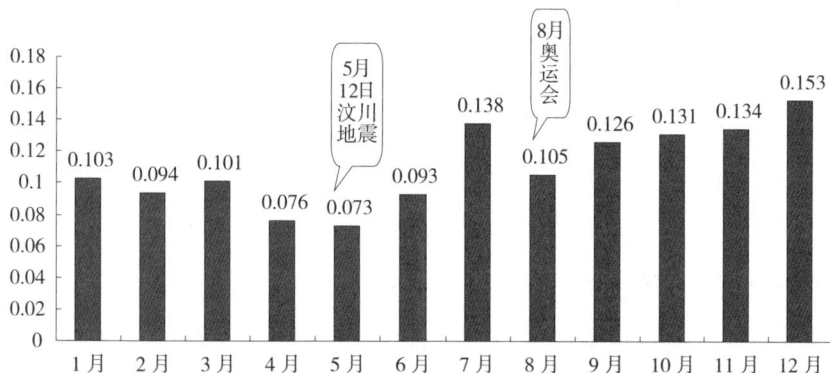

图 4–13　《今晚六点》2008 年 1 月至 2008 年 12 月全国收视率走势图

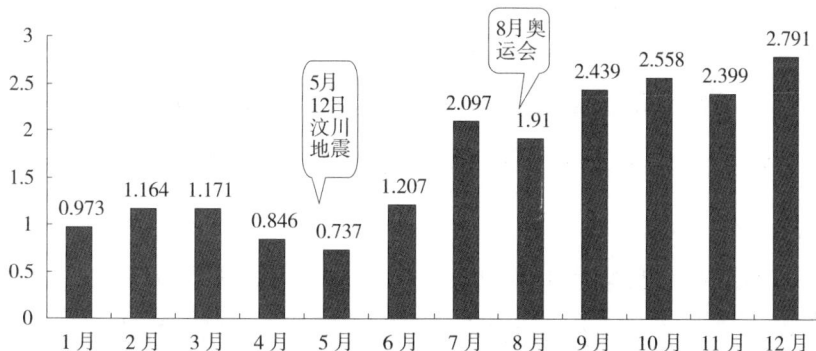

图 4–14　《今晚六点》2008 年 1 月至 12 月武汉地区月收视率走势图

《今晚六点》推出伊始，想通过节目形态出位来吸引观众眼球，于是在新闻节目中嫁接生活服务类和影视娱乐类节目形态，播报风格尝试曲艺化，报道视角追求奇趣化，制作手法推崇边缘化，试图以"新闻娱乐化"来迎合观众，主持人甚至拿着快板，在说学逗唱中演绎着新闻。可两个月下来，观众并不买账，武汉收视率始终低迷，徘徊在 0.05—0.3 之间，全国 40 多个卫视中同时段收视率排名第 26 位。

栏目制片人通过栏目大量的社区居民收视调查得知，问题的症结在于"节目形式大于内容，偏离了新闻本源，缺少信息量"。电视新闻栏目如果不能和观众形成有效互动，只是刻意迎合部分受众的猎奇心态，就会失去其他更多的观众。

认识到起步阶段的错误，《今晚六点》对节目及时做出调整。从 2007 年 6 月至 9 月，回归新闻本源，收视率逐步转暖。栏目把注意力从"形式上求新"转变为"内容上求实"。栏目制作人发挥卫视媒体视角更高的优势，借鉴地面媒体贴身服务的方法，杀进了地方民生新闻的战场。从邻里纠纷到家长里短、从第一现场到连续追踪，以邻家朋友的姿态出现在市民的视线里、生活中。同时主动与观众积极互动，有奖征集新闻线索，吸引了越来越多本地观众的关注，武汉收视率逐步爬升到 1.2—1.5。《今晚六点》在武汉市场声名鹊起，栏目形象和观众信任度大幅攀升。在每天节目播出的同时，反馈热线不断，发现第一手新闻线索，观众们也会在第一时间给栏目报料。观众和节目出现了可喜的互动，《今晚六点》在民生新闻竞争最为激烈的火力点上，脱颖而出并占据一席之地。

可喜的状态持续 3 个多月的时间以后，收视率没有像预期的那样趁势而上，而是开始了原地踏步，甚至在年底出现回落的苗头。为了进一步改善节目形态，栏目组细致分析了一段时间的串联单，发现：单看某天的版面，节目是充实的、内容是吸引人的，但积累起来问题就显现了。原因是连续多天节目中充斥着观众爆料的车祸现场、邻里纠纷、警方出击、工商查处等所谓劲爆内容。虽然这些都是容易吸引眼球的题材，可是这些没有公共价值的新闻长期重复叠加，版面显得琐碎、缺少品位。另外，卫视频道不同于地面频道，曝光监督的内容受到诸多限制，观众看起来"不够痛快"。同时，湖北本土的家长里短不具备最优全国传播价值，长此以往，受众因为关注疲劳开始流失。

通过广泛调研，从 2007 年 10 月起，《今晚六点》决定将民生新闻升级，在"民生"土壤里提炼公共立意，形成公共新闻概念。栏目确定了"以责任之心聚焦社会热点、以公共立意提升民生新闻品质、以健康监督实现舆论引导"的全新定位。随后的《今晚六点》极少简单传播琐碎事实，绝不迎合个别观众的个体诉求，而是坚持以关注社会民生（代表公共利益）的立场策划选题，以反映观众心声（表达公众诉求）的姿态深入采访，以着力解决问题（推行公共权利）的方式解读事件，提供多种视角供公众思索并参与讨论（培养公众参与公共事务的自觉意识）。《今晚六点》力求把栏目搭建成一个沟通平台，逐步形成并倡导"代表公共利益、表达公众诉求，推行公共权利"的较为主流的价值观。栏目收视率稳步上升，在全国卫视的排位进入 10 名以内，武汉地区最高收视率达到 4 个百分点，武汉平均收视率为栏目开创当月的 5 倍以上。

公共新闻"报道的题材是民生的，而报道传播的价值是公共的"。改版后的《今晚六点》许多题材仍然来自街头巷尾，但栏目力求从中提炼出普遍意义和广泛关注度。手法上以"报道事实＋解决之道"的程式构架成片，并适当进行链接，通过把近的事件推远，寻求更加广泛的关注点，倡导公共价值观。例如，《今晚六点》策划制作的"小区的烦恼"系列报道，通过栏目和城管、工商、交通等多家职能部门联合征集并解决"社区烦恼"的方式与受众互动。观众打电话来诉苦的"烦恼"内容涉及 100 余家社区的出行、水电、卫生、安全隐患等各类问题。《停车场变商品房　小区规划变了样》、《地下通道无路灯　居民夜间难出行》、《形同虚设的小区门卡》、《公共花坛里养起鸡鸭鹅》等，这些节目内容看似关注的都是社区鸡毛蒜皮的小事，但事事与老百姓生活息息相关，具有广泛关注度。通过解剖这些受众身边的不和谐现象，针砭不文明陋习，"小区的烦恼"系列报道不仅告诉观众是"什么样"，还告诉大家该"怎么办"。记者的调查行动让很多困扰居民的问题迎刃而解，解决问题的方式也为更多小区所借鉴，赢得了广大观众的信赖。记者通过深入采访解决了阳光花园小区规划问题后，小区业主委员会专门在附近多个社区内贴出告示，提醒附近居民收看"湖北卫视今晚六点"。节目播出后，小区居民奔走相告，并且多次拨打栏目热线表示感谢并提供更多的新闻线索。每天"小区的烦恼"刚刚播出，就有全国各地的观众打来电话参与探讨关于社区问题更多更好的解决之道。

《今晚六点》聚焦全国大事，但栏目回避就事论事，着重关注事件中的人，用百姓的视角来思考，通过落地化处理把远的事情拉近，来增进大事件的贴近性。北京奥运会和残奥会是全国人民关注的大事，尽管"两奥"在湖北没有赛事，似乎离本地观众不是很近，可《今晚六点》选择从民生视角报道湖北与"两奥"相关的新闻，让观众感觉"两奥"就在每个人身边；《今晚六点》还着力挖掘奥运中的湖北元素，包括场馆中的湖北建筑、赛场上的湖北健儿、志愿者中的湖北身影等，激起湖北观众强烈的自豪感；每当湖北籍运动员有比赛，栏目当天就会组织实时直播，和观众们一同感受家乡人民为健儿助威的激情场景，让全国观众了解湖北为奥运做出的应有贡献；《今晚六点》开辟的《百姓看奥运》小版块每天都能收集到全国各地百姓对奥运精彩赛事的点评和感慨，抒发全民热爱奥运、参与奥运的豪情。"两奥"期间，在全国卫视新闻节目收视率普遍大幅下降的情况下，《今晚六点》栏目收视份额逆势攀升，同时段全国收视排名跃居全国前列；全国卫视新闻节目 50 强中也位居前列；全国卫视全时段武汉收视率排名第一位。

表达公共诉求推行公众权利，是新闻节目在潜移默化中培养公众参与公共事务自觉意识的一种体现。《今晚六点》和其他在卫视平台上播出的新闻节目一样，面对全国观众更要谨记社会责任，热点新闻、突发事件的报道不能缺位，也不能越位。《今晚六点》对社会热点题材，不满足"我到了现场"，还要实现"我有所作为"。凡是关注民生的深度报道，《今晚六点》坚持调查必有说法（表达公众诉求），追踪必有结果（推行公共权利）。一次采访中，栏目记者目睹了工商部门取缔某造假黑窝点的执法行动，在现场，记者看到了一封造假者女儿的来信。信中，刚上初中的小姑娘苦苦规劝父亲不要造假，多陪家人。记者随即展开调查，得知无业人员高某造假也属无奈，由于女儿刚上初中交不起学费，没有经济来源的他一时糊涂选择了铤而走险。《今晚六点》并没有被动地把报道局限于一个造假窝点的查处，而是主动对事件深入挖掘进行调查追踪报道。同时，经记者四处联络，在工商部门和社会各界的帮助下，高某不仅凑齐了女儿的学费，还做起了副食生意。如今，高某一家基本解决了生活问题，走上了正路。面对社会热点，新闻节目不仅要倡导立意高尚的社会价值观，以代表公共利益为基本立场做好报道，而且要反映百姓的呼声，反映党和政府为解决热点问题付出的努力，这样的节目才能合理引导社会热点，着力在政府和百姓之中架起理解和沟通的桥梁，促进问题的解决，从而化解社会矛盾。

面对冰雪灾害、抗震救灾、"神七"飞天等国内重大新闻事件，《今晚六点》都派记者在第一时间赶赴第一现场，尽量进行实时直播或者连线追踪事件的进展情况，用主流的价值观影响受众。2008 年 5 月 12 日下午两点多钟，全国各地许多观众通过栏目热线电话爆料"地震了"，栏目在地震局证实消息无误后，当天就派记者前往地震灾区。记者既是报道者又是救援者，《今晚六点》用切切实实的媒体行动来倡导受众融入抗震救灾的主流。从 5 月 12 日至 31 日，《今晚六点》做了 60 多场连线和直播，从百姓关注的角度全面介入抗震救灾，引导观众在为每一位获救者感到高兴的同时，对政府部门的救援行动感到满意，党和政府亲民爱民的形象在救援工作中自然树立了起来，栏目倡导的主流价值观也在潜移默化中得到认可和接受。栏目还通过节目整合社会各界力量为"可乐男孩"薛枭聚齐失散同学、为无名氏"什邡小子"寻访家人、为绝食老人张少友重拾亲情、为灾区同胞募资筹款、为来汉伤员温情服务等。通过追踪这些热点，《今晚六点》在潜移默化中引导公众参与到公共事务中来，许多观众主动与节目互动，或在网上收集寻人线索，或送来物质帮助，或提供精神支持，使每一个追踪的热点人物在大家的帮助下都得到了较为圆满的结果。对重大事件的个性化解读赢得了全国观众的关注度，《可乐男孩的兄弟之约》在被新浪博客转载后当天点击率超过 30 万人次，居抗震救灾视频点击第 2 名。《今晚六点》在地震期间的全国省级卫视收视率排名挺进到第 15 位，奥运会期间杀入前 10 名，"神七"发射期间更是占据了全国省级卫视第 2 名的绝对强势。

报道公共事务倡导公众意识。要想通过电视新闻倡导公共价值观，节目不仅要在形式上贴近，更要在内容上贴心，这样才能打动观众，让受众在潜移默化中参与公共事务，形成公众意识。弱势人群是《今晚六点》关注的一个重点人群，栏目献爱心的报道并非一味煽情，而是力图唤起热心观众的爱心，让大家加入到救助行动中，为弱势人群提供力所能及的帮助。例如，栏目连续报道了年仅两岁的白血病幼儿、考上北京大学却在卖菜挣学费的童某、沿街乞讨的祖孙俩等许多困难弱势群体，通过追踪报道引导观众参与进来、互动起来，共同把公益行动落到实处。每当这些新闻播出时，总能接到全国各地观众打来的电话，捐款的、提供医疗帮助的、送来精神鼓励的，栏目热线不断。《今晚六点》还尝试在栏目内实现分段直播免费治疗白内障和先天性心脏病手术等多场大型公益手术。这样的媒体行动都从实际出发，解决民众的切实困难，并且唤起了公众的帮扶意识，达到了"与观众形成良性互动、在潜移默化中培养公众参与公共事务的自觉意识"的目的。

与遍地开花的民生新闻栏目不同，《今晚六点》实践的公共新闻虽然追求贴近，但不拘泥于家长里短，更力戒琐碎，从民生题材中提炼公共话题，从局部报道中提炼普遍意义，着力开掘理性引导、着力架设沟通之桥、着力促进解决问题、着力凸显人间真情。通过《今晚六点》三个阶段的蜕变，可以看出，突出"深度调查＋公益行动"的新闻模式，以正面的、健康的、美好的东西感染观众，以主流价值观、报道的深度影响观众，电视新闻节目可以让观众在同样的新闻事件中，得到不一样的心灵体验，让受众在潜移默化中培养参与公共事务的自觉意识。

在公共新闻理念的旗帜下，《今晚六点》倡导的公共价值观渐渐深入人心、收视份额不断扩大、影响力逐步增强。据央视索福瑞媒介研究有限公司提供的电视收视率数据表明，《今晚六点》开播近两年来，在全国43个卫星频道中的排位从第26名稳步攀升到前10名，日均收视率最高达到全国同时段第2名；《今晚六点》进入全国新闻时事类栏目50强，这是湖北电视媒体有史以来首次进入全国50强，在全国所有卫视频道全天数百个新闻栏目中稳居前30位；《今晚六点》栏目是武汉唯一一个在公交车上移动频道同步直播的新闻节目，车上观众满意度名列第一位；《今晚6点》栏目视频在新浪播客上点击率达到700多万次，位居全国前 10 名，网上同时段视频直播节目中稳居前 5 名。

三、建立能动的传受关系，使受众
成为主动创造的主体

能动的传受关系包括两个方面：一是传播者的讯息编码方式和意义是为受众所能理解和接受的，二是受众能够接受或者至少有选择性地接受。对电视节目的信息，受众首先是要理解，这很简单；其次是要接受，这就是一个复杂的过程。以什么样的方式接受新闻信息的编码方式，接受信息编码中植入的价值取向，进而转化成人的认识和自觉行动，这就需要传播者创造性地开展工作。能动的传播者必须是自由自觉的传播者，是充分尊重受众的主体性并且能够在传播过程中为受众主体性的构建留有空间的传播；能动的传播者是创造自由自觉的受众的传播者，他既为受众提供多种信息、多种视角和多种选择，也通过信息编码的方式对受众进行适度的引导。

受众的接受过程不是一个被动的消费信息的过程，而是一个主动解读编码、接受编码的过程，接受的过程是受众参与传播活动从而实现自我的过程。在传播活动中，作为被传播者作用的对象，受众可以自主地消化信息、消费快乐、认同价值来实现自我，可以把自身在传播中获得的认知和情感转化成恒久的认识和情绪，进而化为人的自觉行动。这一过程就是自我实现的过程。当传播活动和人的积极的自我实现协调一致时，当主体性不仅没有因为电视的内容和形式变得萎靡和消解而是相反时，当电视节目的编码方式恰如其分地而又不是被动地迎合受众的消极情绪时，能动的传受关系就有了基础。借助于电视传播，受众的潜能得以调动，"人在很大程度上是自我创造物。在出生时人就具有了一系列潜在可能性，他通过自己形成的习惯，自由选择地发展了那些潜在可能并成为他自己塑造成的那种人"①，当电视节目信息以外在的动力的形式作用于人时，人的内在意识和创造的冲动会被诱发出来，借助于信息的外在力量和知识、情感和意志等内在的精神力量，使静止的思想成为显著的运动，化消极为积极，化被动为主动，化思想为行动②，实现人的主体性。

　　电视以视听符号的形式来传递信息，正因为视听信息的无限丰富性，使得电视信息生产以海量的形式倍增。信息的海量传播使得信息选择本身也变为主动创造的一个过程，变为主体性实现的一个过程，甚至成为主体性构建的核心内容。历史上的传播受众从来没有一个时期像电视时代那样，因为信息的膨胀而变得困惑甚至无所适从。在电视新闻传播中，传播者是信息的筛选者和意义框架的建设者，受众尽管接受的是已经经过传播者过滤了的信息，但仍然需要受众在这些信息中和信息所蕴涵的意义框架中创造性地发挥主动性，建构起有利于主体性成长的机制和环境。所谓主动创造，是指受众的接受是有选择地接受、有批判地接受、能够把信息内在价值激发出来并化为内在创造力的接受。受众的主动创造的是超越世俗观念的有着独特价值判断的接受，他有着自身独特的智慧和人格力量，有着强烈的超常的批判意识，不人云亦云，不被动落入传播者设置的编码逻辑，不重复前人习惯使用的思维方式甚至解码方式，不轻易认同，因为"观众向人物的投射似乎是非自愿的，仿佛

---

① 　[美] 马尔蒂莫·J. 阿德勒：《哲学的误区》，汪关盛等译，上海人民出版社 1992 年版，第 129—130 页。

② 　参见郭湛：《主体性哲学——人的存在及其意义》，云南人民出版社 2002 年版，第 57—58 页。

是受到文本魅力的诱惑，才使自身与虚构的人物认同。这个过程的核心问题是实现某种愿望，因为观众许多未能实现的愿望（比如魅力、财富、成功等）都在有魅力的人物身上得到了体现"①；受众以自身独特的慧眼，不仅去发现、感受时代生活中那些电视传播者尚未发现和感受到的东西，而且能够运用这些发现去矫正传播者的编码顺序和逻辑；在接受的态度上，不是消极的、直观的、机械的接受，而是积极的能动的接受，是自觉地自我实现的接受，是为了实现自己的理想力量、智慧力量、道德力量和意志力量的接受。为了实现自己这些主体力量，受众打破主体客体的界限，尊重自身的尊严、价值和使命，自觉创造自身的主体价值，从而在最大限度上占有自己的本质。

电视传播中，对人的交流沟通需求的忽视，造成了人的主体性的消解。如前论述，电视的传受关系的本质是主体间性，立足于主体间性来理解传播才是"人"化的传播。哈贝马斯认为，在生活世界里，交往行动是行动者个人之间的以语言为媒介的互动，行动者使用符号（包含语言和非语言的）作为理解其相互状态和各自行动计划的工具，以期在行动上达成一致。交往行动本质上是传播行动，相互理解是交往行动的核心。在他看来，生活世界有三种解释模式，分别是关于文化或符号系统的、关于社会或社会制度的、个性导向或自我本体的。三种模式对应于社会的三种功能需要：通过交往行为达到理解以实现传播、维护以及更新文化知识的目的；互动的交往行为的协调以满足社会整合和群体团结的需要；交往行动的社会化以形成个人认同。通过交往实现传播，通过传播实现社会整合和群体团结，发展童年所内化的价值取向并获得一般化的行动能力，促进个人的主体性构建。所以社会关系的本质就在于

① [美] 约翰·菲斯克：《电视文化》，祁阿红、张鲲译，商务印书馆 2005 年版，第 245 页。

交往，交往的本质就是传播，传播就是主体性构建的过程。理想的传播状态就应该是遵循主体间的传播逻辑，以沟通的姿态，以协商的态度，以利于个人主体性构建的形式来进行。

　　交流和沟通是传播的本质要求，主体间通过交往达成共识，以形成"规范的一致性、共享命题知识以及相互信任对方的真诚性"。在哈贝马斯看来，作为沟通媒介，传播有三种功能，"建立和更新人际关系，在此过程中，言语者关怀的是具有秩序的世界中的事物；呈现或设定状态和事件，在此过程中，言语者关怀的是世界中客观存在的事态；表达经验，亦即自我表现，在此过程中，言语者关怀的是他的主观世界中所特有的东西"①。协调行为、达成共识是交往的外在目的，主体性的构建是交往的内在需求。如果把传播视作沟通的过程，首先就要把传受双方当作沟通双方，信息的传播实际上就是信息和情感的交流；其次是要把传播纳入自由平等交往的范畴，自由平等交往既是自由平等传播的前提，又是自由平等传播的目标。在交往活动的具体过程中，交往双方都是积极施加行动的主体，同时又都是对方行动的客体。交往者利用语言符号、实物资料、交往工具等中介手段实现交往。交往动机一般来自交往主体对社会关系的认识和自身需求，不同的外部环境和内在需求会产生不同的交往动机。通过交往，主体接受社会一致认同的一些基本道德和行为准则，形成外部认识和自我认识，在此基础上，主体利用交往在组织运行中沟通信息、协调关系，提高资源互换的效率。信息获取和信息传递是主体和客体、自我和社会、传者和受者协商的结果，只有协商沟通的过程和结果才是深入人心和主动创造的过程和结果。第三，传播就是对话，它以追求理解为目的。人与人的交往，是由符号协调的相

①　［德］哈贝马斯：《交往行动理论》第 1 卷，曹卫东译，上海人民出版社 2004 年版，第 293 页。

互作用，"语言是一种交往媒介，它用于沟通，而行为者通过相互沟通实现行为上的协调一致，追求各自的目标"①；"理解任何一种符号表达，基本都要求参与到一个沟通过程中去……符号先行建构起来的现实构成了一个空间，在一个不具有交往能力的观察者看来，这个空间必定是封闭的，不可理解的"②。传播力量的发挥关键就在于调动受众的积极性，让其主动参与到传播过程中来，这样的传播就是能动的传播。

四、弥合边界断裂，实现人的总体性

在研究后现代社会时，学者波德里亚揭示，在后现代条件下，发展的趋势开始断裂，现代性所确定的种种边界和界限正在破裂和消失。集中起来，有这样几种现象：一是仿像和现实之间的断裂，即对现实的模拟仿制超越现实的边界，以至于难以区分想象的东西和实在的东西，造成现实的消失和仿像的统治；二是信息和娱乐的界限也消失了，新闻的娱乐化和娱乐的新闻化，使娱乐和信息融为一个整体；三是政治和娱乐的界限也模糊不清了，政治的符号化操纵形成新的政治景观和传媒景观，使两者之间应有的界限变得模糊不清；四是高雅文化和通俗文化之间的界限也消失了；五是由于媒介霸权而造成的社会公众对媒介的日益抵触而形成的媒介和社会的断裂。总而言之，过去长期形成并且对人的主体性构建发挥过积极作用的各种边界正在断裂或者消失，主体性问题

---

① ［德］哈贝马斯：《交往行动理论》第 1 卷，曹卫东译，上海人民出版社 2004 年版，第 101 页。

② ［德］哈贝马斯：《交往行动理论》第 1 卷，曹卫东译，上海人民出版社 2004 年版，第 112 页。

面对前所未有的困局。在此，有一个问题需要我们去回答，这就是：是抛弃现代媒体的丰富性，还是合理引导现代媒体，使之朝着更有利于人的主体性构建的方向发展？答案当然是后者。我们有责任营造一个理想的媒介环境，引导人们在人的对象化的活动中，实现人的全部潜能、全部个性、全部价值，实现人的总体性。

总体性是人的生存的一种理想状态，是统一性的最终完成，即主体与客体、理想与现实、个人与社会、具体与抽象等范畴所处的二元对立状态的最终克服与统一。马克思说："人以一种全面的方式，就是说，作为一个完整的人，占有自己的全面的本质。人对世界的任何一种人的关系——视觉、听觉、嗅觉、味觉、触觉、思维、直观、情感、愿望、活动、爱，——总之，他的个体的一切器官，正像在形式上直接是社会的器官的那些器官一样，是通过自己的对象性关系，即通过自己同对象的关系而对对象的占有，对人的现实的占有；这些器官同对象的关系，是人的现实的实现（因此，正像人的本质规定和活动是多种多样的一样，人的现实也是多样的），是人的能动和人的受动，因为按人的方式来理解的受动，是人的一种自我享受。"[1]总体的人就是全面发展的人，是全面关系的占有者，是人的创造力全面发挥的人。人的总体性是一个发展的、无限的、未预定的历史过程，在不断开放、不断前进的过程中，媒介作为参与这种历史过程中的一种力量，从总的趋势来看，是不断促进和丰富人的总体性的。但是，由于作用的方式和作用的深度的不同，媒介对人的总体性的发展并不总是呈现出正相关的关系。波德里亚所分析的几种边界断裂就是传媒与人的主体性构建作用相悖的典型特征。鉴于媒介对人的主体性的影响越来越强大，媒介的议程设置、制度

---

① 《马克思恩格斯文集》第 1 卷，人民出版社 2009 年版，第 189 页。

安排等方面与人的主体性之间的关系越来越密切，我们必须在这方面开展深入的研究。

本文力图从以下三个方面来破解这一课题。

1. 设置有利于沟通的议程

在议程设置理论看来，媒介在使人们怎么想这一点上很难奏效，但在使人们想什么这一点上却十分有效。对不同的人们，世界看上去是不一样的，这依赖于他们所阅读的报纸的作者、编辑和出版商为他们所画的地图。① 其基本含义是：大众媒介可以通过注意某些问题、忽略另一些问题来影响公众舆论；人们将倾向于了解大众媒介注意的那些问题，并采用大众媒介为各种问题所确定的先后顺序来安排自己对于这些问题的关注程度。就像给一幅画涂上一片底色一样，"如果大众传媒议程通过使某些事件突出，为读者和观众'涂上一层底色'，那么这些事件不仅仅是使受众感觉到突出。……这种选择使得这些问题，不只是事件，成为大众传媒报道的中心，或许成为个人思考的中心。"②

媒介通过什么样的议程来实现人的总体性和人的主体性呢？应该是致力于沟通的议程。议程的设置是信息的设置，是思维框架的设置，是主体环境的设置，是主体方向的设置，也是主体性成长要素的设置。现代媒介在议程设置时，粗放的意识形态灌输的是霸权，铺天盖地式的娱乐化也是霸权，当传媒渗透到人们的时时刻刻和每个社会的角落时，看似平和的媒体实际上是以武断的姿态剥夺着人们的主动性和创造性。

---

① 参见常昌富、李依倩编选：《议程设置的研究：现在它在何处，将走向何方?》，中国社会科学出版社 2002 年版，第 69 页。

② 常昌富、李依倩编选：《议程设置的研究：现在它在何处，将走向何方?》，中国社会科学出版社 2002 年版，第 82 页。

哈贝马斯认为，人有实践的认识的兴趣和解放的兴趣，在实践的认识的兴趣中，人们借助于语言这个媒介，致力于人际之间的理解和沟通，为人的交往行为规定方向，试图把人们从僵死的意识形态中解放出来；在解放的认识兴趣中，自我解放成为目的，人们通过自我反思提高社会成员的自我意识能力，引导成员摆脱制度化的压制和控制，实现人的解放。在公共领域和私人领域的边界确定之后，公共领域的活动形式主要是对话和交往，在话语沟通中发挥舆论的作用。但是在资本主义社会，交往行为变得极不合理，表现为交往关系呈现出病态的状况，交往的风险增加，交往的空间范围不断缩小，由于交往的物质利益泛化，价值取向的功利化，使得沟通和理解产生障碍，人们的交往行为赖以生存的基础——生活世界就被吞噬。因此，他提出重建交往行为模式，扬弃主观世界、客观世界和社会世界，在协调自身的行为上达成一致。依据哈贝马斯的以上思想，我们可以看出，设置有利于沟通的议程，既是社会对媒介的本质需求，也是社会发展的必然要求。交往作为人类社会的重要条件，它不仅促进集体意识的形成，更是促进人类社会的发展。马克思认为，在人类历史中，生产的发展决定着交往的发展；同时，交往的扩大也决定着生产的普遍发展，生产和交往的相互作用决定着人和社会及其历史演变。整个人类社会的历史是生产和生产力的发展史，也是交往和交往形式的发展史。交往即沟通，或者说，交往是人们之间沟通的社会化表现，沟通是交往的根本追求。已经充分发展的现代媒介是交往沟通的最佳手段，理应通过议程的设置，在内容上激起人们解放的认识兴趣，在制度上确定公共领域和私人领域的边界，在价值追求上避免取向的功利化，使理解和沟通畅通无阻。

怎么样实现有利于沟通的议程设置呢？

首先，要设置有利于共识的达成的议程。沟通达成共识，是交往行为追求的目标。"沟通是具有言语和行为能力的主体相互之间取得一致的过程……沟通过程所追求的是共识，它满足了合理同意表达内容的前提。……共识可以是强制的客观效果，但如果明显依赖的是外界影响或暴力，共识就不会得到主体的承认。共识的基础是相互信服。"① 在他看来，官僚化、法律化、中介化等合理化进程，削弱了交往的合理性基础，削弱了公众话语，引起了社会的系统障碍。由于每一价值领域都按其自身的逻辑演化，所以变得孤立隔绝，从不考虑其他领域的价值。结果，技术问题与道德脱节，伦理要求与表达要求分离，个人进程与社会进程相冲突。这样，讨论作为一种"事务"已经形式化了；论证与反驳必须服从某种预定的法则：关于公共事务的共识差不多成了多余。确定什么样的内容和以什么样的姿态来传播，事关受众是否接受的大局。在媒介充分发达环境下的电视传播，传播内容起码应该是受众同意协商的，传播形式至少是受众不反感的，传播的目标定位应当是与受众达成共识的。共识是受众和传播者共有的认知，是人的情感和认识的塑造，在议程设置理论看来，这并不是一件容易的事。但是，传播者可以通过安排事件的传播顺序来影响受众接触和思考这些事件的轻重缓急，通过外在的安排来影响内在的结构，从而实现对人的主体性的影响。所以，在电视传播的议程设置时，必须设立这样几道界限：一是设置受众能够理解的内容和形式，用受众能够理解的语态，传播受众能够理解的内容，让受众了解信息，把握知识；二是以令人信服的价值诉求实现价值传导，使个体认同社会规范和价值取向，这是交往的功能，也是传播的功能；三是以主体之间相互作用、相互沟通、相互理解为目的的社会

---

① ［德］哈贝马斯：《交往行动理论》第 1 卷，曹卫东译，上海人民出版社 2004 年版，第 274 页。

化，实现社会的结构转型。哈贝马斯认为，交往行为有四个功能，即理解的功能、合作的功能、社会化功能和社会转型功能。从了解到合作，从社会化到社会转型，共识是基础，以共识为基础的人的主体性的充分发挥是交往行为的核心。我们知道，伴随现代工业社会的发展，高度发达的分工虽然大大提高了社会生产力和人类征服自然的能力，但是它也把人限制在一个狭小与专门化的范围内，于是人们之间因为分工而造成社会分割越来越突出，人们坐井观天、盲目自大的畸形自负越来越明显。看似开放，实际上是封闭；看似智慧，实际上是无知。对科学浅薄的乐观，对人自身盲目的自信，对他人极端的冷漠，形成生产力发展与人的主体性丰富相背离的状况。正是基于这一现状，人们才重新思考人与社会、人与人、人与自身的关系问题。交往和对话就是在这样一种背景下成为思想家们苦心论证的一个命题。通过交往，达成沟通；通过沟通，达成共识；通过共识，形成社会化的力量。这是哲学家们追求的境界，不也正是传播者们追求的境界吗？在 2008 年汶川大地震之后，救援部队不能及时赶往震中地区展开救援，受众不仅疑惑，甚至多有指责。在这种情况下，央视在第二天即 5 月 13 日的直播节目中不断重复播出用三角翼航拍的灾区画面，画面中满目疮痍的山体、支离破碎的道路，天崩地裂的惨状一览无余，观众的情绪一下子得到释放，疑惑被理解和共识所代替。

其次，在媒介议程和受众对媒介议程的态度之间建立起能动的关系。媒介议程能否为受众所接受，是内容安排和这种安排能否产生效果的问题。制造关联性是建立两者之间能动关系的首要条件，公众对媒体的需求是与媒体给人们提供的信息的关联度成正比的。"任何一个人，当问题与自己关联性高，不确定性也高时，就有高的定位需求。这种需求导致进一步接触传媒，接触传媒反过来导致了更大的议程设置效果。"① 媒体力量的发挥还与媒体自身的公信力有关系，这是受众对传播信息源和传播渠道所感受到的可信度和能胜任度。公信力高的媒体，受众的接受程度就会高。"大众媒介影响的，可能不是人们的态度，而是人们的感受，即人们看世界的方式。"② 但是几乎所有的研究不得不承认，媒介创造的环境会深刻影响受众头脑中对世界的印象，受众会依据媒介提供的议程建构起对世界和事件的图景。这种图景介于媒介议程和受众态度之间，传播者的公信力越高，媒介组织方式越先进，受众心目中的图景就越接近于媒介议程所设置的图景。最后，在传媒议程和公众议程之间建立良性互动关系。传媒议程和公众议程是双向的相互依赖的关系，传媒的各级把关人根据自己对新闻重要性和价值的判断，确定一定的传播次序，形成传播议程。公众议程有着自己独特的运动规律，他们会按照自身对各种问题的重视程度来调整自己对这些问题重要性的看法。一般来说，传媒的议程设置和公众议程设置之间存在着一种对应关系，但作用方式不同。"由公众议程对传媒议程的影响是一种缓慢的、长期的过程，通过这个过程创造了普遍化的新闻价值。相形之下，传媒议程对公众议程就一特定新闻的影响是更直接的、更及时的原因—效果关系，特别是当公众缺乏其他可供选择信息（像某个人的经历）时，就会影响公众议程。"③ 研究表明："在突发事件中，典型的基本不存在着先前的公众考虑，因果关系是'唯一的'从传媒设置到公众设置。非直线式的因果关系发生在那些被朱克所称之为'不唐突'的议程项目中（朱

---

① 常昌富、李依倩编选：《议程设置的研究：现在它在何处，将走向何方？》，中国社会科学出版社 2002 年版，第 84 页。

② 常昌富、李依倩编选：《议程设置的研究：现在它在何处，将走向何方？》，中国社会科学出版社 2002 年版，第 84 页。

③ 常昌富、李依倩编选：《议程设置的研究：现在它在何处，将走向何方？》，中国社会科学出版社 2002 年版，第 86—87 页。

克，1978)，即那些上升为问题的事件，人们对这些问题一般没有直接经验。一个人对一个议程中的问题的直接经验越少，那么他就越依赖于大众传媒，以获得对该议程问题的信息和解释。"① 传媒议程和公众议程之间的互动就是沟通。建立良好的互动关系，不是要求传播者一味迎合公众的趣味，也不是要求受众完全服从媒介的议程，而是把双方都当作自主性的主体，两个主体之间相互作用、相互沟通，实现以交往为目的的社会化，实现社会的结构转型。在传播实践中，传播者的议程设置和公众的议程设置之间的关系并不被传播者们盲目忽视。但是，致力于传播议程和公众议程之间沟通机制建设的努力却少之又少，致力于通过这种机制建设以推进社会的转型，即由工具理性的社会转向交往理性的社会的努力更是凤毛麟角。所以，媒介议程如果尊重公众议程，给予公众议程应有的地位，媒介议程就能对公众议程产生更大的影响；公众议程如果有更多的独立性，有自己的判断和运动过程，公众议程就会对媒介议程产生牵引作用。当立足于沟通来处理两者之间关系时，媒介议程设置会跃上一个新的台阶，即两个议程之间相生相长、共同作用于人的认识世界的方式进而积极作用于人的主体性构建的新境界。

2. 建立有利于思考的中介

在人类活动中，主体和客体之间关系的发生是通过中介来实现的。人作为实践活动的主体，调动自己的器官、肌体和人的各种潜能，作用于客体，以获得人所需要的各种对象。这个作用的过程，不是主体和客体之间直接的作用过程，而是借助于中介实现的。在一定程度上来说，正因为中介的存在，才形成人的主体性的独特景观。

---

① [美] 沃纳·赛佛林、小詹姆斯：《传播理论——起源、方法与应用》，郭镇之等译，华夏出版社 1999 年版，第 248 页。

　　传播也是一种中介，它是实体性中介和信息性中介的复合体。作为实体性中介，传播以一种物质的形态出现，像其他人类劳动工具一样，伴随人类生产力的进步而进步，每一种传播形态的诞生，就超越了人类感知和认识世界的旧有的境界，获得更广范围、更深领域的知识。作为信息性中介，传播手段的进步，必然带来观念、意识的深刻变化，必然带来交往形式的深刻变化。可以说，每一次生产力的革命就是一次中介的革命，每一次中介的革命必然带来生产关系的革命。表现在传播上，这种因果关系也不例外。哈罗德·伊尼斯认为，一种新媒介的诞生，必将带动一种新文明的诞生。从历史的角度来看，电视的诞生，对现代文明的推动作用像印刷术对近代文明的推动一样，它有着无可比拟的正面作用，也有着人类从未面对过的负面影响。尤其是电视的符号化传播，使得观众变为影像的被动接受者，成为消费主义大潮的牺牲品。突出的表现就是在铺天盖地的影像面前，人失去自主选择、自我判断和独立批判的能力。因此，我们有必要重新对电视这个中介的体制和机制进行设计，建立起有利于主体展开独立思考的中介。

　　这个中介必须是提供多种选择和多种可能的中介。通过传播提供选择或者联系是电视的应有职责。要知道，人的主体性是社会关系的产物，复杂的社会关系培养了多样化的观众需求，多样化的观众需求要多样化的说话方式。斯图尔特·霍尔（1983）认为，构成我们主体性的特定意识形态和话语之间是具有矛盾的。"这就要求我们把主体性看成是不统一的，看成是一块斗争的场地，而不是意识形态相互妥协的统一的场地。"[①] 约翰·菲斯克在《电视文化》中提出社会主体性的概念，"我

---

① ［美］约翰·菲斯克：《电视文化》，祁阿红、张鲲译，商务印书馆 2005 年版，第 94 页。

们的主体性是社会关系的产物。社会关系要通过以下三种方式在我们身上起作用：即通过社会，通过语言或话语，通过心理过程—幼儿就是通过心理过程进入社会、语言和意识之中的。"① 哈特利（1985）认为，电视企图以对待孩子的方式来对待观众，假设观众具有孩童般的气质与特征。基于这种导向制作出来的节目，使得观众群变成单一的和可知的。用传播的单一性掩盖了社会的丰富性是电视传播的典型特征。所以，我们不仅要构建多元的传播者以应对多元受众的需求，更要根据受众的需求提供多元的内容供受众选择。多元内容不仅是指信息的多元，还包括立场的多元、话语的多元以及基于这种多元而形成的选择的多元。一个新闻事件，传播者可以提供多种解读的视角供受众选择，只有选择的多元，才能使受众成为一个积极思考的主体，一个主动抉择的主体，一个主动创造的主体。

这个中介是交互主体性充分发展的中介。哈贝马斯的交往理论认为，我们的生活世界是人们通过以理解为目的的"交往"行动而形成的行为背景，它和职能化、制度化的系统世界是对立的。现代社会最基本的"病症"在于系统与生活世界脱节，生活世界被系统世界殖民化，形成交往行为的异化。在这种状态下，主体之间不理解、不信任，相互隔离，相互利用，物化的逻辑成为整个生活的逻辑。交往行为是交往双方依据一定规范而协调的相互作用的行为，是主体之间，以符号、语言、意识和文化等为媒介，通过"对话"，达到人与人之间的相互理解和一致。"当技术规则和行为方案的有效性，取决于经验上是真实的或者分析上是正确的命题的有效性时，社会规范的有效性则在对意图的相互理解的主体互通性中建立起来的，而且是通过义务得到普遍承认来保

---

① ［美］约翰·菲斯克：《电视文化》，祁阿红、张鲲译，商务印书馆 2005 年版，第 70 页。

障。"① 交往是人类活动的基础，必须充分发展人的交互主体性，因为，交往活动是个体的人融入社会的形式，也是社会活动总体的各要素在不同个体或集团中分配的基本形式。传播作为中介，本身就是交往的媒介。首先，利用媒介在交往和人类自由自觉的劳动之间建立起联系。以交往为目的的交往，是平等的交往，是自我得以确证的交往，是人的本质得以全面占有的交往。在这一关系中，媒介既要为个体提供展现潜能的机会，焕发人的创造力，又要通过对话的平台和提供社会规范有效性的认证工作，为交往提供保障。其次，利用传播在社会规范和人际交往之间建立联系。人的交往总是伴随社会规范的建立过程，社会分工越是发展，生产力越是发达，人们之间的相互依赖性越是紧密，人们之间的社会交往就越是广泛和深入，交往和社会规范的关系就越来越紧密。人的社会交往活动之所以具有规范性，是因为交往关系本身就是一种规范结构，在行动过程中，人们以关系的对方为指涉，要直接或间接地表明自己行动的必要性和正当性，人们彼此之间根据行动的主观意向而相互调节和交往就构成了社会关系。哈贝马斯认为，人类的社会文化生活是由劳动和语言来维系的，沟通及互动过程主要以语言为中介，通过达成共识来实现自我。人们之间的语言交往涉及三个方面的内容：交往双方共同面对的外在客观世界、彼此之间的社会关系即社会世界、自我反思性的内在交往活动即主观世界。只有通过交往，这三个方面才能达到相互理解和自我理解。可理解性、真实性、正当性和真诚性是建立合理交往关系的基本前提。语言交往本身是一种自我建构，同时也是自我获取社会认同的普遍方式与过程。语言交往的对象性特征决定了交往的规则的必要性，"当规则本身成为一种行动语言时，交往理性中所包含的人

---

① ［德］哈贝马斯：《作为意识形态的技术与科学》，李黎、郭官义译，学林出版社 1999 年版，第 49 页。

格对象意识就自然地转化为非人格化的规则意识。"① 传播是一种特殊的交往中介，为人们的行为建立围绕规范而进行的反思性调节和合理化过程（吉登斯语），即认识环境、理解环境，调节自身的行为，在交往关系中把握自我和实现自我。传播要在传播价值规范和建立人际交往之间建立起内在的联系，传播规则、规范，推动交往实践不断深化。

3. 构建自由自觉的主体

自由自觉是人的主体性的本质特征，也是人的主体性的最高境界。马克思认为，人是一个特殊的个体，并且正是他的特殊性使他成为一个个体，成为一个现实的、单个的社会存在物。同样地他也是总体，观念的总体，被思考和被感知的社会主体的自为存在。有意识的生命活动把人同动物的生命活动直接区别开来。正是由于这一点，人才是类存在物。或者说，正因为人是类存在物，他才是有意识的存在物，也就是说，他自己的生活对他是对象。仅仅由于这一点，他的活动才是自由的活动。在物化的社会里，人们对物的追求、占有和消费被当作人生的全部目标，人的世界成为片面发展的世界，人的物质追求和精神追求之间出现断裂，失去了总体性追求的内在动力。作为最富影响力的传播媒介，电视在弥合边界断裂、构建自由自觉的主体方面要发挥以下作用：

首先，通过传播建立起生产而非占有和重复的主体性生产机制。弗洛姆的健全社会理论告诉我们，人的基本品格分为非生产型和生产型两种，非生产型定向分为接受型取向、剥削取向、囤积取向、市场取向。生产型定向的人格品质与非生产型的完全相反，"生产性就是人运用他之力量的能力，是实现内在于他之潜力的能力"②，借助于生产，人

① 潘自勉：《论价值规范》，中国社会科学出版社 2006 年版，第 143 页。
② ［美］弗洛姆：《为自己的人》，孙依依译，三联书店 1988 年版，第 91 页。

摆脱个体与社会的矛盾。从他的分析我们可以看出,非生产型定向实际上集中体现为占有型主体性和重复性主体性,占有表现为剥削和囤积,重复表现为接受和市场化。而生产的主体性,是人类利用其生产活动推动社会进步的主动性和自觉性。它来自于人的内在潜能的发挥,是人类社会进步的巨大力量。与占有性对客体的索取不同,生产性的主体性是主体通过生产性活动,使客体按照人的内在尺度和物的外在尺度发生改变,使自然界、社会、人自身获得更加全面的发展和更多属人的本质属性。和重复性的主体性不同,生产性的主体性是不断超越原有形态,不断突破自身局限的主体性,它不仅生产出人类所需要的物质生产资料,而且生产出自身的生命、精神需求,使自己内在的本质力量对象化,使自身获得自由而全面的发展。"幸福象征着人找到人类存在问题的答案:生产性地实现他的潜能,因此,他既与世界同为一体,但同时却又保持着他自身的人格完整性。在生产性地运用他的精力时,他提高了自己的能力,他'燃烧自己,却不化为灰烬'"①,当我们的传播不断在鼓吹人类中心主义,我们就会把观众引导到对自然和社会的疯狂掠夺。当传播在不断制造消费的幻象时,我们就会不断复制精神垃圾,消解人的主体性。正如生产和消费的关系一样,生产的主体性和消费的主体性既是一对矛盾,又是互为依存的一个同一体,互为对方提供对象,相互创造。"每一方由于自己的实现才创造对方",并且"把自己当做对方创造出来"②。消费是生产的一个要素,生产活动是实现的起点,"个人生产出一个对象和通过消费这个对象返回自身,然而,他是作为生产的个人和自我再生产的个人"③。电视媒介在生产信息的同时,也在生产人的精神

① [美] 弗洛姆:《为自己的人》,孙依依译,三联书店 1988 年版,第 176 页。
② 《马克思恩格斯选集》第 2 卷,人民出版社 2012 年版,第 693 页。
③ 《马克思恩格斯选集》第 2 卷,人民出版社 2012 年版,第 694 页。

欲求。所以，电视大力营造消费氛围固然是为社会的物质生产创造生产的要素，但却忽视了人的精神需求和情感需求也是人的消费需求的一个部分，以至于以物质的浅层消费来代替精神的深层消费，把脱离人的真正需要的消费当作人的本质追求，消费成为终极目的而不是手段。电视传播要通过建立传播的机制，树立正确的电视生产消费观，创造属人的真正的需要，激发受众的内驱力和凝聚力，实现人固有的独创性、超越性、总体性。

其次，构建多向度而且自由的主体性。多向度是相对于单向度而言的。"单向度"一词是马尔库塞借以指代的资本主义的技术理性对人的存在的限制和物化的状态。在这种状态下，人丧失了生命中的第二向度，即否定性、批判精神，而成为安于现状、维护事实、感情麻木、思维僵化的单向度的人。他认为，以前的社会里，人的存在是全面的，私人生活和公共生活是有差别的，个人可以合理考虑自己的需要。发达资本主义则不同，它是以文化工业装备起来的大众社会，寄生于大众传播技术、家庭和休闲，不知不觉地把艺术、政治、宗教、哲学与商业结合起来，使这些文化都染上了商品的气息。它通过消除高级文化中对立的、疏远的和超验的因素，而抹去了文化和现实之间的对抗，建立单面的社会，形成单面的人。这种人的内心没有一个追求自由的"向度"，没有批判的意识，只知物质享受而丧失精神追求，只是被动接受而不是主动创造，思想僵化，行为保守，安于现状。在这种社会里，人们表面物质生活的丰富和内在精神生活的贫乏形成极大的反差。在人的主体性被扭曲的过程中，媒介可以说是在"助纣为虐"，在大众传播中，信息的流动一般是单向的，通过营造一种幸福意识来取代"不幸意识"，诱导人们用麻木和屈从取代觉醒和反抗。多向度是主体性构建的一个角度，是突破现实、超越自身的一种追求，是通过自由自觉的实践活动来实现的具有多样性、历史性、丰富性的人。多向度既是观察世界的角度，也是人的价值取向的角度。它超越理性、意志、爱等抽象概念，也超越极端的拜金和享乐主义。要实现人的多向度的发展和自由自觉的发展，需要方方面面的努力。作为最具影响力的力量，传播有着不可推卸的责任。电视传播就要将人、社会、自然、经济、文化当作一个复杂的有机体来看待，通过传播强化整体性、主体性，强化人的全面发展；电视传播还要树立多向度的价值观，不仅追求物质的满足，更要获得精神的丰富和自由自主，在认识和改造客观世界的活动中显示自己的存在和价值；电视传播要融入人的活动过程，力争消除因为物质对人的异化而形成的传播对人的异化，实现主体和客体的对立状态的扬弃，实现总体人的目标，"总体的人是变化的主体和客体，它是与客体对立并克服这种对立的有生命的主体，是在零碎的活动和分散的规定中被破碎而又能够克服这种分散的主体"[①]。理想的实践活动、理想的交往方式、理想的传播模式所追求的是同一个境界：人的自由而全面的发展。

最后，以总体性作为传播的尺度。总体性即主体性得以全面实现的特性，是指人成为全面关系的占有者，成为全面需要和全面创造力的主体。在物欲横流的社会，电视传播是推波助澜，还是理性疏导，是做主体性消解的"帮凶"，还是做主体性构建的"推手"，理论上很好回答，实践起来却十分艰难。传播以总体性为尺度，就意味着传播必须遵循主体性建构的一些基本原则，为主体性构建创造条件。首先，电视传播要深深嵌入人们的对象化活动，总体的人是通过对象化活动不断获得自身主体性的人，是面向未来的、开放式的、创造历史同时又构成历史的劳动者。正是因为对象化活动的无限丰富性，才有主体性建构的无限

---

① 周穗明等编：《新马克思主义先驱者》，中央编译出版社 1998 年版，第 50 页。

生动性。在传播中，要深刻理解实践活动的本质，要深入传达实践活动的本质。传播者对一个活动的判断，对一个实践成果的评价，对未来实践结果的预期都会影响对象化活动的方向、进程和结果。从宏观上来看，传播者必须科学把握这个世界运行的基本规律；从微观上来看，传播者必须准确把握某一个活动的意义、过程。这不仅是正确传播的需要，也是对象化活动对传播这个对象化活动的重要中介的基本要求。其次，电视传播既要理解人们的需要，及时发现人们的需要和人们的实践活动之间的密切关系，发现人们的潜在需要和显性需要之间的关系，在物质需要和精神需要之间寻找一个内容和形式的平衡点。传播内容虽然来源于现实，但必须超越现实，把传播当作人的物质需要不断丰富、不断满足的过程，更当作人的精神需要不断扩展、不断完善的过程，把需要的单面性变为需要的多面性，把被需要所左右的被动性转化为驾驭需要的主动性，以人无限的自由创造力去满足人物质需要、精神需要以及各种丰富人的主体性的需要。最后，始终把总体性的实现作为人类实践活动的最终目标，始终把主体性构建作为每一项实践活动的根本追求。传播也是实践活动，在传播中，有了最终目标，可以使人们的实践活动保持着开放的姿态和批判的精神，不断保持着进取和超越的渴望，把世界的残缺和遗憾化为创造的动力。有了脚踏实地的主体性构建的努力，人们向善向美的冲动就会转化为生命的光彩和完整性。最高追求和最低要求的有机结合，必将为传播活动和人类实践活动带来明媚的春天，必将使传播和人的主体性构建形成良性互动的关系，共同推动人类社会进步。

第 五 章

"互联网 +" 背景下电视真人秀节目主体性建构逻辑

——以《如果爱Ⅱ》为例

一、"互联网 +" 媒介环境下的电视概况

1. "互联网 +" 重构电视的生态链

在第十二届全国人民代表大会第三次会议上，李克强总理提出制订"互联网 +"行动计划。李克强总理在政府工作报告中提出，制订"互联网 +"行动计划，推动移动互联网、云计算、大数据、物联网等与现代制造业结合，促进电子商务、工业互联网和互联网金融健康发展，引导互联网企业拓展国际市场。

同为媒体，互联网颠覆的不仅是媒体的传播方式，也是媒体的生产方式。当这个以技术推动带动的业态变革席卷传媒领域时，电视人从当初的迟钝中收获了太多的教训。如今在彷徨中的苦苦探索，涵盖产品、模式甚至机制等方方面面，将其视为一种全新的传播形态，来重构

着整个传播的生态模式。麦克卢汉认为："任何媒介对个人和社会的任何影响都是由于新的尺度产生的；我们的任何一种延伸，都要在我们的事务中引进一种新的尺度。"①

正是在这样的时代背景下，湖北广播电视台提出了用"TV＋"重构广电媒体生态圈的战略方针，既不唱衰自己，又不迷失自己，坚定广电自信，用"TV＋"拥抱"互联网＋"，推进媒体转型升级，重构广电生态圈。

电视行业应该充分地利用传统媒体的优势资源，在节目内容策划、宣传策略、节目模式等都要主动地融入互联网思维，无论是体制机制和生产流程，还是产品形态和传播方式，都应该有创新和转型。

笔者以湖北卫视的《如果爱Ⅱ》和《今天不烦恼》为例，依据大量的一手数据，以文本分析的研究方法，从分析影响节目秀的收视表现的各种因素入手，来分析电视真人秀节目主体性构建的机制。

2. 一种全新的传播形态

按照麦克卢汉的"媒介即信息"理论，通过研判当今的传媒态势，我们会发现，正像所有新的媒介形态改变着对于自身和社会的经验一样，互联网改变了我们感知世界的方式，改变了我们理解世界的方式，将世界上所有活的信息、死的信息激活成一个鲜活的网络，甚至改变了事物本身。所以，媒介本身才是真正有意义的讯息，即人类只有在拥有了某种媒介之后才有可能从事与之相适应的传播和其他社会活动。媒介最重要的作用就是影响了我们理解和思考的习惯。因此，对于社会来说，真正有意义、有价值的"讯息"不是各个时代的媒体所传播的内

---

① ［加］马歇尔·麦克卢汉：《理解媒介——论人的延伸》，何道宽译，译林出版社 2011 年版，第 18 页。

容，而是这个时代所使用的传播工具的性质和它所开创的可能性以及带来的社会变革。受麦克卢汉理论的影响，有学者曾经研究了分别在印刷媒介和电视媒介下成长起来的两代人的性格差异，印刷文化下成长起来的一代人更加注重逻辑思维的严谨性，而在电视文化下成长起来的一代人受到声音、画面的刺激，是更加注重感觉的"感觉人"。

处在互联网时代的我们，就必须重视互联网的特性，互联网首先作为一种连接工具，起到的是共联、共通、共享的作用。中国人民大学新闻学院教授喻国明提出："互联网＋"不仅是工具更是操作系统。他认为，目前在关于媒介融合的观念上，容易让人误解成一种新媒介和一种传统媒介之间的简单对接，包括业务、品牌和资源等多方面的对接。他认为这种观念是对我们媒介转型任务的一个简单化表征。事实上，我们面对的是互联网所重构的全新社会结构和传播模式，这就要求我们适应新常态下的全面衔接和匹配。

3. 主体性：娱乐浪潮下的自我坚守

波兹曼在《娱乐至死》的开篇语中就鲜明地提出了自己的观点：我们将毁于我们所热爱的东西。他的观点产生了大量的争议，但对当今电视综艺的发展提出了振聋发聩的呼喊。确实，关于人生的各方面都可以作为娱乐内容被消费，中国学者陈丹青认为，我们已经处于波兹曼所描述的世界，一个讯息和行动都严重失调的世界，在空前便利的电子传媒时代里，"我们比任何时候都聪明，也比任何时候都轻飘"。

曾经参加过英国真人秀节目的27岁明星古蒂向电视台出售自己抗癌过程的"死亡真人秀"，她于2009年3月去世，成为全球知名人物。美国8胞胎母亲苏莱曼和欧洲电视公司签署了25万美元的合约，允许该公司将她和孩子们的生活拍成真人秀。如果生和死都可以，那么还有什么是不可以被搬上荧幕的呢？

如今真人秀节目的制作和播出面临着全新的媒介环境，基于互联网技术特性的新媒体重构着以前的传播模式，从单向传播向双向传播进行转向，受者在传播过程中的地位被提升到有史以来最高的位置。

片面地迎合受众的乐趣，部分真人秀节目开始出现猎奇，单纯地追求夸张的情绪冲突，使得厘清真人秀节目主体性就显得十分的重要。作为哲学领域的重要概念，主体和客体作为相对应的一对范畴，各自只有在与对方的关系中才能获得自己的内在规定性。而主体性是指通过实践活动，人获得了人作为活动主体的质的规定性，它集中表现为人的自觉、自主、能动和创造的特性。

这就对真人秀的制作提出了新的要求，真人秀的制作者和节目的受众这两者之间关系的互动性更强，从真人秀的制作者的角度出发，既不能把受众视为被动的信息接受者，也不能错误地理解"受众即上帝"的概念，从而导致片面去附会受众的兴趣。

真人作为主角，按照设置的规则推动故事，在"秀"中展开情节和性格。这样一种电视节目形态之所以风行于近年的电视荧屏，从表面上看，是观众对虚构的人物故事、对程序化的棚内节目的厌倦，是观众对真实人物被置于"不舒服"状态下的反应的兴趣。更进一步分析，我们看到，由互联网推动的媒介环境的变化，使得受众的主体性更多向传者主体性生长，对事物真相的探求欲望被极大地激发出来。剥去包装，走进真实，成了受众对所有节目当然包括综艺类节目的第一渴求。从理论上来说，一切人一切真实的活动皆是受众关注的内容。所以，孩子的成长，孩子出生，成人捉迷藏，旅游探险等，都被搬上荧屏，甚至个人生活的隐私也会成为视频表现的内容，现在的很多网络直播平台顺应的就是这个趋势。这就使得电视节目找到了一个资源丰富的矿藏。

作为传播者来说，尤其是主流媒体，不能一味地迎合观众的趣味，传播低俗无聊的内容，失去底线，失去操守，这势必会对受众的主体性形成消解作用，破坏人的主体性构建的良性机制。

二、电视真人秀及《如果爱》收视率概况

1.《如果爱》的制作背景

随着时代的变迁，在新媒体的强烈冲击下，电视行业面临的挑战日益严峻。为顺应受众传受关系变化而带来的节目市场的变化，真人秀成了各大卫视争抢收视率的拳头产品。据统计，2015 年共有超过 200 档节目纷纷上马，2016 年的综艺节目达到史无前例的 400 档。从唱歌、演戏、亲子、旅游、竞赛、军旅到医疗、自然、探险、美食、婚恋等，没有做不到，只有你想不到。

真人秀已是一片红海，各种题材、各种样态，在黄金时段残酷厮杀。从《中国达人秀》和《中国好声音》播出并大火开始，真人秀"季播节目"这个概念开始在中国综艺圈传开，也成为各家卫视争相效仿的对象。《中国最强音》、《人生第一次》、《全能星战》做了一季；《中国梦之声》、《花儿与少年》也做了两季；《中国达人秀》做了五季。当然，也有不少真人秀节目成为炮灰。

2014 年，国内首档明星恋爱真人秀《如果爱》新鲜出炉。当时已出现亲子题材、军旅题材、旅游题材等明星真人秀，竞争越激烈，题材的独创性就越重要。在此形势下，《如果爱》节目组放眼全球电视模式，认真分析电视发展实际，最终抢先占领市场空白，锁定国内尚未出现的

明星恋爱题材。

《如果爱》节目组表示，跟风永远都只能是追随者，应该尝试新的东西，所以团队瞄准了明星恋爱真人秀这个题材。团队负责人认为，首先，因为这个题材国内还没有哪家电视台尝试过，我们想做第一个吃螃蟹的人；其次，娱乐圈的剩男剩女现象也是公众关注的话题，聚焦明星感情题材的节目自然也会吸引大家的关注。

独辟蹊径的节目题材契合了现如今社会中的一个痛点：恋爱的那些事儿。源于社会真实需求出发的节目创意是《如果爱》成功突围的前提，制作团队所表现出的强大执行力是《如果爱》成功突围的保障。没有如此好的节目创意，即使再努力，结果也不能如意；没有一个具备原创能力的团队，再好的节目模式也是空中楼阁。这两者缺一不可，也正是这两者的完美匹配奠定了节目的先发优势。

2. 第 2 季《如果爱》收视率分析

《如果爱》第 2 季在 2015 年夏季推出，节目取得了良好的成绩。12期节目全国 34 城平均收视率 0.957，单期最高收视率 1.105，超过 50%的单期节目收视率超过 1，多次荣膺全国周四同时段的收视率冠军（参见图 5–1）。

收视率是指某一时段内收看某电视频道或某电视节目的人数占电视观众总人数的百分比。收视率作为节目评估的主要指标之一的地位至今依然是毋庸置疑的，这也是节目策划、制作、编排，以及广告商制订广告投放计划的重要参考。

《如果爱Ⅱ》平均收视率 0.957，单期最高收视率 1.105（参见图5–1）；荣膺周四收视冠军（参见表 5–1）。《如果爱Ⅱ》节目主体观众以25—44 岁观众为主，女性比男性比例偏高（参见图 5–2）。

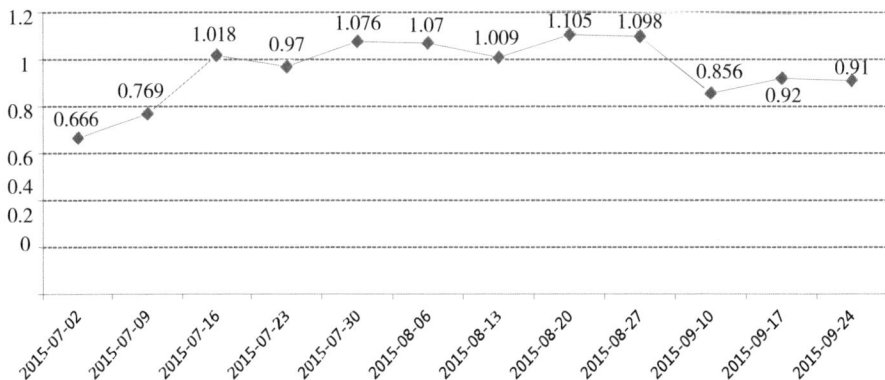

图 5-1 《如果爱Ⅱ》2015 年 7—9 月分期收视率 %

表 5-1 《如果爱Ⅱ》2015 年 7—9 月同时段卫视市场竞争环境

《如果爱Ⅱ》平均收视 0.957，荣膺周四收视冠军

序号	节目	频道	类型	收视率 %	市场份额 %
1	如果爱	湖北卫视	综艺	0.957	3.259
2	我去上学啦	上海东方卫视	综艺	0.946	3.831
3	我们都爱笑	湖南卫视	综艺	0.854	4.428
5	中国面孔	山东卫视	综艺	0.707	2.156
6	我去上学啦前传	上海东方卫视	综艺	0.657	1.998
7	爱情保卫战	天津卫视	综艺	0.625	2.451
8	中国梦想秀第九季	浙江卫视	综艺	0.588	1.751
9	变形计	湖南卫视	专题	0.538	1.627
10	金牌调解	江西卫视	专题	0.527	1.988

　　8 月平均收视最高，其次是 9 月，7 月最低，造成这一结果的因素主要有两个方面：第一，《如果爱》第 2 季是以年轻人为主要目标受众的节目，8 月正值暑假，观众人数最多，9 月受开学季的影响，目标受众流失量增大，收视率出现下滑现象。第二，情感类节目的调性较

观众构成%

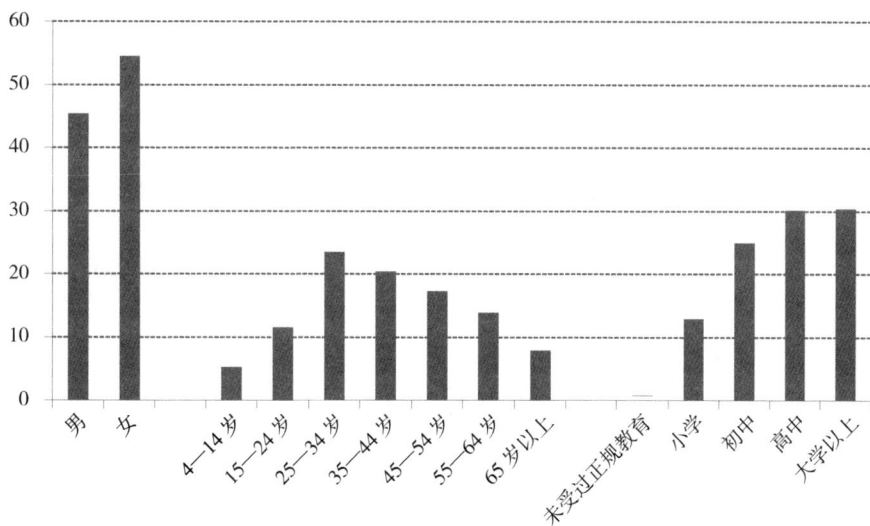

集中度%

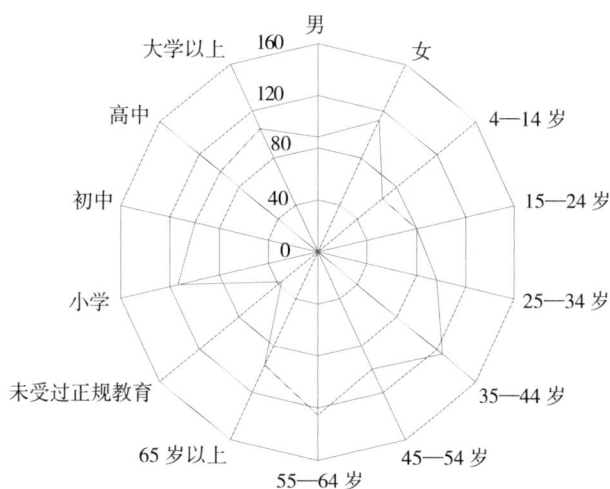

图5-2 《如果爱Ⅱ》锁定精英受众

慢，需要时间去培养目标受众的收视习惯。随着故事情节的推动和受众对明星感情的深入，受众对节目的黏性开始增强，收视率也会渐入佳境。

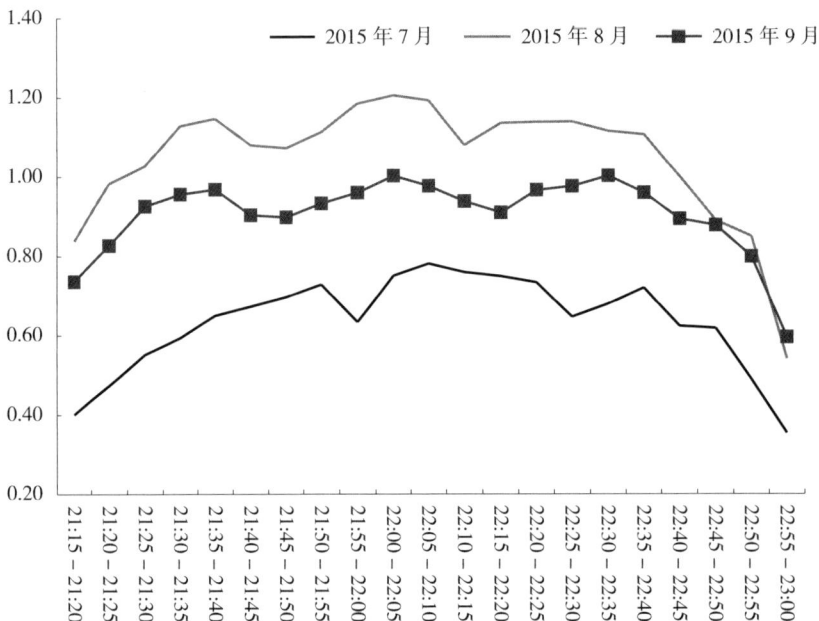

图 5–3 《如果爱Ⅱ》2015 年 7—9 月分钟收视率走势图

3. 两季《如果爱》收视率对比

从整体看，2015 年的第 2 季平均收视率为 0.957，相比于 2014 年的第 1 季 0.799 的平均收视率，增幅近 20%，应是一个喜人的成绩。从单期看，不同集节目的收视表现差异较大，第 2 季中收视率最高达 1.105，最低的仅有 0.666；第 1 季中收视率最高为 0.934，最低的是 0.692。同一集节目的分钟收视曲线呈现中上下起伏的状态，有些地方的波动较为剧烈（参见图 5–4）。

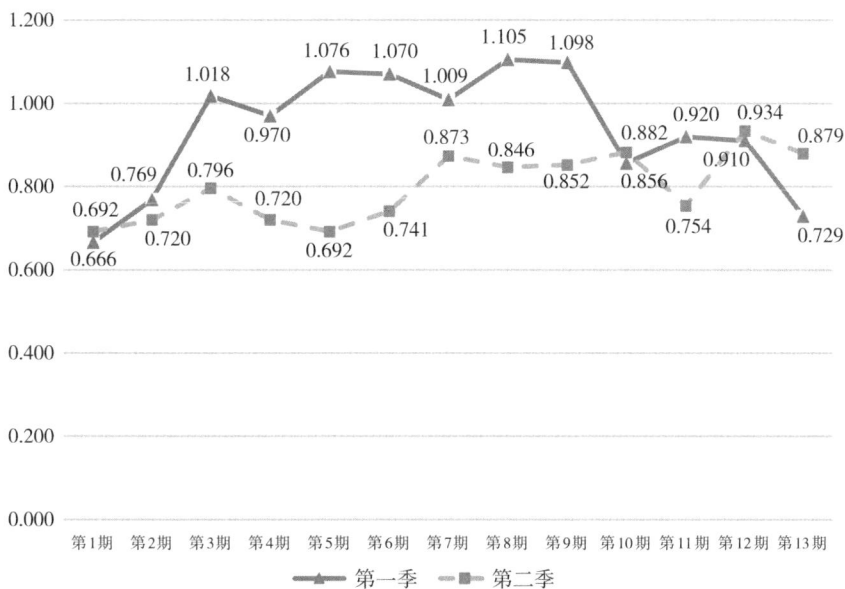

图5-4 《如果爱Ⅱ》两季收视率走势对比图

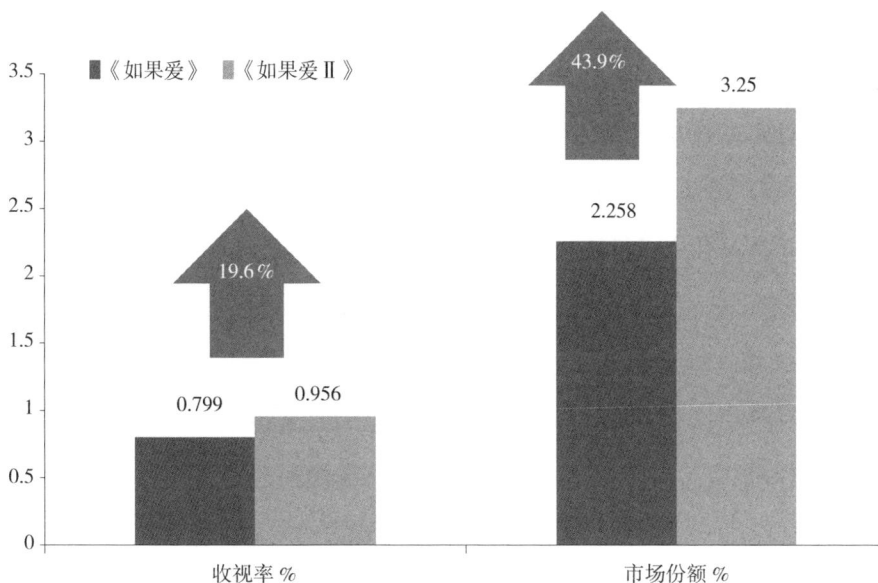

图5-5 《如果爱Ⅱ》收视率依旧惊艳

三、微观层面：稀缺的优质内容
能够满足主体更多需求

真人秀节目只有做到"内容为王"，才能更加吸引广大观众的注意力，从而带动观众情绪的起伏，更进一步地说，才能满足观众情感上的需求，牢牢抓住受众的心理。当观众全身心地观看真人秀节目时，才能对节目反映的内容和引申出的话题予以持续关注，并在好奇心怂恿下一探到底。因此，真人秀节目应当重视内容的趣味性、悬念性和感染力，使内容更具有互动感，从而让观众对节目形成稳定的依赖和习惯，建立和吸纳稳固的收视群体。"吸引受众注意只是一切心理活动的前提和开端，而从情感上打动观众，唤醒其情感经验和情感记忆，引发情感共鸣，才是编导创作的终极目的。"①

创造"局中人"体验是真人秀的受众兴趣启动机制。以前，观众看电视节目更多的目的是娱乐休闲，是一种放松的"局外人"的身份；而如今，观众更加看中的是其中的参与感、体验感。真人秀将观众理想的生活状态融入节目的情景中，在虚拟情境中以真实记录的手段为观众营造出一种"真实体验"，使观众视虚拟化的真实为现实，让其深度参与其中，透过节目获得平视的观察、省思、移情需要，在一种类似于网络社交化的体验中，释放个人情绪，强化个人价值，丰富个人的社会化体验。

真人秀节目大多实行导演负责制。节目制作当然会有台本，但对

---

① 高迪：《论受众心理需求视角下做精彩的电视节目》，《青春岁月》2013年第19期。

于现场整个流程的把控，导演一把抓并进行再创作是中国真人秀节目制作的主线。真人秀节目貌似无剧本、无彩排，但是，一档优秀的真人秀节目，依赖于导演高明的规则设计，依赖于编剧和剧本的精心布局。尽管有时现实比编造的故事精彩，但所谓的"真人"节目仍不能缺乏编剧。例如《带着爸妈去旅行》、《花儿与少年》这种旅行真人秀，故事框架和大概流程其实都是提前制定好的，当面对突发情况时，编剧也会即时进行引导和沟通，而冲突、意外或者花絮大多为提前设定，甚至有些情形来自购买韩国版权节目的真人秀节目，很多桥段是经过复制移植的。所以，真人秀节目中，环节设置、故事架构常常成为节目成功的最重要元素。

1. 悬念式的故事设置

正如所有故事类节目或者作品一样，制造挂念、激发受众对人物命运的关切心情是其作品成功的关键。这就是悬念，一个在所有叙事类作品中通用的机制设计。无论是电影、电视剧还是任何形式的电视节目，都始终致力于一项宗旨——讲好一个故事。故事若想让观众欲罢不能，它一定要依靠悬念设置，跌宕起伏的情节是故事的核心元素，四平八稳地讲故事，观众永远觉得没有吸引力。

悬念是影响收视率最直观的体现之一。悬念最早是运用到影视剧中，后来被借鉴到综艺节目创作中。几乎所有的真人秀在情节设计上都用悬念的手段来吸引观众。从最基本的说，节目中人物关系的变化是一种悬念，人物遭遇突发状况的解决方法和事件结果是一种悬念，竞技比赛里人物的参赛表现与结果的未知，也是一种悬念。

悬念，是让观众产生期待的源泉，也是观众日夜追剧的动力。在明星真人秀里，悬念往往通过规则设定和慢动作重复回放被无限放大，更有甚者关键时刻插个广告，让观众频频摔遥控器。但是，也恰恰是这种悬念铺陈，让节目收视率居高不下，拥有一大批忠实铁粉。3 分钟一个小悬念，10 分钟一个大悬念，也让每一期节目的剧情跌宕起伏，起承转合间有一股强大的吸引力。不过，悬念在电视综艺节目中的运用，则和电影、电视剧的手法有些不同，导演组先传达给观众不完整的信息量，而后以多种手段营造氛围引起观众的期待心理，促使观众不由自主地关注节目的进程。

在当今的综艺节目中，大明星、大结构、大反转这三个元素应成为中国综艺的标配。以《如果爱》第 2 季为例，在第 1 期节目中，"明星将如何配对"的悬念贯穿始终。从见面、黑衣人"绑架"，再到分组完成任务，才艺表演环节嘉宾闹"误会"，一直都未揭晓最终的配对结果。无论是节目内容，还是宣传策略，节目组一直在制造悬念，收视率上升明显。大反转对观众来说是意料之外，但对于摄制组的创作人员来说是"有意"的一次精心安排。其实，《如果爱》第 2 季在创作之初，制造悬念的议题就已被导演组提上日程，李光洙、熊黛林、钟丽缇、张伦硕、范世錡、张檬，6 位嘉宾在完成愉快的见面后，所有人被蒙上眼睛"绑架"到车上。在创作的前期，摄制组在策划 6 位嘉宾的开场时，希望在观众情绪引导上能有一个出其不意，能猜到结局的节目只会令观众索然无味，所以选择用"突发"情况来激发观众的吸引力，让人有继续看下去的欲望。与此同时，节目中车里的广播一直围绕着一个"神秘"的声音，为后面"爱情侦察员"的出场做铺垫，紧凑的氛围，让观众有强烈的参与感。

实际上，每一期节目中都会有无数个悬念设计在等待着听故事的观众。在《如果爱》第 2 季的第 1 期节目中，6 位明星端着 3 种颜色的鸡尾酒依次出场，碰巧颜色一致的两个人完成第一次互动，如果说这是缘分所致，那么分组任务和才艺表演就是实实在在地开始了解对象，这也是符合人与人之间的日常接触过程的，也许第一次是无意中的邂逅，那么往后就是要看重两个人对彼此性格、职业和价值观念的认可度。在这个过程中，"谁和谁会在一起"是一个终极的命题，也是第一集中必须要解开的大悬念。基于这样的考虑，栏目组设计了上述的开场方式。

不仅是像《如果爱》这样的户外真人秀需要"悬念"，棚内的节目也遵循这样的创作规律。

以湖北卫视的一档室内脱口真人秀节目《今天不烦恼》为例，该节目把握当下的社会脉搏，深度融入草根文化，以轻松幽默的方式讲述平凡群众的奇葩故事，化解他们的烦恼。节目主打"轻喜剧"式脱口秀，当事人双方在倾诉烦恼的过程中释放真我、轻松解压、传递正能量，每一个极品故事的背后都蕴藏了不为人知的感动，让观众在开怀一笑过后，又感受到满满的温情。每期节目4个案例，烦恼陈述人出场讲述烦恼，故事的精彩与否影响收视率的高低，以1月29日当天节目为例，当期节目平均收视率为0.598，节目入点较高，但冲高力较弱，广告口设置对后段节目收视率影响较大，但在4个故事当中，第二个烦恼人婚纱姐的出场，利用身份的悬念和故事的层层递进让收视率阶段性小幅上升（参见图5–6）。

与此同时，一些烦恼故事本身较弱，悬念的铺垫不够明显时，收视率上升则不够明显。例如《今天不烦恼》2015年1月1日的节目，"控诉人"出场说明自己的老婆爱跳钢管舞，老婆在薄膜后面跳舞，只展示剪影，抛下悬念，让观众产生期待感。但等爱跳钢管舞的老婆出场后，并未带来收视率的明显上升。

悬念的铺垫吊足观众胃口，让节目本身收视率小幅上升，如果预设得好，还可以避免广告对收视的拖累。此外，有几期节目通过悬念的

《今天不烦恼》1月29日分钟收视率 % 走势

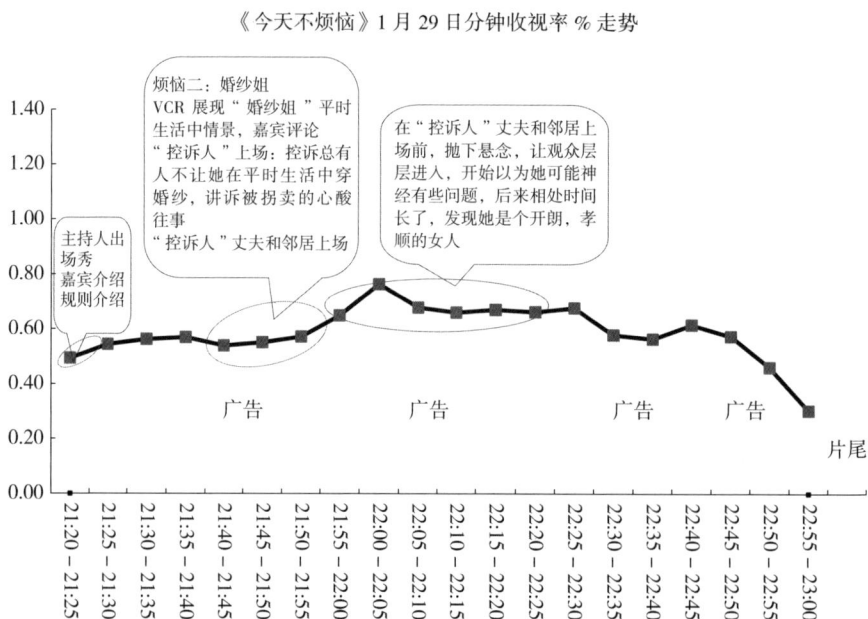

图5-6　《今天不烦恼》某一期节目收视率变动情况图

铺垫，还打破了广告口必然掉收视率的规律。例如在7月16日和7月30日的节目中，收视率在广告口不降反升，体现了节目内容牢牢抓住了观众的好奇心（参见图5-8、图5-9）。

第一，悬念牵引。从受众心理的角度说，追求信息完整性是人的本能，这个追求过程就是知识的探索过程，也是兴趣的弥合过程。真人秀节目中，悬念打断了观众获得完整信息的过程，并预埋许多线索供观众去发现跟踪，观众自然就顺着节目的设计关注下面的内容，以得到完整的信息。在东方卫视2015年第3季度推出的真人秀《极限挑战》中，从第一秒开始，《极限挑战》就没有断过两个字：悬念。这个节目打出的概念就是有剧情无设计，悬念一贯到底。明星挨个抽钥匙叫别人起床、突然被"绑架"，"捕猎"与被"捕猎"，谁能在时间争夺战中获胜，玩的人紧张，看的人心情照样跌宕起伏。

（本期收视率：0.4899％，排名：7）

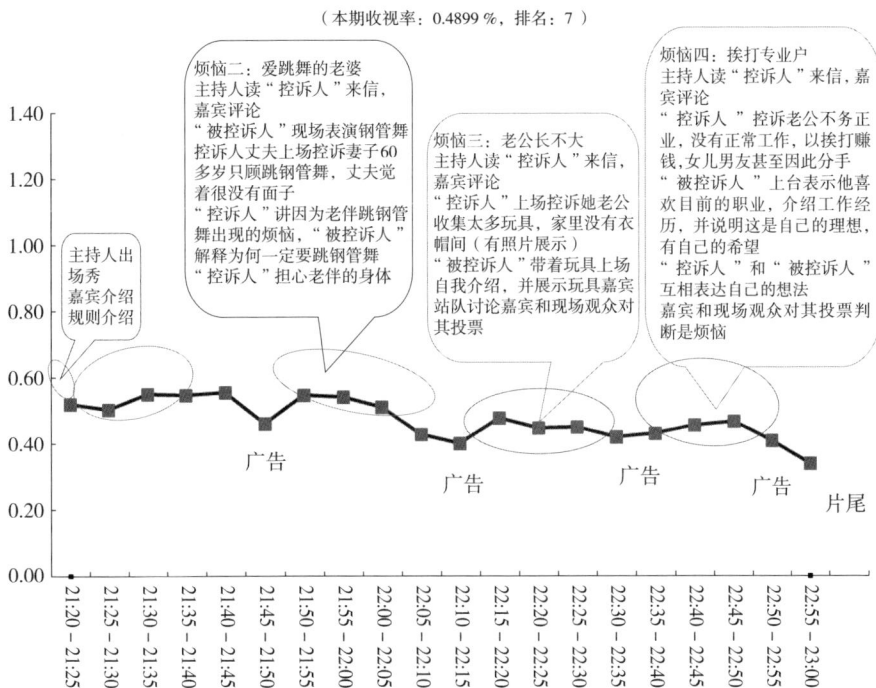

图 5–7 《今天不烦恼》某一期节目收视率变动情况

（本期收视率：1.018%，排名：1）

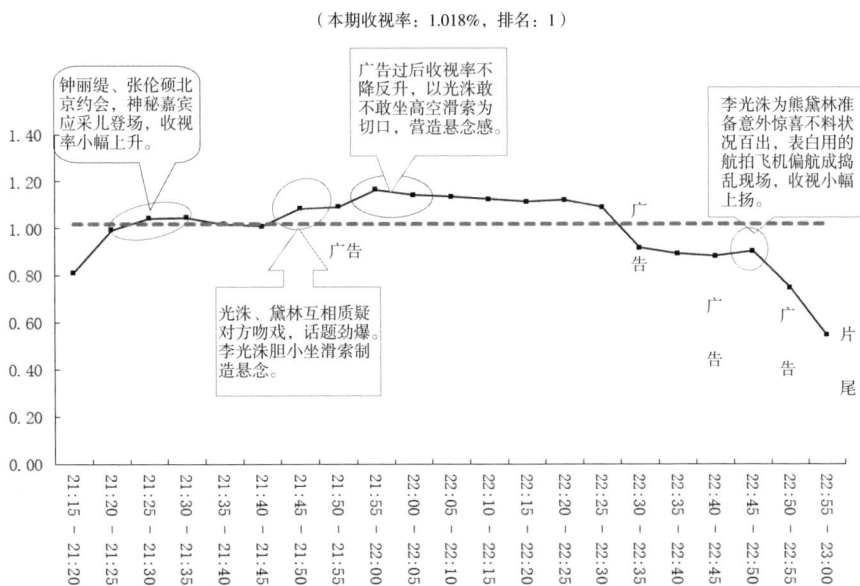

图 5–8 《如果爱Ⅱ》7 月 16 日分钟收视率 % 走势

（本期收视率：1.076%，排名：1）

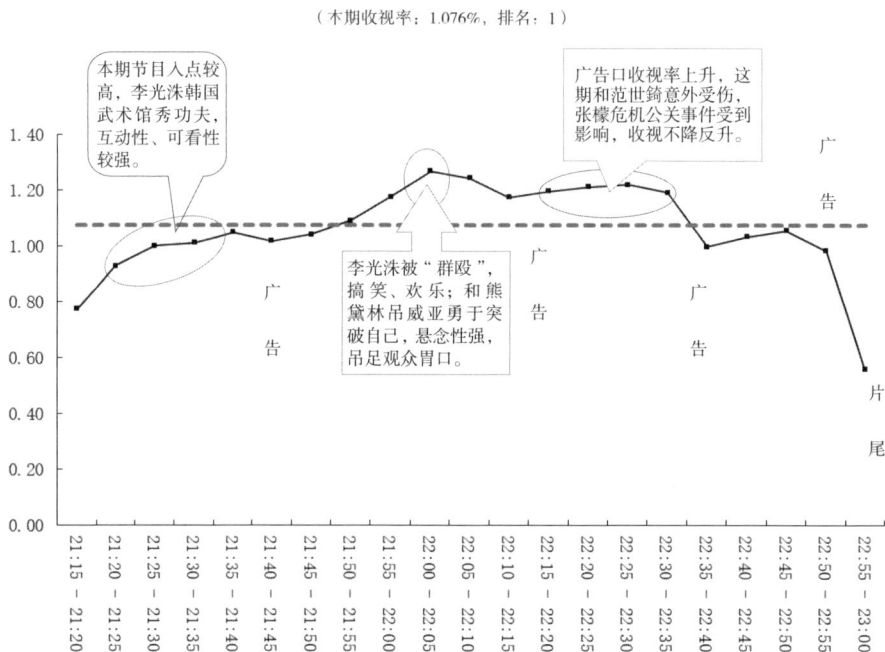

图5-9　《如果爱Ⅱ》7月30日分钟收视率%走势

悬念最忌四平八稳，要有效刺激观众，激起观众观看的欲望，就要在设计时打破平铺直叙，自然记录。导演组在综艺节目中设置中，就要对情节、情绪、结果走向做精心设计，激发观众的期待心理，使观众兴趣受到牵引，满足观众的期待感和参与感，满足其审美需求，进而增加节目收视率和吸引力。例如央视的综艺节目《了不起的挑战》，节目中的意外反转成为最大的看点，但它的悬念设置并不是靠道具、规则、游戏等方式，而是靠嘉宾的自主选择。每隔几分钟就有一个悬念产生，更大程度地加大了观众的参与感，而不是讨好观众，观众在观看节目的同时可能会想如果是我，我会选择哪一个。虽然游戏设计十分简单，没有过多暗线和伏笔，但整体节目十分简洁明朗。

第二，悬念的综艺实现形式。悬念最开始以节目预告的形式运用到综艺节目中，在一期节目的结尾播放下期精彩片段，吸引观众收看下期节目，这种方式目前得到了继承和发展。现在的电视综艺节目，不仅在节目结尾播放下期精彩片段，在广告间隙也插播有趣的预告片段。在真人秀节目中，悬念的方法手段还有以下四种：

首先是确定节目的故事悬念。真人秀节目中的悬念按照其在节目结构及推动情节发展方面所起的作用不同，可分为故事悬念和情绪悬念。故事悬念是节目展开的中心线索，也是推动情节发展的重要一环，情绪悬念与节目整体框架和情节发展无关，只是为了避免节目的单调所设。① 故事悬念是整个节目框架的最大悬念，是节目的结构性安排，它贯穿节目始终，是节目的叙事主线。此类悬念的设计精巧与否，是整个节目的成功与否的关键。人物关系发展的结果是什么、赛事的结果是什么、多个意外之后的再意外是什么等，多是节目的核心要素，是必须先行确定然后再通过起承转合的段落设计来完成的最重要的内容规划。它是骨架、主干，是建构在导演头脑中并且希望受众理解的主线。

情绪悬念，是预设在节目流程中的小悬念，或者是情绪渲染，或者是花絮放大，或者是小情节嵌入，在主悬念之外点缀、铺垫、烘托，增加节目的可看性。电视综艺节目中，比赛类节目偏重于整体结构性的贯穿和设计，制造出一以贯之的悬念，即比赛的最终结果。而不少节目没有明显的结构性总体贯穿，但在节目策划制作中，巧妙设置若干情绪推进、情节推进的桥段，不断激发受众的兴趣。举个例子，《我是歌手》、《中国达人秀》等常规的歌唱竞技类节目的故事悬念，观众只用在欣赏的过程中等待最后的结果就行了，而《中国好声音》、《蒙面歌手》则是在故事悬念的基础上，加入了情绪化的悬念，在每个选手出现的时候都会营造悬念，无论是荣耀揭面还是导师转身，一期节目中有多次揭

---

① 参见张佩佩：《论悬念在电视综艺节目中的运用》，《东南传播》2012 年第 1 期。

晓时刻，高潮不断。

其次是通过时空重组制造悬念。大多数综艺类节目都是录播，除了编剧在前期构成案和拍摄过程中制造悬念外，后期"神剪辑"也是制造悬念的一大利器，电视剪辑就是一个在后期可以加以突出的悬念制造手段。比如《花儿与少年》第 2 季中，男女艺人之间的"矛盾"在预告片里无限放大，通过剪辑将矛盾激化。这样的方式在现在的综艺节目中基本都有用到，再以当年《中国好声音》第 1 季第 1 期节目为例，从最后一个选手上场到节目结束一共 10 分 55 秒。节目大致分为选手外景介绍 VCR、选手唱歌、导师与选手互动三个板块。这个选手刚出场的时候，并没有给出选手的正面，很多镜头拍摄选手的手、背面等。在开场 VCR 的故事里，通过剪辑创造出悬念，观众和节目中的导师都不知道这个选手的容貌，而由于前面的 9 位选手已经吊足了观众的胃口，所以观众对这个选手会很有期待，期待看清这个人的庐山真面目。选手开始唱歌，观众被选手的容貌震惊，而节目中的导师还不知道。观众此时最期待的就是看到导师转过身来的表情动作，这个比任何唱歌都要吸引人。在《如果爱》的节目中，每一期几乎都有类似悬念手法的运用，第 2 期中李光洙、熊黛林能否顺利完成无人岛之行，捕鱼、打椰子、做饭等项目剪辑到一起悬念扣人心弦，通过剪辑，将一个自然发生的过程变成一个充满未知、吊足观众胃口的故事片段，不断制造兴奋点、兴趣点。

再次是利用字幕等视频包装来设置悬念。综艺节目的屏幕下方，大都有一行飞播字幕，抛出悬念，或预报接下来节目的热点。比如在《如果爱》第 1 季中，柳岩、灿盛在韩国南山塔比赛的时候，利用字幕的形式营造悬疑的气氛，不断烘托谁能获胜。第 2 季第 11 期中，一对年轻艺人来到异国，接待他们的是当地市长，通过字幕的形式突出惊讶感。第 7 期中,钟丽缇出场戴上面具化身歌者给张伦硕的父母惊喜,还有第 11 期李光洙、熊黛林在泰国苏梅岛能否完成任务,这些都通过字幕的形式予以加强,突出悬念感。

最后是利用声画艺术来实现悬念。电视同电影一样是声画艺术,那么电影艺术中用来设置悬念的一切手段都可以用在电视节目中让其发挥作用,比如音乐、灯光、运动镜头等。《我是歌手》中,每位个歌手在出场之前都会利用灯光将人先"隐藏"起来,甚至后期再给镜头的时候故意不给正面,让观众来猜。例如《如果爱》第 2 季的第 3 期节目中,钟丽缇的好友应采儿出场之前通过声音和画面进行预告和铺垫,达到很好的效果。

当然,悬念作为一种结构节目和包装节目的有力技巧,要恰如其分地使用,不能破坏节目的内容呈现。悬念仅仅是形式,节目如果一味追求猎奇、一味追求手法的炫酷,损害内容本身,就会得不偿失。

2. 设计游戏规则

小说、电影、戏剧、新闻,无一不是在讲故事,观众对故事的渴求是无止境的。选"好"故事和讲"好"故事,几乎是所有文化产品的杀手锏,也是文化产品的共性,那么真人秀的独特性在哪里呢?

在金凯瑞的经典之作《楚门的世界》(*The Truman Show*)中,金凯瑞饰演的楚门从出生就是一场真人秀,他生活的环境其实是一个巨大的录影棚,有 5000 多部摄像机在拍摄楚门的生活并在电视台直播,而他本人对此并不知情。这是一个真实又虚拟的世界:说它真实,是因为它跟人生活的社会一样,从汽车到马路,再到日出日落、电闪雷鸣;说它虚拟,是因为这一切都是被操控的,楚门的身边所有的人都是演员,包括父母、妻子、好友,连台词也是编剧安排好的,全世界通过镜头看着楚门的成长、生活和爱情。

在楚门冲破这个录影棚时，他和这一切的创造者有这样一场对话：

楚门："什么都是假的。"

创造者："你是真的。外面的世界，跟我给你的世界一样的虚假，有一样的谎言，一样的欺诈，但在我的世界里，你什么都不用怕。"

在真实和虚假之间，楚门活在全世界观众的眼中，出生、上学、恋爱等都是呈现在屏幕上的节目，也正是在真与假之间，电影产生了震撼的力量。

回过头来看真人秀，真人秀是由真实的人（非演员或者还原成普通人的演员）按照预定的游戏规则在规定的情景中完成的规定行为。身份、场景、过程真实是前提，人物主角只是按照既定规则完成综艺游戏，电视记录的是特定虚拟空间中的真实故事，记录的是人物在导演安排的规则下推进的真实反应，这就是真人秀区别于其他节目的特质。显然，规则在前，表现在后。"真"是它的特色，它是人物的自然的反应，而不是戏剧化的表演，它的手段是电视纪实，数十台摄像机全程记录，是为了不遗漏每一个细节，是为了把一些普通人在一些普通状态下的生存状况，全部记录下来。如果没有"真"这一点保证，这就是一个戏剧性的节目，它就没法跟剧情片相比。剧情片可以比它的结构更精巧，节奏控制得更好。

"人"是节目的核心、根本。人性、人格化的纪实叙事是节目成功的根本。受众怀着窥探的欲望，去关注普通人的喜怒哀乐，观察他们在复杂环境下的真实反应，勾勒人物的人性人格风貌。如果一个节目看下来，里面的人、人性、人格没有凸显出来，没有被受众记住，没有产生感染力，这种节目的水准是有限的。

"秀"是指虚构和游戏。如果说人是它的核心，真是它的特色，秀就是它的手段，所有的真实必须通过虚拟的规则来完成。如果规则没有设计好，前面的人性、人格出不来，它的真实空间就得不到展现。这三个环节是环环相扣的。

真人秀有三个特征：纪实性、冲突性、游戏性。纪实性的内涵一目了然，即真实地记录整个过程。在一档真人秀节目中，冲突性和游戏性是相辅相成的。

下面先看看韩国经典真人秀《幸福株式会社》是怎么设计规则的。《幸福株式会社》的基本规则是每期节目都邀请两位明星，分别给他们每人一万韩元，他们要用这笔钱度过一个星期的时间，最后谁剩下的钱多则为胜者。其中有一个环节是这样的：两对明星分组游戏对抗，胜利的一方，可以有权利选择是否与对方交换余额，这是给胜利者的权利。如果规则仅仅到这里，只能算合格。

值得学习的是它往前又走了一步，巧妙设计交换金额的时间点：此时双方的余额是互相保密，观众也并不知情，因此这是带有一定风险性的尝试，可能成功地换得较多的余额，也可能几天的努力都为对方作贡献了。在这一个规则中，首先是有胜负的对抗，其次是胜者反而有可能葬送自己的努力。节目的悬念感是一环扣一环的，观众自然舍不得换台。

第一，游戏规则凸显人物性格。当前电视荧屏，无论是游戏竞技类节目还是其他各种探险、恋爱、医疗、旅行类节目，都离不开游戏，游戏是整个真人秀节目的核心，因为真人秀本身就是一个大的游戏规则，在其中划分成不同的小游戏规则，游戏设计得好观众看得尽兴，游戏设计得不好则会被观众吐槽，而一帮参加节目的明星要想真正"解放天性"，必须靠游戏来凸显每个人的性格，让节目更加丰富多彩。

首先，强化人物性格特点，使其具有典型性。典型化的最大好处是令人物的个性丰满而鲜明，更容易让受众找到解读人物的坐标。而在设计典型化的过程中，编剧比较注重反差的效果，这恰好是对人类"对立"规律的利用，例如肌肉发达的男生其实是一个头脑简单的人，娇柔的美女私底下其实是个女汉子等，观众则非常容易被"反差"吸引，经常因为这种反差出现"路转粉"（从漠不关心变成喜欢该明星）甚至"黑转粉"（从讨厌变成喜欢该明星），这就类似于越不想让你知道你偏要知道的道理。因此，"标签化"处理以使其特征明显、个性突出，反差化处理以使其丰富丰满、完整，又使每个人独树一帜。他们之间碰撞而出的火花，大大增强了节目的趣味性。

以韩国综艺节目《跑男》为例，刘在石，"背叛者"李光洙、Gary和宋智孝组成的周一情侣、力量的代表金钟国、弱者池石镇等，每个人都在团队里起到不同的作用。

《如果爱》早在嘉宾甄选阶段，就注重对人物性格的了解，让不同性格的嘉宾在一起碰撞出火花。总制片人崔妮带领着团队进行了大量的分析和调研工作："我们在甄选节目嘉宾时有一些标准。当然，首先，他/她要是单身；其次，我们看重嘉宾的性格特征，是否适合上真人秀节目，我们会通过各种视频资料或者一对一地见面来细致地了解他们平日的谈吐和言行举止。"

在《如果爱》第2季第1期节目中，有情侣单独任务、6人一起比拼任务，有肢体接触较多的拍照游戏，也有靠智慧取胜的线索任务，还有凭体力完成的水枪和运水桶任务，每一项考验的技能都不一样，其中情侣任务中可以看到与自身"萝莉"形象完全相反的"女汉子"，有一身健硕肌肉但其实性格很二很可爱的张伦硕，以及诞生超有默契的人鱼"情侣"，这些都是通过游戏过程当中一点点展现出来的，而这些也是明星们性格真实的体现。在武汉录制的"情侣"运动会，李光洙投篮时的沉着冷静,"撒娇女王"熊黛林变身拼命三郎等,都是平时完全看不到的情景,还有最有默契和讲究技巧的钟丽缇、张伦硕,通过游戏让观众们更加了解他们真实的性格。其实,摄制组无论是第1期的游戏设置,还是运动会的比拼项目,都是通过对嘉宾们性格详细了解之后才设计的,在充分了解嘉宾的人物性格后,设计一些针对性的游戏,比如说张伦硕在第1期节目中掰苹果的小才艺,出现了强烈的反差,笑点十足。

第二,游戏规则需要释放创意。"撕名牌"、"水枪射名牌"、"越狱"、"指压板"等大多数游戏是富有创意的设计。当然,这种创意要因地制宜,要能激发出受众主体的参与兴趣。细节要妥善处理,既充分考虑设计的新奇感,也要符合国内观众审美趣味,尽量让观众感同身受。譬如《跑男》在指压板比赛中加入了广场舞,弹射椅比赛中的春饼,伴奏的洗脑神曲《小苹果》,老鹰捉小鸡,麻将游戏都具有中国本土的元素。当中国团队有了一定的游戏创意能力,那么创意来源也成为一个问题。到底他们都是怎么设计、出台一个游戏环节的?

真人秀《挑战者联盟》第1期让嘉宾体验出租车司机,《挑战者联盟》制片人鲍朔调研了出租车司机行业后,发现要想当出租汽车司机必须要先考汽车驾驶执照,然后取得出租车从业资格认证。所以就把这两个步骤做成了一个游戏的环节,分为笔试和路考两个部分。这是从实际调研出发获得的经验,此外游戏制作人也需要从身边找灵感。《跑男》的打地鼠项目源于游乐场,游戏还会到侦探小说、极限运动、民间游戏甚至历史资料中找灵感。随着真人秀飞速发展,游戏设置也相对理性一些,这些节目不是凭空拍脑袋想出来的,而是更多基于市场的需求进行的设计。

以《如果爱》为例,虽然是一档明星恋爱类节目,按常理来说应该是两个人浪漫唯美地谈场恋爱就可以了,这样的方式适合两个人的私人空间，当 6 位明星都聚集到一起的时候，玩游戏是培养感情和默契的最好时机。

必须指出的是，《如果爱》对于游戏环节在节目中的呈现一直都是持很谨慎的态度，不是为了游戏而游戏，更不是为了充实节目时长而游戏，游戏只是实现节目效果的一种手段。两个人关系的不同阶段，根据关系的亲密度，所适合的游戏类型也是不一样，比如有相关研究显示，两人初次约会选择刺激性强、带危险性质的娱乐活动会比类似看电影这样的静态活动，更加能够推进两个人的亲密度。

《如果爱Ⅱ》7 月 2 日分钟收视率 % 走势

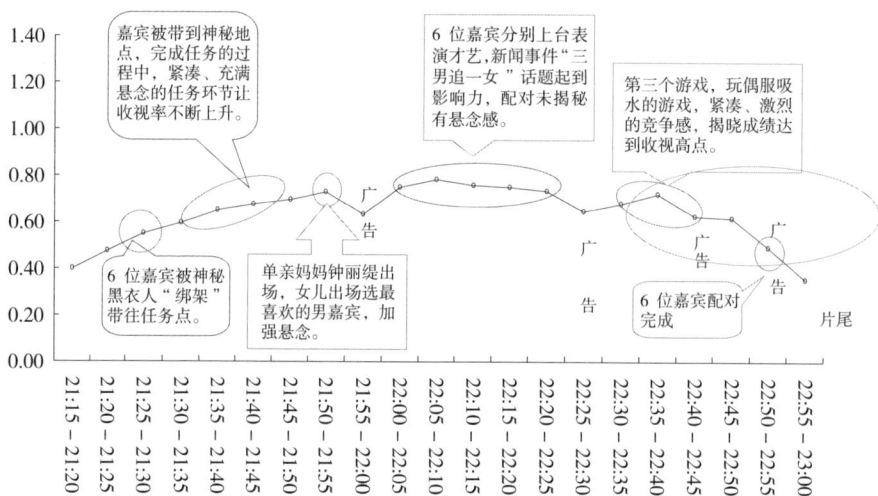

图 5-10 《如果爱Ⅱ》7 月 2 日分钟收视率走势（%）

以第 1 期节目为例，游戏环节一直贯穿始终的是简单的"翻杂志游戏"、"水桶大战"、"情侣照片"、"三角锥足球"、"蛋糕接力赛"等，游戏都是节目组根据两个人处于初识阶段，在参考了数百个游戏后挑选出来的。这几个游戏均侧重于成员之间的协作性，在轻松活泼的游戏过程中，嘉宾们增进了彼此的了解，考察了彼此的默契度，也许正是在游戏过程中某个瞬间，在互相帮助的过程中，擦出了爱情的火花。这样经过精心策划的游戏，不仅增加了节目的可看性，同时也让收视率持续走高。

3. 营造戏剧冲突

第一，性格冲突。与传统的综艺娱乐节目不同，如今的综艺娱乐节目不再遵循时间顺序或者事件发生顺序，为了使节目呈现出紧凑的情节演进，激烈的戏剧冲突，其素材的剪辑开始参照纪录片式剪辑手法，按照节目情绪线索来剪辑，浓缩了最精彩、最戏剧性的故事。在《如果爱》第 2 季中，冲突也无处不在：首先，有明星与环境之间的冲突，李光洙在韩国武术馆与武术演员"正面交锋"，范世錡意外受伤能否坚持完成约会？怕坐缆车恐高的李光洙，坐高空滑索和玩迪斯尼的游戏项目能否克服内心恐惧等都是冲突点。其次，人与人之间的冲突。在 7 月 23 日那期节目，男女主角在从节目现场约会回去的车上，因聊天中产生误会和矛盾，无声的"硝烟"就此展开，收视率上升明显。当然，正

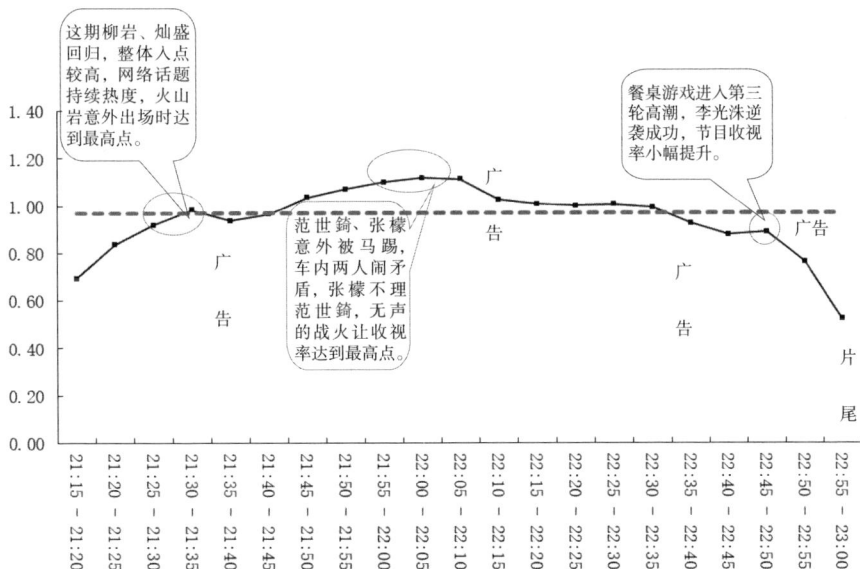

图 5–11 《如果爱Ⅱ》7 月 23 日分钟收视率走势（%）

如总导演崔妮所说,《如果爱》中戏剧冲突的设计不是为了搏眼球的狗血剧情,"我们只有一个目的,那就是是否有助于推进两人的情感发展。我们更重视真实自然的情感流露,感情的循序渐进"。

第二,欲望冲突。英国电影理论家卡斯蒂在他的《电影的戏剧艺术》一书中说,冲突就是欲望,没有欲望,就没有形成对立的冲动,而没有对立,就谈不到戏剧表演中的动作。对创作者和观众来说,所需要的都是怀有欲望、处于对立状态、被卷入制造紧张和解决这些欲望与对立的冲突之中的人。由此可见,欲望是形成人与人之间冲突的重要原因。当某个人"希望得到什么而得不到的时候",甚至"处于某种强烈的欲望而欲罢不能的时候",一种激烈的冲突便产生了。

比如《今天不烦恼》1月8日当期的节目,本期节目一共4个让人烦恼的故事,第一、二段收视冲高能力较好;第三、四段节目收视冲高能力较弱,受广告口影响较大,节目收视下滑较明显;其中,第二个故事中,烦恼当事人和烦恼陈述人现场冲突较为明显,收视走势上升明显,在这个故事中妈妈说出自己的烦恼,儿子每天只跟自己的马在一起,不照顾媳妇、儿子,一点也不顾家,心思全部放在自己的爱好上,儿子出场后矛盾并未减退,现场火药味十足,收视率冲高明显(参见图5-12)。

在12月18日当期的节目中,第一、二段故事精彩度与收视率走向成正比,第一个故事中,烦恼当事人是一名学生,他出场控诉自己的父亲太过严格,让观众唏嘘一片;但当这位爸爸出场讲明自己为什么这么严格后,现场剧情180度大反转,父亲获得儿子的理解,这个时候收视曲线上有很明显的波动;第二个故事中,老公控诉老婆是"猫奴",家里养了上千只猫,不仅猫砂和猫粮一车一车地往家买,就连家里的婚房都是一层楼给猫住,一层楼自己住,而且老婆的心思和精力全都花在猫的身上。这个故事本身戏剧性和故事性都很强,播放的 VCR 小短片,

《今天不烦恼》1月8日分钟收视率％走势

烦恼一：眼里不容一粒沙
男友过度洁癖，"控诉人"上场控诉，
举出生活中男友洁癖的小例子。
"被控诉人"上场自我介绍，上台展示
他平时包里装的清洁用品，以及生活用
品，讨论他在生活中过于洁癖的行为。

主持人
出场，
嘉宾介
绍规则

烦恼二：分手吧，伊丽莎白
主持人读烦恼信：儿子自和伊丽莎白在一起，不照顾媳妇、孙子，不顾家。
"控诉人"上场：VCR展示儿子与伊丽莎白（马），妈妈讲儿子骑马遇到的
危险事，现场嘉宾对应不应该骑马进行激烈辩论。

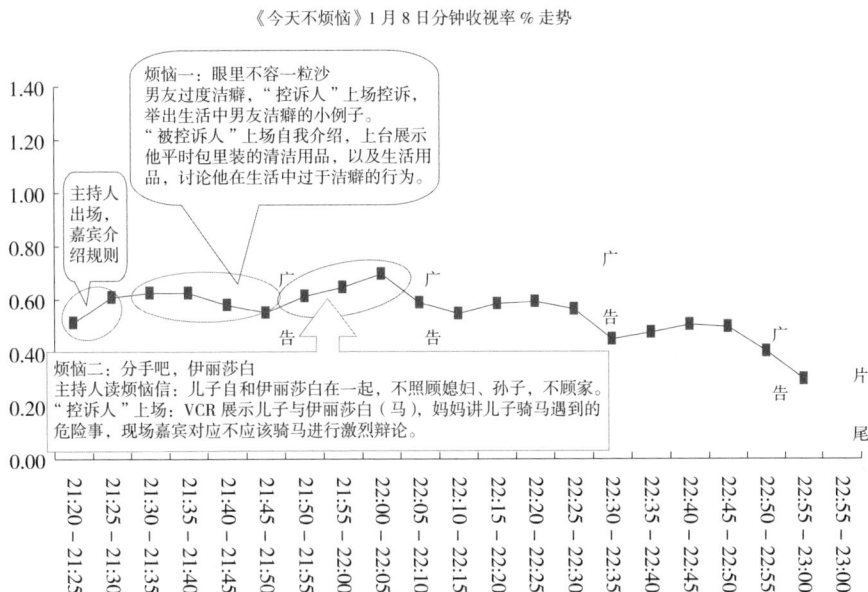

图 5–12 《今天不烦恼》1 月 8 日分钟收视率走势图

讲述了家里猫猫们的日常生活，可看性和矛盾性都很强，收视率直线上

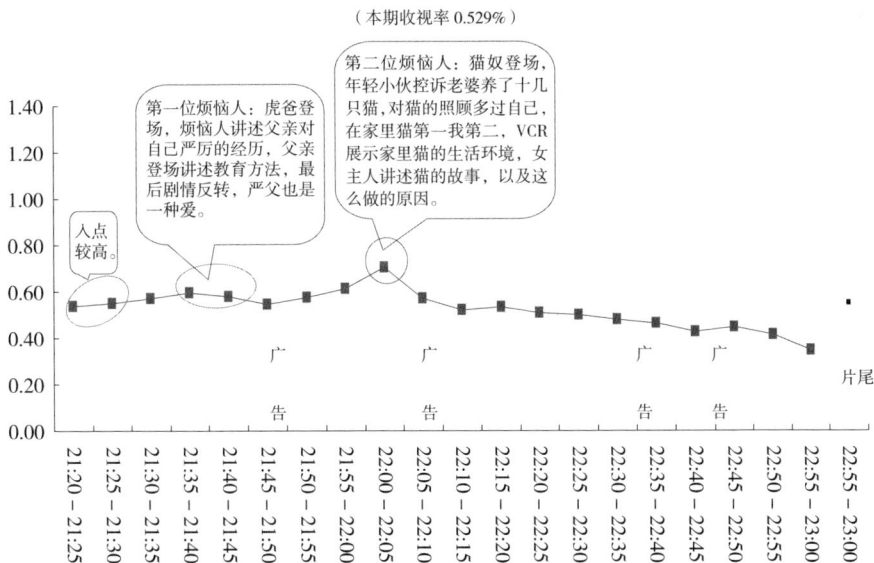

升（参见图 5–13）。

（本期收视率 0.529%）

第一位烦恼人：虎爸登
场，烦恼人讲述父亲对
自己严厉的经历，父亲
登场讲述教育方法，最
后剧情反转，严父也是
一种爱。

第二位烦恼人：猫奴登场，
年轻小伙控诉老婆养了十几
只猫，对猫的照顾多过自己，
在家里猫第一我第二，VCR
展示家里猫的生活环境，女
主人讲述猫的故事，以及这
么做的原因。

入点
较高。

图 5–13 《今天不烦恼》12 月 18 日分钟收视率走势图

4. 观众存量影响全期表现

一档节目的收视率入点，相当于观众存量，在节目收视中尤为重要。我们发现，开场前 3 分钟收视率表现会对整期节目收视率表现影响很大。

首先，将《如果爱》收视率过 1 的 3 期节目（分别是第 3 期 1.018、第 8 期 1.015、第 9 期 1.098）和收视率没过 1 的 3 期节目（分别是第 1 期 0.666、第 10 期 0.856、第 12 期 0.91）做一个对比分析，截取他们的前 15 分钟收视率走高比例，我们发现，收视率过 1 的节目开场收视率普遍要高，也就是说入点高和节目收视率高是正相关的关系。

《如果爱Ⅱ》开场收视率走势图（部分期数）

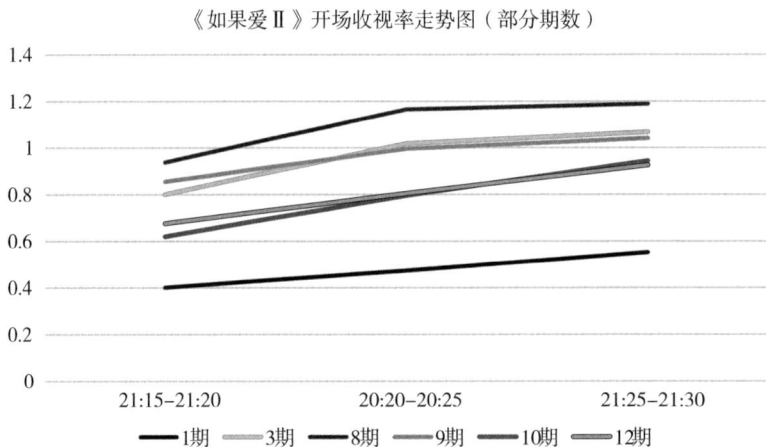

图 5-14 《如果爱Ⅱ》开场收视率走势图（部分期数）

其次，节目内容的编排对收视率也有一定的影响。例如，第 3 期将张伦硕、钟丽缇会见神秘友人应采儿放在开头，很好地吊足了观众的胃口，收视率提升明显；第 8 期恰逢中国传统的节日"七夕节"，将李光洙、熊黛林这对跨国情侣放在开头，把拍爱情主题的杂志作为切入点（参见图 5-15）。

(本期收视 1.105%，排名 1)

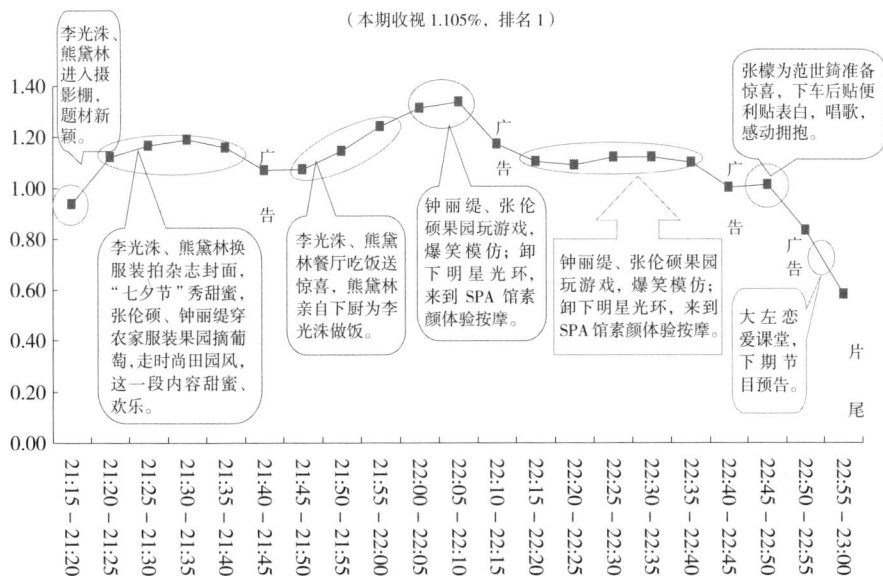

图 5-15 《如果爱Ⅱ》8 月 20 日分钟收视率走势图

第 6 期（8 月 6 日）播出时正是暑假期间，节目组将钟丽缇、张伦硕陪孩子们去广州长隆野生动物园的场景放在开头，很好地吸引了家庭群体，收视率攀升很快（参见图 5-16）。

(本期收视率：1.07%，排名：1)

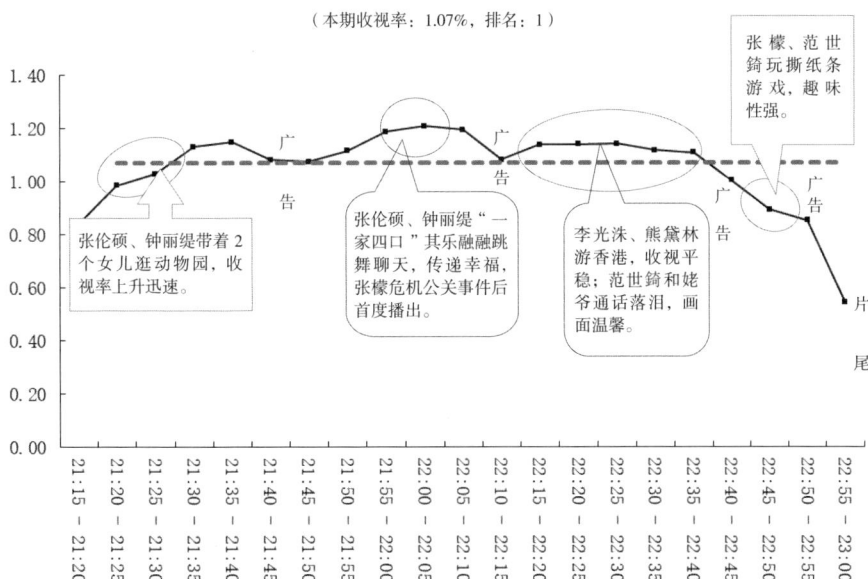

图 5-16 《如果爱Ⅱ》8 月 6 日分钟收视率走势图

5. 观众兴趣的挖掘与捕捉

著名传播学者卡茨首次提出"使用与满足"理论，将受众在传播过程中的地位提升至主动位置。在此之前，研究效果主要是从传播者的角度出发，考察媒体是否达到了预期目的或者对受众产生了什么影响，而"使用与满足"研究则是从受众角度出发，通过分析受众的媒介接触动机以及这些接触满足了他们的什么需求，来考察文化产品给人们带来的心理和行为上的效用，该理论站在受众的立场上，强调受众的能动性，突出受众的地位。

任何一档节目的成功都离不开对受众心理需求的满足，在这里我们简单回顾一下两档节目背后的心理诉求。《超级女声》让受众第一次拥有了改变赛事结果的权利，短信投票的方式极大地提升了受众的参与感；《中国好声音》将节目包装成"声音是唯一的晋级标准"，以转椅的方式承载着节目形式的实现，明星放下身段争抢素人让受众大呼过瘾。

从真人秀的的内容呈现来看，明星在游戏规则和人物角色的设定下完成各种任务，在这个过程中，明星展现了很多不为人知的一面，窘态甚至是丑态频出，使得原本高高在上的偶像们一下子成为普通人，这极大地满足了受众的窥视欲望。

清华大学新闻与传播学院教授尹鸿曾经将真人秀三个字分拆后进行阐释，在真人秀节目中，他认为"真"是特色，"人"是核心，而"秀"是手段，三者是相辅相成的。笔者认为，"人"指的是节目中对人物的刻画，更是指节目的受众，通过内容紧紧抓住受众的心，满足人们的各种欲望。《如果爱》正是将原本属于私人领域的恋爱故事放置在公共空间，供给受众观看和消费。

真人秀节目是一种文化产品，观众选择节目的过程即是一种文化消费的过程。在收看的过程中，观众需要一种情感上的满足，或感动或开心或治愈，这种满足感会促进观众的收看行为。在文化产品匮乏的年代，"我们生产什么，观众就看什么"，而现在是"观众需要什么，我们就生产什么"，观众从被动接受到主动选择，这已经是客观现实。

柳岩和灿盛是第 1 季中人气最高的明星"情侣"，作为一对跨国组合，两人克服了语言障碍和文化差异，完整地为我们展现了从相识、相知到相爱的过程。从备受非议的"姐弟恋"，到暖男遇上温柔女人，一路感情升级到灿盛回柳岩家乡见"岳父岳母"，一段磕磕碰碰却又温馨浪漫的故事成为粉丝们津津乐道的恋爱范本。"火山岩夫妇"毫无悬念成为第 2 季节目中"观众最希望返场的组合"。

《如果爱》栏目组以做"产品"的思维做节目，主动满足观众的需求，为观众圆梦，多方努力下促成了柳岩和灿盛的惊喜回归。消息发布后，网络媒体上关于柳岩和灿盛回归的话题在 12 小时内的关注度已经突破 4000 万人次，而相关话题"柳岩、灿盛回归如果爱"更是一小时内迅速登顶微博话题榜首，并持续挂在 24 小时话题榜。

节目组选择在节目的第 4 期让火山岩组合作为"助攻嘉宾"惊喜返场，与第 2 季中的"光林组合"（李光洙和熊黛林）组成的进行一场情侣 PK 大赛也是一番原因。李光洙和熊黛林跟第 1 季中的柳岩和灿盛面临着相似的问题：语言沟通和文化差异，但是柳岩和灿盛完美的结局正是李光洙和熊黛林下一步发展的模板，也暗示着他们也会有一个甜蜜的结局。这两对组合在街边的卡拉 OK 比赛在大排档的温馨会餐，令节目甜蜜指数直线上升。在"柳岩、灿盛回归"的环节，收视率一路冲高（具体数据参见图 5–17）

(本期收视率：0.97%，排名：2)

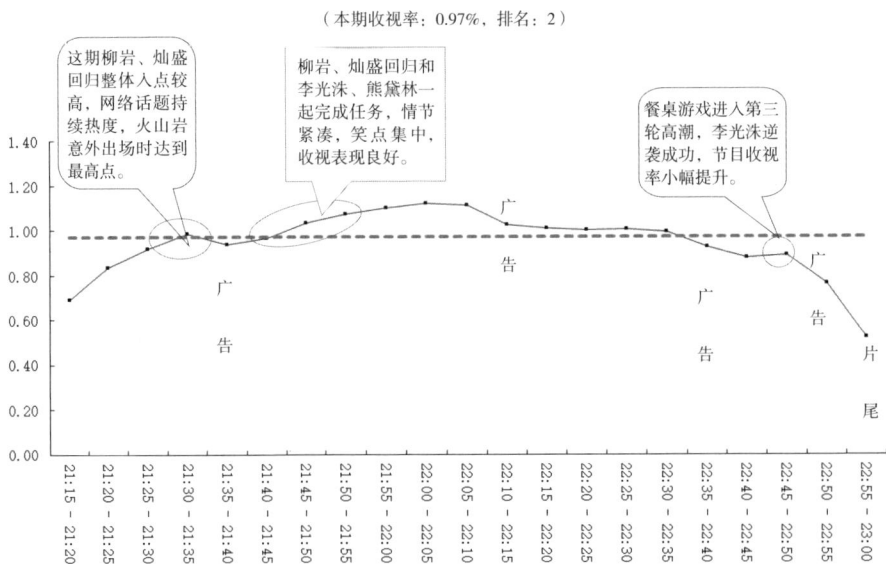

图5-17 《如果爱Ⅱ》7月23日分钟收视率走势图

四、宏观层面：树立"产品"思维

议程设置理论认为，大众传播具有一种形成社会"议事日程"的功能，传播媒介以赋予各种议题不同程度"显著性"的方式，影响着公众瞩目的焦点和对社会环境的认知，也就是说，传媒的新闻报道和信息传达活动以赋予各种议题不同程度的显著性的方式，影响着人们的对周围世界的大事及重要性的判断。

简言之，这项重要而简明的研究清楚地证实了，在媒介报道和人们对公共议题的排序之间存在着重要的关系。美国学者伯纳德·科恩指出："新闻媒体远远不止是信息和观点的传播者。也许在多数时候，它在使人们怎样想这一点较难奏效，但在使受众想什么上十分有效。"[1]

---

[1] [美] 巴兰（Raran S.J.）：《大众传播理论》，曹书乐译，清华大学出版社2004年版，第307页。

　　中国处于一个由熟人社会向陌生人社会过渡的时代，人们生活的交集越来越小，共同话题也越来越少，你我并不相识，我们在一起谈论的话题可能就是媒体聚焦的话题，如"昨晚播出的节目"、最近发生的事件等。

　　信息匮乏的年代，媒体只需要做好内容，便可占据相应的市场份额；而信息过剩的年代，优质的内容只是抢占份额的必要条件而非充分条件。在市场充分竞争的领域，"叫好不叫座"的现象屡见不鲜，综艺节目也是如此，很多卫视推出的节目无论从品相还是创意上都很难挑出问题，但达不到预期效果。

　　作为一档明星恋爱真人秀的节目，《如果爱》所面临的挑战决不仅仅是"节目本身做好"，还得完成商业推广布局，而能否有效地为受众设置议程是其成果大小的重要标志。当我们随意地走进一条街道，进入一个社区，都可以听见大家在说"光洙欧巴好帅"，不用收视率做背书，节目必定是处于大火状态。所以说，如何保持"话题热度"就成为节目内容之后的重头戏。

　　《如果爱》以"明星话题带动关注"和"社会话题提升节目口碑"两大核心策略进行了重大事件的推广排期表，这些在收视率上都有所体现（参见图5-18）。

　　在具体执行上，如何将这些话题成功的推送出去，取得预期的效果，是节目组思考的问题。为此节目组采取的是"大众传播＋个人传播"相结合的方式，在大众传播的渠道上，有像新浪、腾讯、搜狐这样的门户网站，有爱奇艺、乐视、央视网这样的视频网站，也有像《南方都市报》、《南昌晚报》等这样主流的传统纸媒。

　　《如果爱》第2、12期大结局前夕，网络上有传言，张伦硕为圆钟丽缇婚纱梦，特为其准备好婚纱，并拍摄婚纱照，一直有传闻两人早已

重点事件推广排期

重点事件打造	三男追一女事件 3+X 元素事件	柳岩、灿盛回归事件 张檬危机公关事件	张伦硕、钟丽缇婚纱事件 光临渐入佳境事件
新媒体话题配合	李光洙爱考拉	柳岩、灿盛回归如果爱 张檬劈腿范世錡	张伦硕求婚钟丽缇 李光洙亲吻熊黛林
线上内容支撑	常规门户稿件、社区论坛稿件、微博红人大号	常规门户稿件、社区论坛 稿件、物料匹配	常规门户稿件、社区论坛稿件、物料匹配

图 5–18　《如果爱》节目重大事件推广排期图

因节目结缘在一起了，此次拍摄婚纱照可是好事将近呢？在这一点上，节目组采取大号发布——话题上榜——门户推送的宣传策略，从当天的收视率上可以看到该话题热度不减，收视表现良好。

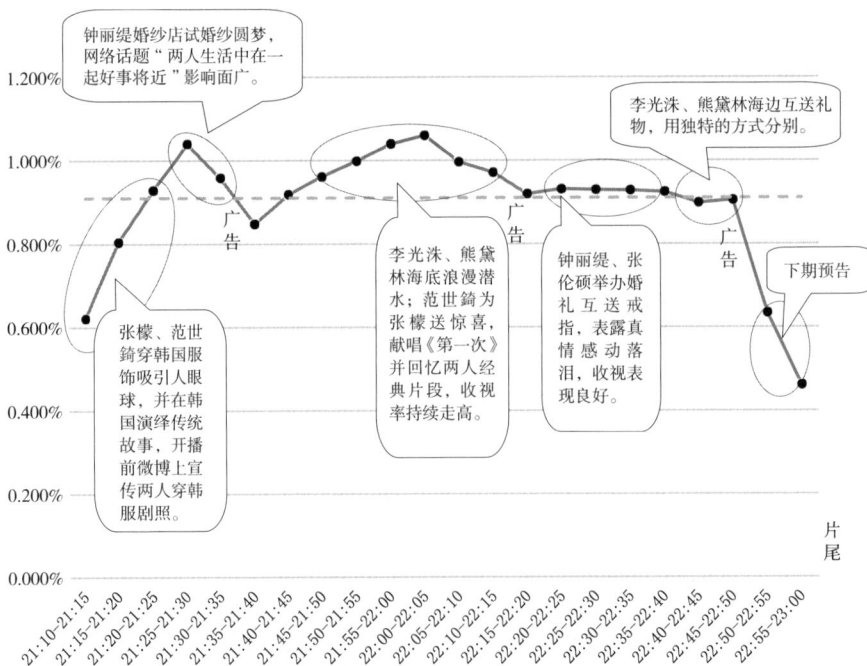

图 5–19　《如果爱Ⅱ》9 月 24 日分钟收视率走势图

在真人秀节目播出中，难免有些负面消息爆出。作为节目内容制作方和运营方，节目组必须采取措施，维护好品牌形象。首先是借助热度，提升知名度。著名的诺贝尔奖获得者西蒙在对当今经济发展趋势进行预测时指出，随着信息的发展，有价值的不是信息，而是注意力。这种观点被形象地描述为注意力经济，也被称为"眼球经济"，只有大众对产品注意了，才有可能成为消费者；而吸引大众的注意力重要的手段之一，就是视觉上的争夺。网络对于公众人物的感情隐私的发酵速度是非常快的，关键词为"负面"、"劲爆"的信息更是如此。遇有负面信息，节目组不能一味地堵塞消息来源和渠道，而是顺势引导消息向理性的方向发展，传递正能量。通过支持方和反对方形成论战，彰显正确价值观的同时，又扩大节目的影响。其次是转移焦点：及时澄清事实，提供权威信息。在危机公关中，需要采取措施重新夺回舆论控制权，节目组应适时地在门户网站上发布信息，牢牢掌握信息发布主动权，在舆情出现反复时，及时地提供全面真实的情况。

1. 传统纸媒的运用

在产品稀缺的时代，打造好产品本身即可，无须考虑市场销路，但是随着产品充裕和渠道垄断被粉碎，"酒香还怕巷子深"的时代就来临了。作为以生产内容为主的电视台，节目的营销推广在工作中占据的权重并不高，但随着媒介环境的变化和经营理念的重构，"节目即产品"的思维渐渐深入人心，营销的权重越来越大。

通过游戏规则和戏剧冲突的设计，讲好一个故事，是内容制作环节的核心，经过这样的锻造之后，节目犹如准备出厂的优良产品，亟须打开市场知名度，为产品增加更多的附加值，其中树立良好的节目口碑尤为重要。

纸质媒体的发行量连年下滑是不争的事实，但首先，数百年的印刷文化所留下的"白纸黑字"的威力依然强大，纸质媒体的权威性和可信性依然高于网络媒体；其次，不少纸质媒体已经完成或正在构建"两微一端"即微信、微博、APP客户端的布局，通过互联网向广大受众发声。基于上述考虑，节目组认为纸质媒体对于树立节目品牌形象和打造良好的节目口碑依然有着不可替代的作用。（参见图5-20）

图5-20　部分纸质媒体对《如果爱Ⅱ》进行报道情况

因此，在媒体选择上，该节目纸质媒体的宣传范围不仅覆盖了北京、上海、广州、深圳等全国一线城市，还包括了重庆、成都等数十个重点收视城市。从节目在全国各地的收视数据来看，也侧面地佐证了这种地毯式轰炸的宣传报道方式的有效性（参见图5-21）。

2. 全媒体打通多屏收看

电视节目的传播渠道以前主要依赖于广电网络，但随着互联网技术的发展和政策的放开，使得OTT（Over The Top 通过互联网向用户提供各种应用服务）开始流行起来，公司通过互联网向用户提供包括节目在内的各种服务，颠覆了原有的单一的传播渠道，这是一种破坏式的创新，其破坏威力极为强大，电视台如果在原有的理念和框架下修修补补

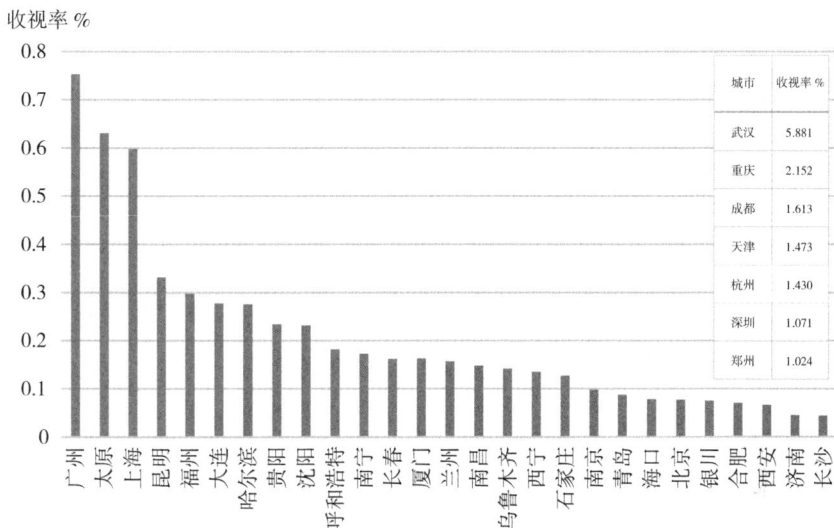

城市	收视率 %
武汉	5.881
重庆	2.152
成都	1.613
天津	1.473
杭州	1.430
深圳	1.071
郑州	1.024

图 5–21　《如果爱Ⅱ》在全国主要城市收视率

是于事无补的，只有破釜沉舟才能顺应这种创新。

　　近年来，通过互联网收看视频的用户量呈现着持续增长的趋势，从 2 亿用户增长至 4.3 亿用户，仅仅花费了 6 年时间（参见图 5–22）。

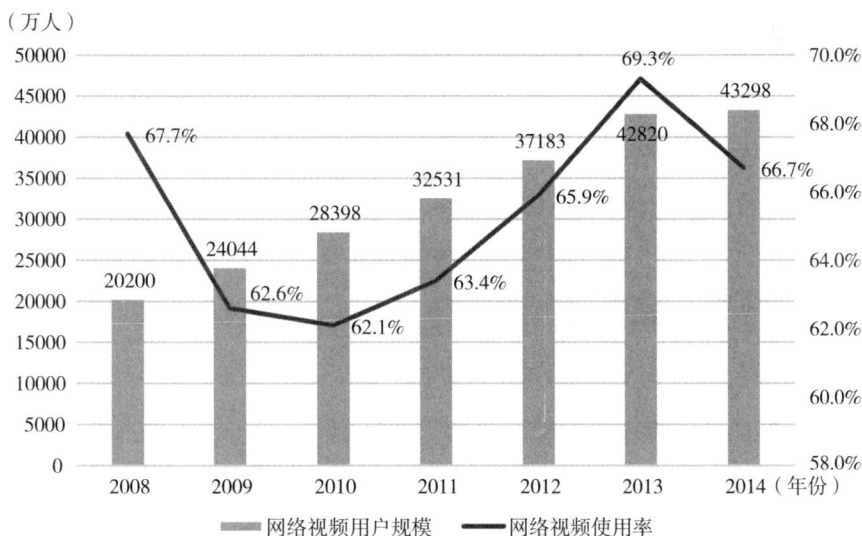

图 5–22　2008—2014 年中国网络视频用户规模及使用率

数据来源：中国互联网络信息中心。

网络的即时性和便捷性的特性，使得以爱奇艺、优酷等为代表的互联网视频内容提供商已成为人们收看节目的重要渠道，电视机、手机、平板和电脑的多屏互动已成气候，在这样的媒介环境下，保证真人秀节目在门户网站和视频网站上"能看到、好看到"就显得极为重要。

在《如果爱》节目制播期间，节目组始终将网络传播作为主要工作之一。播前网上有预发稿，播中有动态稿，播后有总结稿。各大门户和视频网站都有消息稿甚至广告发布（参见表5-2）。

与此同时，节目还向视频网站输出，在视频网站上同步播出。据不完全统计，《如果爱》第2季网上点击超过7亿人次，节目普及覆盖人群大幅增加，节目价值充分释放。

3. 互动方式：建立能动的传受关系

第一，大众传播和人际传播的双重推进。从结绳记事、狼烟烽火到飞鸽传书、驿站传信，再到电话通信、即时通信，变化的只是互动渠道，不变的是互动关系。马克思所说的人是一切社会关系的总和，揭示的就是人类互动和人的本质形成之间的关系。人们在互动中产生一系列社群关系，社交关系链条将分散的人聚合在一起，形成共同的行为规范，积累相似的爱好和需求。

《如果爱》如同一个聚合点，通过这个点，我们要将受众聚合在一起。通过大众传播渠道在初始阶段聚合注意力，通过全阶段的人际传播聚合情绪流，起到了显著的效果。

作为国内的第一档明星恋爱真人秀节目，《如果爱》在打开市场知名度的时候，高频次、大面积地运用了大众传播的渠道，在很多省市级的纸质媒体和互联网媒体的首页位置进行了宣传报道，成功地使得《如果爱》进入大众的视野范围内，有效地对潜在受众起到了"告知"的传

表 5-2 部分网站报道《如果爱》的新闻稿件情况统计表

日期	新浪					腾讯						搜狐			网易				新华					凤凰					湖北网台	荆楚网	中新网	酷狗	百度
	首页	头条	要闻	候首	移动端	迷首	首页	焦点图	头条	候首	移动端	首页	候首	移动端	首页	候首	移动端	焦点图	头条	要闻	候首	移动端	焦点图	焦点图	头条	要闻	候首	移动端	焦点图	焦点图	焦点图	焦点图	首页推荐
611发布会	1			3	2			1	1									1					1	1			1		1				
开播前										2																				1			
第1期	1	2		3	1			1		1	1	1	1	1		2	1			1	2	1				1	1						
第2期			2	2						2	2	2	2	2	2	1	1			2	2				1	1	2				1	1	
第3期		1	1	6	1					1	2		1		2	3	2			1	1				1		2						
第4期	1			2											1	1	1			1	1	2					1						
第5期	1			3									1		2	2				2		1					2						
第6期	1			1						1							1			1	1	1					1						
第7期				3		2	1													2	2						2					1	1
第8期				3		1				1											1						1						
第9期				1																2		1			1		1						
第10期				2						1			1								1												
第11期				3	1	1	1			1			1		1		1	1			4	5											
第12期				6	1					1								1			3	3											
第13期				1																													

播效果。

　　社交网络目前已经成为人们获得信息的最主要的渠道。在国内，微信和微博作为流量的超级入口，沉淀着大量的用户和内容。在真人秀节目的营销推广中，社交化网络自然是我们电视节目重视的一个领域（参见图5–23）。

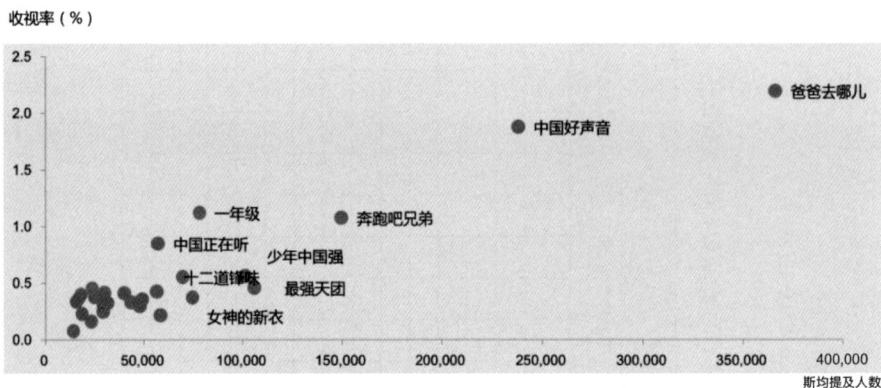

图5–23　2014年32档季播型真人秀节目

　　图5–23援引了CSM媒介研究与微博所提供的微博电视指数，该指数揭示了社交媒体互动影响着电视节目收视，在微博讨论热度的门槛值之上，节目的微博讨论量每增加1%，可能形成约0.1%的收视率增加，在微博上的讨论可以吸引观众回流从而提升节目收视。

　　第二，"意见领袖"引导二次传播。拉扎斯菲尔德"意见领袖"和"两级传播"的概念，在互联网背景下得到进一步验证。在真人秀节目中，利用"意见领袖"来实现"两级传播"基本是个标配。在日常生活中，受众通过大众媒体得知这个节目很火，但不一定会促发用户的收视行为，若此时，你的朋友或家人或名人告诉你"这个节目真好看"，你就很有可能去采取行动，或打开电视或在线观看。这个使得你改变态度的人就是"意见领袖"，意见领袖具有一定的权威性和代表性，他们首先从大众媒介上获取信息，辅以自己的见解，再将信息传给他人，从而对他人施加个人影响。

正因如此，在《如果爱》的整体营销方案中，除了开设节目的官方公众号和微博外，节目组请娱乐大号参与互动过程并转发评论，节目的明星嘉宾在个人微博中发布节目内容并且与粉丝进行互动。娱乐大号和明星微博有着大量的粉丝群体，起到了意见领袖的作用。

提供多种渠道，提升受众参与感，受众对节目的意见、对明星的态度都可以在这些渠道上得以表现，但是这并不代表制作方对话题点失去了控制权，通过事前精心设计好话题点，制作方可以引导受众去讨论。

图 5–24 微博段子手直发宣传

图 5–25 微博营销大号直发宣传

第 六 章

电视新闻评论的受众主体性构建路径

——以湖北卫视《长江新闻号》为例

一、互联网时代：观点新闻引领主体思考

"忽如一夜春风来，千树万树梨花开。"今天，当中国内地观众打开电视机时，会发现屏幕上的国际新闻节目，从 2012 年开始极大地丰富起来了。深圳卫视的《直播港澳台》、湖北卫视的《长江新闻号》、云南卫视的《新视野》、贵州卫视的《新闻延长线》、吉林卫视的《新闻纵贯线》、东方卫视的《子午线》、河北卫视的《观天下》、辽宁卫视的《说天下》等。这些节目各具形态，各有特色，争奇斗妍，洋洋洒洒，蔚为大观。

曾几何时，国际新闻节目只有中央电视台、凤凰卫视等资源大台才会涉猎。地方卫视台受资金、资源、人才等因素所限，对"高大上"的国际新闻望而却步。但是，随着全球化时代到来，特别是随着互联网应用的普及，地方卫视一改以前对国际新闻"无视"的态度，纷纷另辟蹊径，介入国际新闻报道，试图在激烈的新闻竞争中寻找到新的"卖

点"和收视增长点。而事实上，部分地方卫视的国际新闻栏目，已经成为他们扩大频道影响力、提升收视率的有力引擎。以深圳卫视的《直播港澳台》为例，据央视索福瑞提供的数字，从 2012—2015 年，该栏目在全国 35 个城市组（以下收视率数据均为 35 城市组数据）全年平均收视率稳定在 0.34 以上，其中 2012 年最高为 0.508，完全可以与综艺节目的收视率比肩。

国际新闻评论的快速兴起，实际上是为受众在浩如烟海的国际新闻中建构起主体性发育的机制。互联网时代，各种渠道获取国际新闻信息，相互矛盾、真假莫辨的情况时刻在发生，由于经济的全球化，新闻发生地虽然较远，但利益却与"我"密切相关，如何辨别是非真假，显得尤其重要，受众主体就会寻找一种能够帮助自己建立起自主判断信息价值的主体性构建的载体。地方卫视的国际新闻节目大量涌现，就成为必然了。中国传媒大学国际传播学院刘笑盈教授认为：当今国际新闻传播活动主要有三种形式，即国外新闻向本国的报道、国内新闻的对外报道以及国外新闻面向国际的报道。[①] 但是在过去很长时间里，新华社、中央电视台等中央媒体的国际新闻报道活动，都将主要精力放在了"国内新闻的对外报道"上，其主要价值诉求是"向世界说明中国"（如《人民日报》的海外版）。而随着全球化时代到来，观众全球化意识增强，他们越来越多地希望了解外面的世界，希望了解发生在美洲、欧洲、非洲和拉丁美洲的事情，将如何影响我们的生活，希望对国际政治、经济、文化领域的新变化、新发展有更深入的了解和更全面的把握，这为地方卫视做好国际新闻的本土化传播和用中国视角解读国际新闻，提供了广阔的舞台。而互联网应用的普及，以及它所带来的资讯传播的全球化、

---

① 参见《媒体时代》2012 年第 6 期。

即时化、扁平化，部分消除了地方卫视在第一时间获取国际新闻资讯的障碍。虽然有了这个基础，但仅仅是信息的平面传播，是很难吸引观众的，只有在信息海洋中树立起观点的桅杆，受众才能找到航标。

湖北卫视的《长江新闻号》创办于 2012 年 1 月 1 日，是湖北卫视精心策划的一档国际新闻时事评论节目。该栏目创办几年来，收视率稳居国内同类型节目前 5 名：2012 年，《长江新闻号》在国内同类型节目中收视率排名第 2 位；2013 年排名第 3 位；2014 年和 2015 年稳居第 5 位（参见表 6-1）。

表 6-1　湖北卫视《长江新闻号》收视率情况

年份	同类（国际新闻评论类）节目数量	同类（国际新闻评论类）节目中排名
2012	5	2
2013	9	3
2014	9	5
2015	8	5

数据来源：央视索福瑞。

由于该栏目在收视率方面的"爆炸性增长"（第一年收视率增长了400%），一度引起行业内部广泛关注，多家同行曾专题研究《长江新闻号》的节目特色，将它作为节目创新研究的样本。笔者认为，当时湖北卫视在省级卫视中尚属于一个成长型品牌，《长江新闻号》之所以能够超越它所依附的平台，在收视率和影响力方面进入全国卫视新闻栏目"第一方阵"，与它搭建意见平台、打造电视新闻评论态、孜孜探索电视新闻评论和受众主体性构建机制，有着密不可分的关系。特别是它秉承湖北广播电视台"中国心、世界观"的办台理念，以"强观点、精秘闻"作为节目核心价值追求，将"长江评论"作为节目的核心竞争力，从而找到了一条地方卫视国际新闻报道的差异化竞争之路。

二、观点时代：搭建意见平台丰富受众主体选择维度

新闻传播学者认为，新闻信息可以分为"事实信息"和"意见信息"两种。在新闻传播活动中，事实信息是传播的主流，占据着绝对主导地位，但是意见信息也有着不可忽视的地位。西方国家的媒体，对"意见"的表达，几乎与对"事实"的传播一样重视。在美国，国会开会、总统大选、法院开庭、召开听证会，电视台经常全程现场直播。其传播内容就本质而言，都是"意见"的表达，是观点信息的传播。清华大学新闻与传播学院教授史安斌对 2013 年美国电视新闻频道内容的统计研究表明："评论"主导新闻频道的势越来越明显。下面这张图表显示，除了美国有线电视新闻网（CNN，Cable News Network）的"报道"比例略超过"评论"之外，其他新闻频道的"评论"均超过"报道"。其中，福克斯电视台（Fox）的评论占比为 55%，以财经内容为主的微软全国广播公司节目（MSNBC），"评论"占比高达 85%。新闻频道变成了事实上的"评论频道"。①

反观国内，新闻媒体对新闻评论的重视程度，有一个渐进的认识过程。新中国成立后，报纸的新闻评论被视作同级党委和政府的意见，"规格"很高，但数量很少。"文化大革命"时期，新闻评论基本就是"两报一刊"的社论。改革开放后，报纸的评论有了一定的发展，但是仍然没有成为媒体的主流产品。直到 20 世纪 90 年代，随着都市类报纸

---

① 参见刘夏雨：《电视新闻评论节目对比调研报告》，中国知网 2013 年 4 月 15 日。

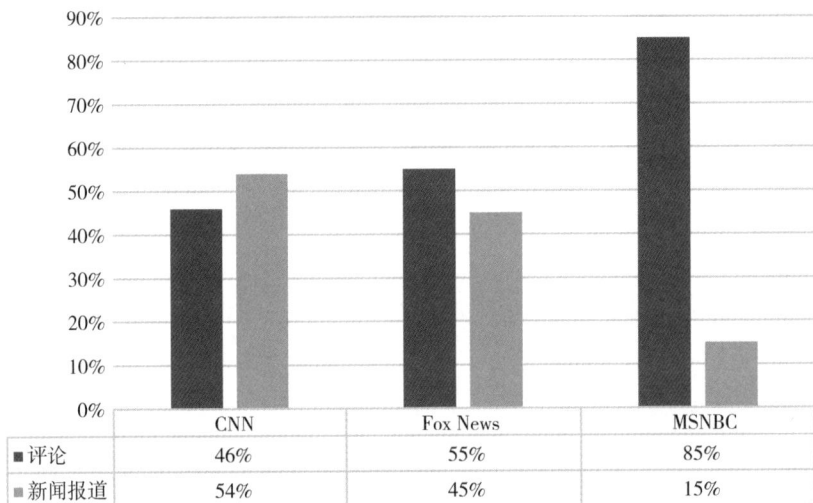

	CNN	Fox News	MSNBC
■评论	46%	55%	85%
■新闻报道	54%	45%	15%

图 6-1　美国几大新闻媒体报道和评论比例

兴起，一些都市报纷纷开辟时评版，新闻评论才开始被作为新闻传播内容"两翼"（新闻和意见）中的"一翼"，开始登堂入室并大放异彩。

与报纸评论相比，国内电视评论的起步更晚一些。1980 年 7 月 12 日，中央电视台述评性栏目《观察与思考》开播，这是国内第一档电视新闻评论节目。1993 年年底，中央电视台在《观察与思考》的基础上组建新闻评论部。随后，《焦点访谈》、《面对面》、《新闻调查》、《实话实说》、《东方时空》等电视评论节目陆续推出，引起省市电视台纷纷仿效，国内电视新闻评论由此进入发展期（从 1994—2003 年前）。2003 年，中央电视台新闻频道开播，随着《央视论坛》、《新闻1+1》、《今日观察》、《环球连线》等栏目的出现，国内电视评论节目的"评论态"更加突出。这一时期，不仅新闻评论的占比大幅增长，而且评论节目形态也大为丰富，呈现出电视评论的一片繁荣景象。①

----

① 参见何志武：《视听评论》，北京大学出版社 2013 年版，第 4—5 页。

新闻评论的崛起，同样是时代的产物。20 世纪中期以后，由于信息整理和传播技术的发展，人类开始进入"信息爆炸时代"。美国学者 H. 弗莱德里克做了一个推算，如果以公元元年人类掌握的信息量为 1，那么信息量的第一次倍增用了 1500 年，第二次倍增用了 250 年，第三次倍增用了 150 年，第四次倍增用了 50 年，到 1950 年人类社会信息量已经为 16。此后，信息倍增开始进一步加快，1960 年人类信息量为 32，1967 年为 64，1973 年为 128，1978 年为 256，1980 年代初为 512，1980 年代中期为 1024，1990 年代初达到 2048。如果以五年为周期计算，那么我们今天的信息在 70 年后会翻番为 100 万倍。① 在信息爆炸时代，信息不再是稀缺资源，解读和评论成为信息中的黄金、皇冠，成为吸引受众的强磁场。对新闻事实第一时间报道，固然是今天媒体的竞争利器，但仅仅满足于这一点，就失去了媒体的权威和影响力。对新闻事实解释权的争夺、对事件评论权的掌控往往成为媒体制胜的又一法宝甚至是最重要的法宝。从第一时间信息传递到第一时间现场报道，从第一时间的第一次目击到多维现场的多视角透视，"独家新闻"追求的不仅是新闻的"第一落点"，更是新闻的"第一评论"、"第一分析"。以先人一步的观点信息的传播获得先入为主的价值植入，以结构化的信息架构影响受众的主体性构建。在实践中，可以发现这样一个规律，先发信息确实具有价值上的先导优势，对不一致的后发信息会产生一定的排他和挤压。后发信息若想取代先发信息，不仅难度大而且效果也不很好。由此，新闻传播从信息竞争进入观点竞争，新闻竞争进入"观点时代"、"评论时代"。新闻节目如能适应这种变化趋势，一方面做到大事不缺位，另一方面抢抓"第一解释权"，就能在激烈的竞争中立于不败之地。

---

① 参见 ［美］霍华德·弗莱德里克：《全球传播与国际关体系》，转引自郭庆光：《传播学教程》，中国人民大学出版社 2001 年版，第 37 页。

　　2011 年年底，湖北卫视的《长江新闻号》尚处在调研、策划阶段。这时，一个问题就尖锐地摆在了栏目组策划班子面前：到底是将它做成一个"新闻时事节目"，还是做成一个"时事评论节目"？

　　如前文所述，全球化时代的到来和互联网应用的普及，拓宽了地方卫视的国际视野，正是由于敏锐地意识到了新的报道空间，湖北卫视将酝酿中的《长江新闻号》定位成一档"国际新闻"节目。但是与中央电视台、凤凰卫视等成熟大台相比，地方卫视做国际新闻节目，无疑面临着诸多"先天不足"：地方卫视很难派记者到一线采访国际新闻，其报道内容上主要依靠新华社、中央电视台供稿和门户新闻网站提供信源；由于不能到一线采访摄像，地方卫视也缺乏高质量的画面素材。因此，采访缺位、信源单一、时效性弱、话题类同，成为地方卫视国际新闻节目面临的共同难题。它既无法和中央电视台、凤凰卫视比拼对全球新闻热点的全覆盖，也无法和 24 小时滚动播报的新闻频道和门户网站比拼新闻时效性。换言之，地方卫视在国际新闻"信息竞争"方面几乎没有优势可言，它唯有争夺对新闻事实的"第一解释权"，做出"第一评论"。

　　反复权衡的结果，栏目组决定将《长江新闻号》做成一档"时事评论节目"，将传播"观点信息"作为栏目的主要使命。"时事评论节目"与"新闻时事节目"的不同之处，在于它更侧重"评论"，更侧重意见信息的表达。表现在节目形态上，就是实行"新闻＋评论"的报道模式，用"强观点"整合"新闻"，通过"评论"对孤立的、单一的新闻事件进行系统的解读。评论员在新闻节目中的作用主要有两个：一是梳理新闻事件发生的背景，解读事件的来龙去脉，研判其发展趋势，将单薄的新闻事件还原到其发生的立体体系，使之变得厚重而清晰；二是对纷繁复杂的新闻事件（或社会现象）进行甄别判断，分析问题的要害和实质，吹沙见金，予观众以更多观点信息。

需要说明的是，评论员解读新闻事实的过程，也是一个对新闻事实信息进行再补充再完善的过程，这恰恰是西方时政新闻的惯常操作手法，也是时政新闻的魅力所在。时政新闻如果只是"就事论事"，不将单一的新闻事件放在复杂系统的大背景下进行考量，没有剖析新闻事件背后的来龙去脉和因果关系，观众就有可能"看不懂"。

基于以上认识，栏目组确定了《长江新闻号》作为一档"时事评论节目"，其报道原则基于以下几个方面：

——抢抓新闻"第二落点"。栏目不做简单的资讯整合式报道，《长江新闻号》的选题线索，都是当天的国际时事热点，但是在这里，观众几乎看不到简单、重复的动态新闻。观众看到的最多只是一个熟悉的"新闻由头"，而更多的内容，则是在此基础上的二次发掘。

2012年，中国设立地级三沙市的消息发布后，《长江新闻号》只是简单地利用这个新闻由头，然后详细分析设立三沙市的大背景——南海争端发酵、三沙市的主要任务、未来三沙市驻军的级别和规模，以及在三沙驻军对于中国维护南沙岛礁主权的战略、战术性意义等，做出了新闻的厚度和深度。

2015年12月31日，东盟共同体宣布成立。这是当天最"硬"的国际新闻，也是年度国际新闻大事件，新闻门户网站和央视等都及时给予了重点关注。但是，《长江新闻号》在处理这一新闻时，并没有"就事论事"，也没有简单地将各方面的信息进行"汇总"，而是换了一个"涉中"的角度：东盟共同体成立对中国意味着什么？从这个角度出发，新闻短片和长江评论主要围绕以下事实展开：中国外交部针对东盟共同体成立的表态，中国和东盟近年在经济上和安全上的合作机制和成效，中国—东盟自贸区升级谈判，中、日、韩、澳（大利亚）、新（西兰）、印（度）6 国和东盟 10 国《区域全面经济伙伴关系协定》谈判等，成功地抢抓新闻"第二落点"，使得《长江新闻号》对"东盟共同体成立"的报道，在新闻角度和主要内容方面，与同类型新闻栏目相比几乎呈现出完全不同的"面孔"。

2015 年 9 月 3 日，中国举行纪念抗日战争暨世界反法西战争胜利 70 周年大阅兵。中央电视台和地方卫视都对阅兵式进行了现场直播，包括对阅兵式上新亮相的武器装备进行报道解读。《长江新闻号》为了将节目做出个性和特色，一反常态没有将重点放在阅兵式和新亮相的武器装备上，而是将报道和解读的重点聚焦于一点：中方举行抗战大阅兵有何特别考量，想通过大阅兵向世界传递什么信息？为了回答这个问题，节目组组织了 5 条新闻短片：《抗战阅兵隆重举行　习近平发表重要讲话》、《国际舆论：阅兵展现中国维护和平决心》、《老兵方阵：有希望的民族不能没有英雄！》、《英模方队：中共武装力量是抗战的中流砥柱！》、《17 个外军方阵：反法西斯没有国界》。评论员陈菲和罗援的两段"长江评论"，也是围绕一些"形而上"的问题展开："老兵方阵"第一个出场接受检阅，英雄部队代表编组受阅，这种特别的设计和安排有何考量？中国邀请外军参加"9·3"大阅兵的意义何在？这么多国家回应中国邀请又说明了什么？通过今天的大阅兵，中国向世界展示了什么？等等。

——重视对新闻背景的挖掘。比如 2012 年 2 月，10 多个国家宣布与叙利亚政府断交，阿盟宣布承认叙利亚反对派，还组织召开"叙友会"国际会议，向叙利亚的巴沙尔政府发难。《长江新闻号》在报道这一新闻时，没有停留在就事论事上，而是以"叙友会"召开国际会议为新闻由头，深入发掘"阿拉伯之春"过程中，阿盟先后配合美国等西方国家打压利比亚、突尼斯、埃及等阿拉伯世界世俗政权的现象，提出疑问：诡异阿盟胳膊肘为何一直往外拐？神秘阿盟为何一再对阿拉伯兄弟痛下杀手？整个报道从选题角度到主要内容，都独树一帜，言人所未言。

新闻背景的种类很多，有政治背景、历史背景、事件背景、人物背景、地理背景、知识背景等。《长江新闻号》栏目组内有一个共识：做足背景的新闻就是好新闻。而在众多类型的新闻背景中，历史背景、事件背景和人物背景，是我们重点挖掘的方向。2015 年 3 月 25 日，日本"出云号"正式服役。《长江新闻号》除了揭示它"名为护卫舰实为准航母"外，还挖掘到了"出云号"的历史背景："旧日本海军的'出云号'装甲巡洋舰，曾参加过第一次世界大战和日俄战争，还曾在第二次世界大战时期成为日本侵略中国的旗舰，后来被美国 3 枚炸弹击中沉没。"这样的新闻背景，对于揭露日本政府扩充军备的野心，无疑能起到以一当十的效果："有分析认为，现在'出云号'复活了，表明日本军国主义正在借尸还魂。"2013 年 8 月 15 日，中日关系还没有从日本政府非法购岛造成的伤害中走出来，一些日本政府阁僚和国会议员又在这个敏感的时间节点前后参拜靖国神社，引起中国、韩国等亚洲邻国十分不满。为此，《长江新闻号》当天专门做了一条"纯新闻背景"的短片《揭秘靖国神社如何变成军国主义的招魂幡》。报道揭示：靖国神社原来只是一个普通的赛马场，但是 1978 年，随着包括东条英机在内的 14 名第二次世界大战甲级战犯，和 200 多名乙级、丙级战犯灵位的迁入，它变质了；第二次世界大战期间，这里曾是臭名昭著的神风特攻队出发仪式的举办地；在靖国神社的"游就馆"里，侵略被美化成正义的战争，历史完全被扭曲，等等。通过对靖国神社历史背景的挖掘，可以让更多的观众明白：为什么日本政客参拜靖国神社是爱好和平的人们不可接受的！

——将"长江评论"作为节目核心竞争力。《长江新闻号》运用"新闻短片＋长江评论"的报道模式，"新闻短片"主要承载传播事实信息的功能，由于这些事实信息一般都是公共资源，所以我们要求编导在写作时坚持两个原则：一是用观点统率新闻事实，做"有观点的传播"，二是篇幅要短小精悍，为新闻评论腾出版面空间；"长江评论"是公共意见平台，承载着传播意见信息功能，也是《长江新闻号》的核心竞争力所在。栏目强调以观点取胜，致力于打造"观点引领的新闻品牌"。在"长江评论"这个意见平台上，"观点信息"的传播主要有四种形式：一是将中国媒体对新闻事件的评论作为一种"意见信息"植入新闻短片；二是在新闻短片中引入网友对新闻事件的评论意见；三是在新闻短片中采访国际问题专家，其意见信息作为同期声嵌入新闻短片；四是节目进入"长江评论时间"后，由节目主持人与评论员进行在线交流，由评论员对新闻事件进行多角度、立体式的评论和解读，包括对新闻短片中的观点信息进行"再评论"。据栏目组统计，《长江新闻号》的每一组新闻短片，一般都要采访两位或两位以上国际问题专家；"长江评论"的时长最多时占到节目内容的一半，各种"意见信息"在节目时长中的占比平均为60%—70%。

三、议程设置：让媒体关注点和受众兴奋点良性互动

做一档国际时事评论节目，议程设置无疑是首要问题。一方面，电视新闻栏目的时长有限，而每天的国际新闻资讯量相对于"版面"而言是无限的，因此，选题必须有所选择，有所取舍，以其信息内在的新闻价值影响受众，吸引受众的注意力。影响新闻价值要素很多，如

重要性、显著性、时亲性、接近性、趣味性等，其中，"接近性"是国内外媒体界判断新闻价值的重要因素之一。而问题恰恰在于：与国内新闻相比，国际新闻天然离本国观众比较远，不具有心理上的"接近性"优势。

议程设置理论认为，公众对社会公共事务中重要问题的认识和判断，与传播媒介的报道活动之间，存在着一种高度对应关系，即传播媒介作为"大事"聚焦的事件，也会成为公众意识中的"大事"。按照这一理论，传播媒介似乎可以为所欲为，想做什么选题就做什么选题。但另一方面，公众议程有着自己独特的运动规律，它也以一种缓慢的、长期的、渐进的方式，影响着传媒议程。所以，媒介如果想对社会公众产生更大的影响力，其议程就必须尊重公众议程，给予公众议程应有的地位。

媒介议程如何最大程度获得公众认同？首要的办法就是设置有利于两者共识达成的议程。共识既有情感上的，也有理念上的；既有利益上的，也有趣味上的；既有时间上的，也有空间上的。在大家共同关注的话题上，共同的情感共鸣，共同的价值认知，会获得观众更高的忠诚度。具体到地方卫视，要做好"国外新闻向国内的报道"，拉近国际新闻与国内观众的距离，解决地理和心理上的"接近性"障碍，显得尤为重要。在实践中，《长江新闻号》议程设置的一个突出特点，就是优先选择"涉中选题"，具体来说，"涉中选题"主要有以下三类：

第一类：中国是新闻事件的"当事方"。2012年9月，日本政府非法对钓鱼岛"国有化"，导致中日关系急剧恶化。钓鱼岛是中国的固有领土，它关乎中国的国家核心利益和13亿多中国人民的感情。对这样的选题，栏目组理所当然作为"一类选题"予以重点关注。事实上，从右翼分子石源慎太郎抛出所谓的"购岛论"开始，《长江新闻号》就对事件进行长达数个月的重点关注，对于这一事件中的任何进展，栏目组都不会放过，而且每每从历史、法理、民意的角度，进行全方位的报道和解读。事实也表明，中国观众对中日钓鱼岛争端，以及由此带来的中日关系变化、日本新的军事动向，也格外关注。2012 年和 2013 年，中日关系因钓鱼岛问题急剧恶化，陷入"政冷，经也冷"的局面，《长江新闻号》由于频频关注上述问题，收视率排名分别位列国内同类节目第 2 名和第 3 名（据央视索福瑞提供的数据）。表 6-2 列举了 2015 年 7 月以来，《长江新闻号》收视率绝对值位居前 20 位的节目和长江评论选题，从中我们也可以看出：涉及日本军事动向、外交动向和中日关系的选题，由于它直接或间接"涉中"，都有不错的收视表现。

类似"涉中"的选题还有很多，如 2012 年发生的中菲舰船黄岩岛对峙事件，2013 年中国宣布设立东海防空识别区，2014 年发生的马航 370 失联事件和 APEC 北京峰会，2015 年中国倡导成立亚投行和人民币被国际货币基金组织纳入特别提款权、美军舰机闯南海事件等，《长江新闻号》都将它作为"一类选题"重点关注和解读。

第二类：中国是新闻事件的"参与方"。2015 年的伊核问题六方会谈、联合国成立 70 周年系列纪念活动、巴黎气候大会等，在这类新闻事件，中国虽然不是事件的"当事方"或者会议活动的主办方，但中国是活动的重要"参与者"，中国领导人或者相当级别的外交官员有出席，因此也值得适度关注。在具体操作时，栏目除了报道活动本身的焦点，更多的是将将镜头对准作为"参与方"的中国，讲述中国故事，传播中国声音，彰显中国贡献。比如 2015 年 7 月 14 日，伊核六方会谈达成历史性协议，栏目就专门策划了一组中国视角的报道：《新闻观察：伊核谈判中的中国贡献》，同时请评论员对中国在伊核六方会谈中所起的作用进行个性化观察和解读，有效地拉近了新闻事件与中国观众的距离。

表6–2　2015年7月以来TOP20节目及评论板块选题

日期	收视率	收视率排位	星期	选题（加粗字为本期长江评论主题）	评论版块选题关键词
8月20日	0.3612	2	周四	记者直击"长江–2015"实兵演练 **出云级2号舰**或8月下水，警惕日本军国主义"借尸还魂" 史上最高军费单价曝光，日本企图参与南海巡逻 **史上最高军费单价曝光，日本斥巨资升级远洋势力**	日本军事武器战略
8月27日	0.3575	5	周四	美国名记直播遭枪杀，**奥巴马自认控枪不力很失败** 美国欲在日部署F–35，打造美军亚太"鹰巢" 美国建福特级航母，首艘或部署亚太	美日军事关系
8月13日	0.3324	4	周四	**日本重启核电站** **日本：潜伏的军事大国**	日本军事武器战略
7月23日	0.3235	4	周四	**美海军发布"导航规划"全面升级亚太部署** 美派遣F–35前往亚太部署　目标直指中国？ **美国亚太军事部署如何步步为营？**	美国军事武器战略、中美关系
7月16日	0.3231	6	周四	抗议声中连闯两关，安倍强推"战争法案"只一步之遥 安倍政府为何处心积虑强推新安保法？ 透视**日本新安保法案** 安倍外交智囊今访华　中日关系回暖看日本行动	日本外交、中日关系
9月17日	0.3196	2	周四	化解外来难民危机　欧盟内部边"堵"边"吵" 现场直击：中国海军陆战队打响山岳丛林进攻战	
12月6日	0.2967	5	周日	"一切向钱看"的**美国战略**还能走多远	美国军事战略
7月30日	0.2940	7	周四	落实《南海宣言》高官会举行　合作是南海主旋律 土耳其总统访华，"红旗"–9谈判或迎突破 俄美再过招，美一非政府组织在俄遭封杀	南海问题

日期	收视率	收视率排位	星期	选题（加粗字为本期长江评论主题）	评论版块选题关键词
9月12日	0.2900	8	周六	记者现场报道：中国海军舰艇编队起航，赴马参加联合军演 中国正在研制**垂直起降战斗机**	中国军事战略
9月25日	0.2891	5	周五	**长征11号**成功首飞，填补我国固体火箭领域空白 **霹雳–10导弹**关键参数罕见曝光　搭配歼–20将改变作战规则	中国军事战略
10月1日	0.2805	8	周四	中国战略导弹：国之重器彰显大国风采	中国军事战略
8月6日	0.2770	7	周四	揭秘：美国为何格外忌惮中国"鹰击–12"？ 军方首曝"飞豹"，中国电子战利器？ 中国—东盟就南海问题达成重要共识，王毅阐述中国主张 **美借东盟会热炒南海问题，东盟各国不买账**	南海问题
8月3日	0.2677	5	周一	**中国反潜导弹**罕见亮相，将大幅提升海军反潜战力 "经济航母"搁浅　**美亚太再平衡遇挫** 美副总统拜登或参选　大选格局将被颠覆？	中国军事武器、美国战略
11月29日	0.2653	7	周日	美国对外军售暗藏玄机　武器出口撑起全球霸权	美国军事战略、美日俄关系
9月14日	0.2653	6	周一	博弈升级，美俄或在叙利亚短兵相接 **难民潮冲击欧洲，英国难辞其咎如何收场？** 歼–20最新原型机曝光，2017年或将服役	叙利亚问题
8月24日	0.2634	4	周一	中国空军参加中俄军演　锻炼海空联合作战能力 **驻日美军基地发生爆炸，或再引发日本民众情绪反应** **安倍为何力推自卫队武官走上决策前台？** **俄总理再登争议岛屿**	美日俄关系
8月21日	0.2561	9	周五	记者直击：揭秘我军舟桥部队水上"变形金刚" 新闻特写：水上"钢铁雄师"是怎样炼成的 **北约启动冷战后最大空降演习　与俄对抗升级？**	北约俄罗斯军事关系

日期	收视率	收视率排位	星期	选题（加粗字为本期长江评论主题）	评论版块选题关键词
9月24日	0.2528	4	周四	聚焦中国国家主席习近平首次针对美国进行国事访问 **维和拟新增"驰援警卫"，日本或打响海外"第一枪"** 追梦空天：人民空军诚邀社会公众共讲"空军故事" 俄罗斯复活"里海怪物"，提升快速投送能力	日本外交
8月8日	0.2525	10	周六	**俄罗斯空天军**开始执行任务，抗衡美"全球快速打击"计划 **揭秘俄罗斯空天部队**：攻防兼备的战略尖兵 美高速武器研发火力全开，全球快速打击渐行渐近	俄罗斯、美国军事武器战略
8月17日	0.2462	7	周一	**中国歼–6K**战美国B–52？ **美三架B–2进驻关岛**　打击范围覆盖中国全境 俄S–400将部署远东，升级反导防御冲着谁？	中美军事武器对比

数据来源：CSM34 城市，2015 年 7 月 1 日—2015 年 12 月 10 日。

第三类：中国是新闻事件的"利益攸关方"。比如 2014 年 7 月，日本正式通过解禁集体自卫权内阁决议案。这一新闻事件虽然是日本的"内政"，但它与中国的国家安全，与亚洲各国的国家安全，乃至与世界和平和稳定，都息息相关，因此，中国成了新闻事件的"利益相关方"，中国外交部也多次表态，所以，《长江新闻号》对此进行了持续的报道和评论解读。类似的选题，还有美国主导的跨太平洋伙伴关系（TPP）谈判，中方虽然不是 TPP 谈判的成员国，但它作为美国重返亚太的重要措施之一，美国疑有利用 TPP 在经济上围堵、架空中国的意图，而且，它与中日韩自贸协定（FTA）以及中方倡导的亚太自贸区（FTAAP）有竞争的成分，因此它也属于"涉中"的选题。

还有一类选题，它是当天国际新闻领域的"绝对热点"，但中国既不是事件的"当事方",也不是"参与方",利益的关联性也不明显,这时候,如何拉近新闻事件与中国观众的距离,就需要比较强的新闻内容开掘技巧。比如,打击极端组织"伊斯兰国",无疑是2015年国际新闻的大热点。栏目组判断,虽然中方没有出兵参战,但它仍然与中国有着某种利益关联。首先,中国的石油进口主要来自中东地区,因此,中东局势直接关系到国际油价,关乎中国的能源安全,关乎百姓的钱袋子;其次,在美国提出重返亚太,实施"亚太再平衡战略"的背景下,美国在中东打击"伊斯兰国"的效果,事实上也部分影响到美国可以腾出多少精力来进行"亚太再平衡",所以它与中国利益也有关联性。

　　顺着这种"间接相关"的思路,栏目组发现,很多发生在异国他乡的新闻事件,都有中国观众感兴趣的兴奋点。巴黎恐袭事件发生后,影响着西方国家对恐怖主义的"定义",中国官方对巴黎恐袭的表态,间接上也影响着法国等欧洲国家对中国依法打击"疆独"势力的看法。同时,巴黎恐袭案发生后,欧洲国家的签证和移民政策可能发生变化,这也会对中国公民产生间接影响。乌克兰危机表面上是西方国家和俄罗斯之间的战略博弈,但是,在西方孤立制裁俄罗斯的背景下,中俄有进一步靠拢"抱团取暖"的可能性,它还会在间接上对中俄军事贸易、中俄军事合作、中俄能源合作产生某种影响,它甚至还会影响到中美新型大国关系的建设。乌克兰危机和"伊斯兰国"在中东、东南亚和中亚活动,也会对中国倡导的"一带一路"建设,有着现实或潜在的影响。2013年4月发生的美国波士顿恐袭案,如果孤立地去看,它只是发生在异国的一条社会新闻,但是它暴露的美国枪支泛滥问题以及美国校园安全管理问题,都对中国有着借鉴意义。而《长江新闻号》在实践中通过设置这些议程,既解决了中国观众收看国外新闻时心理上的距离障碍，同时也部分摆脱了国际新闻节目信源类同、话题雷同的陷阱。

除了千方百计寻找国际新闻事件与"中国国家利益"的相关性，《长江新闻号》还着眼当前国际政治经济秩序重构的时代背景，针对其中涉及中国的焦点话题，主动设置议程，引导观众和社会舆论。

冷战结束后，旧的世界权力格局被打破，新的格局尚未完全形成，国际政治经济秩序因此急剧动荡。表现在：美国仍然是世界唯一的超级大国，在全球有着广泛的影响力，但是其对世界的领导力和号召力在减弱；欧洲深陷债务危机泥沼，经济低迷，欧洲一体化进程面临空前挑战；中国、印度、俄罗斯、巴西、南非"金砖五国"崛起，成为促使国际秩序变化的主要因素；一些区域权力中心正在形成。特别是，随着中国相继超过德国、日本成为世界第二大经济体，以美国为首的西方国家一方面希望分享中国经济增长的红利，另一方面又担心中国崛起动了他们的"奶酪"，因此对中国处处提防，处处掣肘，甚至污蔑和抹黑。正如我们所看到的那样，这些年，从"黄祸论"、"中国崩溃论"、"中国威胁论"到"中国责任论"，西方舆论抹黑中国的劲头十足，花样不断翻新：中国与非洲经济合作，被他们诬蔑为"新殖民主义"；中国奉行和平共处的和平外交政策，一心一意谋发展，被他们说成是"搭了30年便车"，等等。

几年来，针对西方舆论的不实论调，《长江新闻号》高举家国情怀的旗帜，用全球视野审视中国发展、中国作为、中国担当和中国贡献，连续几年，利用全国党代会、全国"两会"召开等重大政治节点，主动策划了一系列"主题性报道"，充分展示中国负责任的大国形象，讲述中国崛起这一"21世纪最动人的中国故事"，增强中国人的民族自豪感，让新闻媒介的关注点与受众的兴奋点共振共鸣。这些"涉中"焦点议程包括：

——2012 年党的"十八大"召开期间，重磅推出了《十年崛起，造福世界》特别报道系列节目。该系列节目共分 6 集，每一集都采用"新闻＋评论"的报道模式，时长 15 至 20 分钟，内容分"中国贡献"（综述篇）、"中国智慧"（外交篇）、"中国骄傲"三大版块。报道用全球视野审视中国崛起以及它对世界的巨大贡献，用翔实的事实向世人说明：中国特色社会主义道路系世界首创；中国打破了"大国崛起必然侵略扩张"的历史魔咒；中国已经并将继续成为世界经济复苏的火车头。

——2013 年全国"两会"期间，推出了《向世界证明·中国解答》特别报道系列节目。该系列节目共分 8 集，由"中国解答"和"向世界证明"两大部分组成。"中国解答"以全球视野审视当今的一系列世界性难题，比如发展道路难题、医改难题、粮食安全难题、贫富差距难题，突出中国在解决这一系列世界性难题过程中所进行的探索和已经取得的巨大成就。"向世界证明"以"谁在误读中国"为切入点，结合最新鲜、最典型的案例，突出中国的崛起，是世界之福，中国永不称霸，中国始终是建设和平世界的正能量这一主题。

——2015 年全国"两会"期间，又推出了《影响世界的中国故事》特别报道系列节目。该系列节目共分 7 集：第一集《中国走过深改元年　世界点赞中国巨变》，报道从《超级中国》在韩国热播切入，聚焦中国改革、中国经济、中国外交等热点，讲述了"一个关于中国深改元年的故事"；第二集《中国文化热　世界更精彩》，从多侧面展示中国文化在海外受热捧的现象，回答了"中华文化复兴对世界意味着什么"的问题；第三集《新中国外交新思路：共圆世界梦》，聚焦中国和周边、中国和非洲、中国和美国，中国和俄罗斯的外交故事，重点回答了"中国外交如何促进世界和平与发展"的问题；第四集《阿里巴巴：一个中国品牌走向世界的故事》，重点讲述中国品牌自主创新、走向世界之路，展示了"中国创造"对世界带来的积极变化；第五集《十年1.25万亿　中国"投资世界"时代来了!》，通过讲述中国投资在非洲、欧洲、美国发生的故事，说明"中国'投资世界'时代已经到来"，中国投资提振世界经济增长、造福被投资国人民这一重大主题；第六集和第七集《对话张维为：中国信心从何而来》上下篇，重点探讨了"中国模式"和"中国崛起"之间的因果关系，以及"中国模式"对世界发展模式的重大贡献，论述了"理论自信、制度自信、道路自信和文化自信"对当下中国实现可持续发展的重大意义。

此外，《长江新闻号》还利用十八届三中全会、四中全会、五中全会和湖北省党代会、湖北省"两会"等契机，适时推出了聚焦中国全面深化改革的《攻坚》系列、聚焦长江经济带建设的《国家战略向长江》系列、聚焦中国十三五规划的《你好! 十三五》系列等"主题报道"，实现了"有大事必有大策划"。

值得说明的是，这些"主题报道"播出后，都不同程度地拉升了栏目收视率。2012年11月11日，湖北卫视《长江新闻号》收视率达到0.5085%（参见图6-2），取得全国同时段节目收视排名第一的成绩，创造了湖北卫视新闻栏目收视率的历史最好成绩。而支撑这一收视佳绩的主要新闻内容，就是"十八大"特别报道《和平崛起　造福世界》系列节目（占当天节目时长的70%）。这一"反常现象"予人启示：电视节目提高收视率，绝非只能靠社会新闻、娱乐新闻、综艺节目打天下，高品质的电视新闻评论，同样可以赢得观众、赢得市场，主题报道做得好，仍然可以获得受众主体的广泛认知!

（本期收视率：0.5085%）

《和平崛起造福世界》中国
智慧：面临危机成功斡旋；
危急时刻：146 名平民命丧
叙利亚"宰牲节"；
联合国特使急赴中国，"中
国倡议"将助叙利亚停火；
危急时刻：小布什"邪恶
轴心论"引爆朝核危机；
对抗升级：美朝针锋相对，
战争一触即发；
中国智慧：缔造"六方会谈"
让"对话"取代"对抗"；
中国智慧："穿梭外交"从
"调停者"到"参与者"；
大国角色：顶住压力，积
极斡旋。

长江评论：华黎明：
中国智慧背后是"大国
责任"；
叙利亚问题上的"中国
否决"票得到国际认可；
美国打着不同的名号，
只为维护美式霸权；
中国更值得尊重，海纳
百川方显姿态；
中国被期待值增加，外
交主动符合多数国家诉
求；
主动调节复杂问题，中
国外交手段更丰富。

世界看好中国经
济，日本则将滑落
成"经济小国"；
日本站上"财政悬
崖"；
商务部长陈德铭：
我外贸增速仍快于
绝大部分经济体；
连线洪琳：世界经
合组织：中国最早
2016 年超越美国；
连线洪琳：各国对
中国经济引擎充满
期待。

伊朗举行大规模军
演："核谈"前向美
国示威？
伊朗军演将测试多
种先进武器；
敏感地带再秀肌肉
有何意图？
连线田文林：
伊朗情报部门暗示
恢复核谈判？
连线田文林：伊朗
核谈判迎来最佳时
机！
连线张家栋。

平均收视
0.5085%

片头
本期
预告
主持
人开
场白

辽宁舰第二次海试，舰载机起降成焦点：
辽宁舰二次海试以航母舰队方式训练？
连线胡思宇：歼-15 舰载机试飞在即？
连线吴戈：专家：辽宁舰海试阶段还需
两到三年！

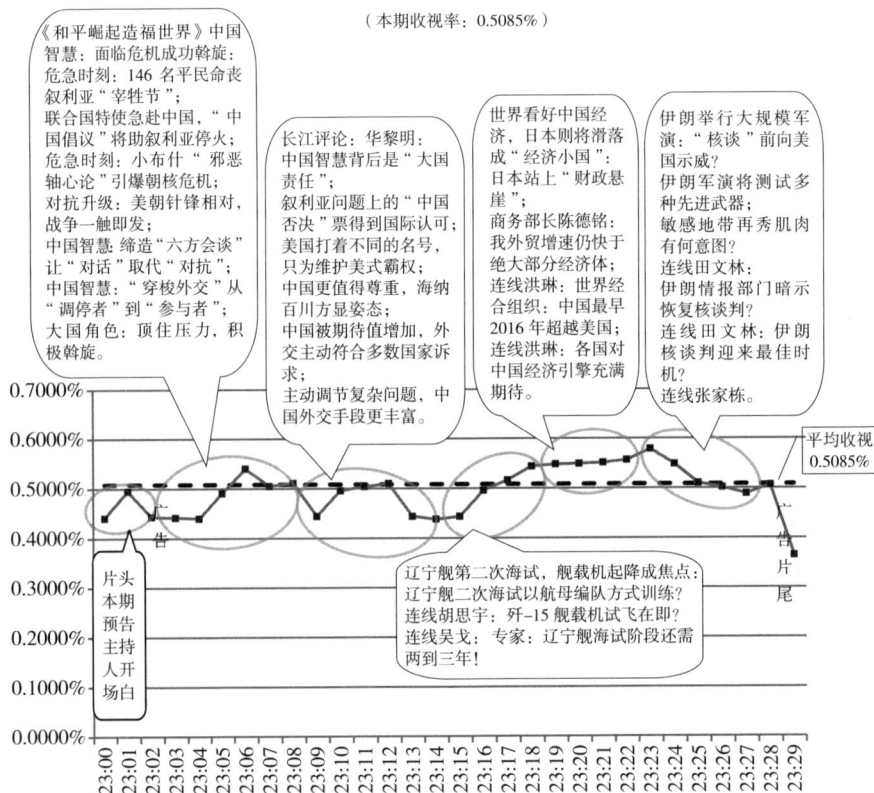

图 6-2　《长江新闻号》2012 年 11 月 11 日分钟收视率走势图

数据来源：央视资讯科技有限公司。

四、评论态：构建具有电视特质的新闻评论

　　做电视评论节目，节目形态是首先要解决的课题。电视新闻评论节目形态的含义有两种：第一种是基于传播形式的，即如何用声画符号传播"观点信息"；第二种是基于传播内容的，即是以传播"意见信息"为主，还是以"事实信息"为主。为了行文表述方便，笔者将前者称为狭义的评论节目形态，将后者称为广义的评论节目形态。国内电

视新闻评论的发展之所以滞后于纸媒，一个重要原因，就是电视人长期为节目形态所困：以理性见长的新闻评论，如何与以感性见长的电视"嫁接"？

直到今天，什么是电视评论，仍然见仁见智。早些年，电视评论就是报纸评论的"有声版"。中央电视台《焦点访谈》的开播，将国内电视新闻评论带入了发展期，但是，"用事实说话"的焦点访谈，到底是调查性报道还是新闻评论，一直饱受争议。有人曾经对一个月内的《焦点访谈》做了一个统计分析，结果发现：从内容上看，记录事件和人物的占到了78.6%；从访谈形式上看，访多于谈占到了71.4%，基本上是以叙带议。①《焦点访谈》的创办人、时任中央电视台评论部主任孙玉胜也承认，《焦点访谈》更多地还是以新闻报道的面目出现。他在《十年》一书里写道："还是在《焦点访谈》创办的初期，我就提出要'多报道，少评论'，其实这就是一种选择中的平衡。"这种对电视新闻评论形态的争论，直到进入21世纪后，随着中央电视台新闻频道的《新闻1+1》、《环球连线》等节目的出现，才慢慢止息。越来越多的人开始接受一个事实：电视新闻评论的节目形态常常是相互交叉混杂的，无论是新闻述评、谈话节目、脱口秀，还是其他形式的新闻评论节目，在传播技术高速发展的今天，都是作为事实和观点的聚集地，以"杂交体"的形态出现。

《长江新闻号》作为湖北卫视全新的"时事评论"节目，在狭义的评论节目形态上也有过一番探索和创新，并使它呈现出若干不同于传统新闻节目的面貌。比如，在新闻短片中，充分发挥"声音"与"图像"的组合优势，综合运用人物同期声、电话连线、现场画面、字幕、三维

---

① 参见于明松：《电视新闻评论节目形态探析》，《中国电视》2008年11月15日。

动画包装等方式，突出电视新闻评论的功能性意义，让观众在接受观点信息的同时，获得具体可感的形象。反过来，观点信息又由于有了漫画、字幕、包装等可感形象的配合，得到了强化，更易于观众理解。在演播室"长江评论"环节，通常采用的技术手段是 1∶1.5 的双视窗，屏幕右下角出评论员现场评论的视频，屏幕中间的主体部分播放与评论相对应的画面，让画面的"传真"功能和评论员的"观点信息"融合；在新闻短片的导语环节，栏目引入了国内最新潮的虚拟导语前置技术，节目主持人传播的所有新闻信息，都有视频画面（或者照片、漫画等）同步呈现。通过这些技术手段，整个节目形态呈现出一股新锐、灵动、时尚的特质。

经过几年的摸索，《长江新闻号》在广义评论节目形态上，也形成了自己的风格：强化节目的叙事功能，用"故事"来传播观点。

西方新闻采写中，常常把"story"用作"news"的代名词，把采访新闻叫作"to cover story"，头条新闻称之为"head line story"。如今，国内新闻界也越来越重视"讲故事"在新闻传播中的功效。白岩松就说过，新闻最好的传播方式是讲故事。也许有人会问：一个以讲故事为主的节目，还能算新闻评论吗？实际上，"讲故事"和做电视新闻评论两者之间不是完全对立的。首先，故事与评论功效相通。电视评论讲故事，以叙事吸引受众关注，而且故事的选取，都有现实针对性，都是为传播观点服务的，而故事本身的人文意蕴和教化功能，正是滋养观点的最好营养。其次，媒介特点要求电视评论讲故事。麦克卢汉认为，电视属于冷媒体，受众的参与程度较高。因而，观众完全可以根据电视评论所提供的故事，水到渠成得出自己结论。最后，电视的收视环境不像看电影那样仪式化，观众的注意力易受干扰，只有"讲好故事"，才能吸引观众更专注地收看节目；反之，如果说教味道过强，长篇累牍谈观点，会让人味同嚼蜡。

在实践中，《长江新闻号》形成了多种故事加评论的方式：

一是悬念化的故事导入。

"悬念"是指人们紧张期待的一种心理活动，不仅在小说、戏曲、影视等作品中普遍使用，也是新闻节目讲故事的基本手段。在大众传播时代，悬念设置成为电视节目推动叙事向前发展的重要机制。请看《长江新闻号》2014年7月13日新闻短片《奥巴马欲斥巨资应对非法移民》的导语：

> 这两天，一张奥巴马总统在美国德克萨斯购买食物的照片火了起来，因为当天日程紧迫，奥巴马不得已"插队"，为了请求客人原谅，甚至还花费了300美元，帮他们一起付了款。那么，究竟是一件什么大事要急于处理，让美国总统不惜着急"插队"呢？

节目一开始，编导精心选择了一个悬念，美国总统奥巴马因为要赶时间，购买食物时罕见地"插队"，为此，他不得不帮别人埋单请求原谅。行文至此，编导顺势提出疑问：是什么要紧事让贵为美国总统的奥巴马，如此火急火燎呢？随着报道展开，观众有了答案：原来他急着要去国会演讲，以说服国会批准关于加速遣返非法移民的财政拨款。

第一个悬念刚刚解开，编导主动提出第二个疑问：奥巴马为何急于搞定移民难题呢？节目说：

> 解决非法移民问题，是奥巴马本届任期的三大承诺之一，但随着美国经济回暖，非法移民问题不但没有好转，反而有愈演愈烈之势。美国现在用于移民执法花费，每年接近180亿美元，远远超过

美国其他执法单位支出的总和。

就在观众可能要感叹"原来如此"时，编导继续讲述美国历届总统和非法移民之间的故事：

> 事实上，不止是奥巴马，近三十年来的历届美国总统，几乎没有一位不被非法移民问题搞得焦头烂额。1986年，里根总统为解决非法移民问题，签发了《移民改革与控制法》，结果却被指责条件过于宽松，引发了随后更大规模的移民潮。2007年，时任总统的小布什又力推《移民改革法案》，意图加强边境控制，结果该法案却遭到布什所在的共和党的强力反对，在参院的投票中闯关失败。

讲完历届美国总统与非法移民的故事。编导再次提出疑问：奥巴马的移民改革方案，能否走出他的前任和前前任们"屡战屡败"的怪圈呢？将观众的视线引向奥巴马政府移民改革方案本身。就这样，编导在不断地系扣、解扣之间，通过悬念设置推动叙事走向深入。从当天节目的分钟收视率走势图可以看出，这样层层设置悬念的叙事手法，有效地吸引了观众（见图6-3）。

2013年9月6日，《长江新闻号》播出的头条节目《3小时："史上最长"G20晚宴上发生了什么?》，节目主标题本身就是一个巨大的悬念。短片的导语部分写道：

> 俄罗斯圣彼得堡当地时间9月5日晚上，全世界最有权力的一群人，聚集在圣彼得堡市外的彼得宫，参加东道主俄罗斯总统普京举行的欢迎晚宴。由于在叙利亚问题上意见严重相佐，大家虽然

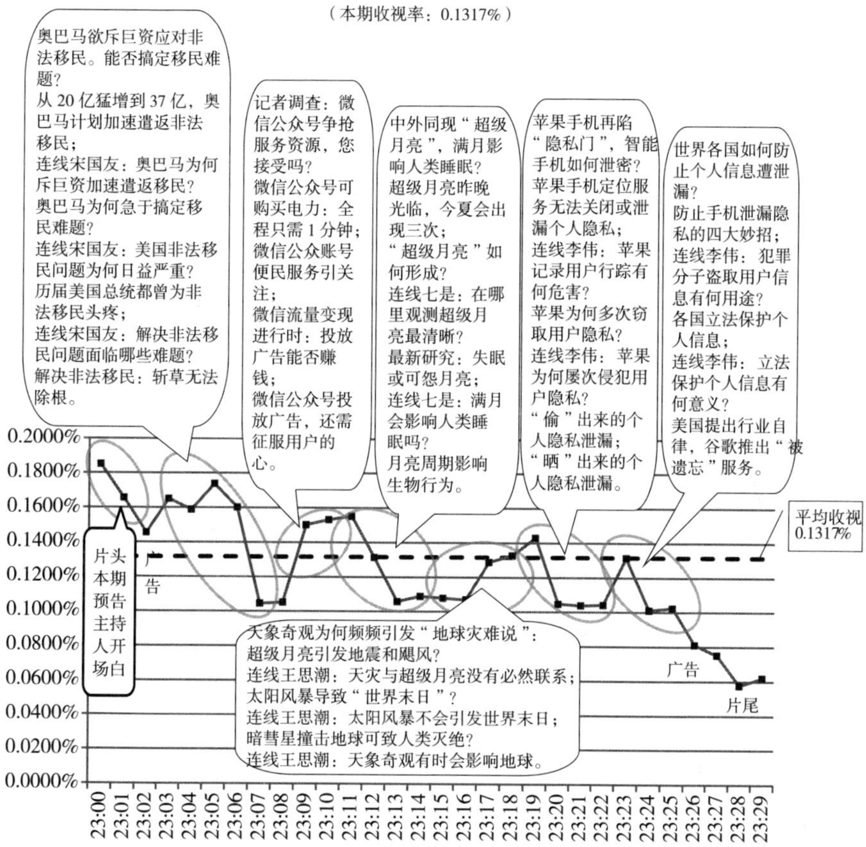
（本期收视率：0.1317%）
奥巴马欲斥巨资应对非法移民。能否搞定移民难题？从20亿猛增到37亿，奥巴马计划加速遣返非法移民；连线宋国友：奥巴马为何斥巨资加速遣返移民？奥巴马为何急于搞定移民难题？连线宋国友：美国非法移民问题为何日益严重？历届美国总统都曾为非法移民头疼；连线宋国友：解决非法移民问题面临哪些难题？解决非法移民：斩草无法除根。
记者调查：微信公众号争抢服务资源，您接受吗？微信公众号可购买电力：全程只需1分钟；微信公众账号便民服务引关注；微信流量变现进行时：投放广告能否赚钱；微信公众号投放广告，还需征服用户的心。
中外同现“超级月亮”，满月影响人类睡眠？超级月亮昨晚光临，今夏会出现三次；“超级月亮”如何形成？连线七是：在哪里观测超级月亮最清晰？最新研究：失眠或可怨月亮；连线七是：满月会影响人类睡眠吗？月亮周期影响生物行为。
苹果手机再陷“隐私门”，智能手机如何泄密？苹果手机定位服务无法关闭或泄漏个人隐私；连线李伟：苹果记录用户行踪有何危害？苹果为何多次窃取用户隐私？连线李伟：苹果为何屡次侵犯用户隐私？“偷”出来的个人隐私泄漏；“晒”出来的个人隐私泄漏。
世界各国如何防止个人信息遭泄漏？防止手机泄漏隐私的四大妙招；连线李伟：犯罪分子盗取用户信息有何用途？各国立法保护个人信息；连线李伟：立法保护个人信息有何意义？美国提出行业自律，谷歌推出“被遗忘”服务。
平均收视 0.1317%
片头 本期预告 主持人开场白
广告
天象奇观为何频频引发“地球灾难说”：超级月亮引发地震和飓风？连线王思潮：天灾与超级月亮没有必然联系；太阳风暴导致“世界末日”？连线王思潮：太阳风暴不会引发世界末日；暗彗星撞击地球可致人类灭绝？连线王思潮：天象奇观有时会影响地球。
广告
片尾
0.2000%
0.1800%
0.1600%
0.1400%
0.1200%
0.1000%
0.0800%
0.0600%
0.0400%
0.0200%
0.0000%
23:00 23:01 23:02 23:03 23:04 23:05 23:06 23:07 23:08 23:09 23:10 23:11 23:12 23:13 23:14 23:15 23:16 23:17 23:18 23:19 23:20 23:21 23:22 23:23 23:24 23:25 23:26 23:27 23:28 23:29

图 6–3　《长江新闻号》2014 年 7 月 13 日分钟收视率走势图

数据来源：央视资讯科技有限公司。

坐在一起吃饭，彼此却貌合神离。有外媒报道，长达 3 个小时的晚宴，气氛仿佛回到了冷战时期。那么，宴会上到底发生了什么呢？

随着报道的层层展开，编导为观众揭秘了更多的有趣故事：奥巴马“耍单”迟到 30 分钟；为了避免尴尬，普京和奥巴马的座位临时调整，中间特意隔了五个外国领导人；由于在叙利亚问题上意见分歧巨大，原定每人 10 分钟的演讲，不少人严重超时，各国领导人一共讲了 3 个多小时，直到凌晨 1 点才结束。

事实上，设置悬念讲故事，是《长江新闻号》最基本、最常见的新闻操作技法。该节目的很多新闻标题和副标题，都是以"新闻＋疑问"的模式呈现。

二是用"碎片化"故事态导入。

作为一档新闻评论节目，新闻叙事是为"传播观点"服务的，因此《长江新闻号》不可能像当下众多的"揭秘"栏目一样，靠完整的故事主导节目。实践中，栏目倡导用"碎片化"手法讲故事。所谓用"碎片化手法"讲故事，即采取非情节叙事，不追求故事的完整性，故事背景完全或部分缺失，结构和逻辑上打破常规，转而重视故事的功能性价值。这种讲故事的方式，好处是故事的意见功能强，利于观点和事实信息的融合，同时由于它短小精悍，故可以随时随地视叙事需要讲一个"小故事"，增加节目对观众的吸引力，强化观点的劝服效果。

这种"碎片化的小故事"，在《长江新闻号》节目中有大量运用。比如 2015 年 12 月 28 日，韩日就慰安妇问题达成协议，这标志着日韩关系迈出了和解的重要一步，将对东北亚地区局势产生深远影响，还间接涉及中国利益。第二天，《长江新闻号》做了"3＋2"整版（3 条新闻短片和 2 条长江评论）重点关注。三条新闻短片的角度分别是：韩日慰安妇的"结"解开了吗？摆平"慰安妇"问题，日本诚意几何？美国为何热衷打开韩日"历史心结"？长江评论设计了 6 个问题，主要探讨 4 个层面的大问题：一直因慰安妇问题"闹别扭"的韩日两国，这次为何会相向而行？日韩的"心结"是否打开了，将来会不会出现反复？美国积极撮合日韩达成协议的动机何在？日韩和解对中国有何影响？在新闻短片和长江评论中，我们讲了多个小故事：1991 年，韩国妇女金学第一个站出来以亲身经历指证"慰安妇"问题；1993 年，日本内阁官房长官河野洋平发表著名的"河野谈话"；2006 年版日本初中教材正文中"慰安妇"内容被删除；2007 年，美国国会众议院通过谴责日本强征"慰安妇"的第 121 号议案；2011 年，首个慰安妇少女铜像在日本驻首尔大使馆前落成；2013 年 7 月，第二尊慰安妇铜像在美国格伦代尔中央图书馆前落成，遇上雨雪天气，韩国民众会自发前往为少女铜像穿上雨衣、打上雨伞。这些小故事，体量轻盈，角度别致，叙事功能强，蕴涵的观点信息丰富，它们与新闻短片的主题或评论员的观点充分融合，在电视新闻评论中常常可以起到"以一当十"的效果。

从《长江新闻号》当天的分钟收视率走势图（参见图 6-4）也可以看出：节目第一段广告结束后，收视曲就迅速向上爬升，然后一直维持

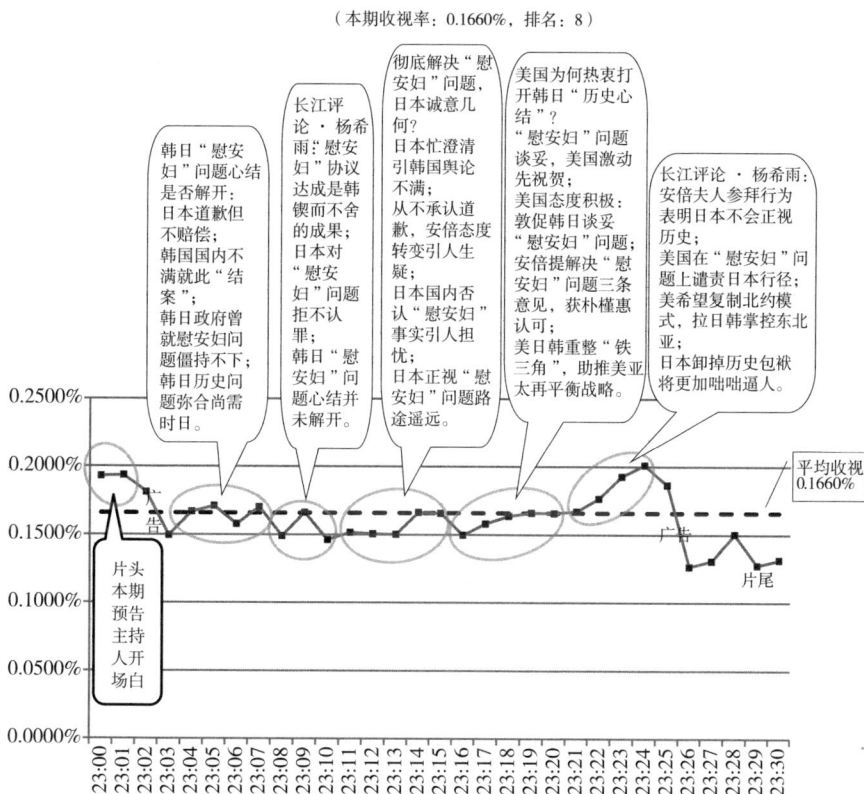

图 6-4　《长江新闻号》2015 年 12 月 29 日分钟收视率走势图

数据来源：央视资讯科技有限公司。

在 0.166% 左右区间平稳运行，当节目两次进入"长江评论时间"后，收视曲线都呈现出向上的走势，第二次长江评论结束前，收视曲线达到了全节目段的最高点，长江评论对节目收视率的拉升作用十分明显。

三是视角多维化导入。

在讲述故事时，新闻常采用一种"相机式叙述"方式，"记者像一个超脱的观察者，或者说简直就是一只相机的眼睛，不动声色地记录下周围发生的一切。这有点类似于叙事理论中以局外人出现的全知全能的叙述视角"[1]。但是在地方卫视的国际新闻报道中，记者（编导）不在新闻现场，是通过他人的角度讲故事，因此讲故事的视角有多种：a. 固定视角。b. 移动视角。c. 同一事件的多视角。所谓同一事件的多视角，即同一事件在多个目击者眼里的映射，随着视点变化，事件被反复描述，这种手法在新闻侦破故事中经常采用。

比如，2015 年 11 月 24 日，俄罗斯一架苏 –24 战机在土耳其与叙利亚边境坠毁。事后，俄土双方确认了这一消息，并先后表示，该战机系被土耳 F–16 军机击落。关于这一事件的叙述，至少就有三个视角：一是土耳其的视角。土方称，俄罗斯战机在"在五分钟内侵犯了土耳其空域 17 秒"，土方军机曾 10 次发出警告，但俄罗斯战机不予理会，故将其击落；二是俄罗斯的视角。俄方称，俄战机当时距离土耳其边界 1000 米，高度 6000 米，并没有侵犯土耳其领空。反而是土耳其越境侵犯叙利亚领空击落了俄战机。真相是土耳其早有预谋；三是第三方视角，不同的国际媒体对这一事件有多种观察和解读。

《长江新闻号》之所以提倡变换视角讲故事，是与栏目"搭建意见平台"的定位吻合的，因为针对同一新闻事件，评论员的观点常常呈现

---

[1]　唐迎春：《新闻要善于讲故事》，《新气象》2013 年 1 月 6 日。

出多元化特征，公说公有理，婆说婆有理。因此，在"长江评论"之前的新闻短片中，运用多元化视角讲叙事，可以让新闻事件更丰满、更有棱角，这样就能为各种观点的交锋埋下伏笔。

《长江新闻号》致力于用故事"说话"，实质上就是将电视新闻评论的论证"过程化"。德国哲学家卡西尔说，伟大历史学家们的才能正在于：把所有单纯的事实都归溯到它们的生成，把所有的结果都归溯到过程，把所有静态的事物或制度都归溯到它们的创造性活动。这无疑是对过程化功能最经典的论述。我们认为，"过程化"论证是符合电视传播规律的，因为与纸媒和网络不同，电视传播是一种线性传播，声画合一使电视节目天然地具有形象直观的特征。因此，电视评论既不能忽视新闻评论共性——逻辑和理性，也不能丢掉电视媒介的个性——形象直观这个法宝。电视评论在论证过程中，除了少量的纯粹说理之外，凡是以事实作为论据的论证，都应该有相关的事实呈现。

这种"过程化"的论证，在《长江新闻号》的"长江评论"环节表现得尤为明显。作为"新闻短片＋长江评论"模式的重头戏，"长江评论"时长一般占到节目时长的 40% 以上，在这么长的篇幅里，评论员显然不可能只是连篇累牍地"说理"，在评论的过程中进行合理化叙事，不仅必要，而且极为关键——决定嘉宾的评论意见能否打动受众。所以，在实践中，从主持人评论问题的引入方式，到评论员表达观点的呈现方式，栏目都强调论证要过程化，强调意见信息的表达要叙事化、情节化甚至故事化。请看 2015 年 8 月 27 日《长江新闻号》播出的一条新闻评论的一个段落：

　　主持人姜剑：陈菲你好！有数据显示，2015 年最初的 207 天里，美国几乎每天都会发生 1 起大规模枪击案。然而最新一份民调却显示，在美国，要求保护持枪权利的人数不降反升，创下20年之最！为什么会出现这样巨大的反差？

评论员陈菲（中南财经政法大学教授）：这种巨大的反差背后，有这样一个奇怪的逻辑。一般大家会认为，枪击案越多，支持拥枪的人应该越少，但是在美国恰恰相反，发生的血腥枪击案越多，美国支持拥枪的民众反而会变得更多。按照过去的经验，尤其是最近10年到20年的经验，每次重大枪击案件发生以后，枪商的生意反而会特别的好。因为有些美国民众会更加意识到拥枪自卫的重要性和必要性。另外一方面，有些美国民众则担心政府是不是有可能会加强管制，这使得他们买枪拥枪的愿望也更加强烈。在2012年年底，美国康涅狄格州有一所叫胡克的小学，发生了校园枪击案，28个人死亡，其中20名死者是小孩，但是惨案发生以后，美国历史最悠久，也是最著名的手枪制造商史密斯-韦森公司他有一项统计。数据显示，惨案发生后第一个财政季度，这家公司的营业额反而增长了40%左右。由于不安全感增加，加上担心政府管控。这推动了美国民众去买更多的枪。

从这条新闻评论的内容可以看出，针对节目主持人提出的疑问：为什么枪击案频发，支持拥枪的美国人不降反升？评论员陈菲并没有简单地亮明自己观点，也没有长篇大论地"说理"，而是一开场就设置了一个悬念：巨大的反差背后有一个奇怪的美国式逻辑；然后又补充了一些新闻细节：每次重大枪击案件发生以后，枪商的生意反而会特别好；接下来，评论员通过分析了其中的原因：由于不安全感增强，加上担心政府控枪，所以每次枪击案发生后，反而刺激了美国枪支销售；为了进一步说明这个观点，评论员与观众分享了一个小故事：胡克小学惨案发生后，著名手枪制造商史密斯－韦森公司的枪支销量上升了4成。纵观评论全文，"意见信息"所占的比例不到30%，"事实信息"占到了60%以上，评论员通过将历史事件"复活"成新闻故事的方式，通过情节化叙事，在"过程化"的论证中，悄然完成了观点信息从主体向客体的传播。《长江新闻号》当天的分钟收视率走势图（参见图6-5）显示：由于当天节目入点高达接近0.6%，全节目段收视曲线一路向下，特别是第一条新闻短片开始后，收视曲线以约45度角的倾率迅速下滑，但是当节目进入第一段"长江评论"后，曲线下滑的倾率在减小，从约45度收窄为约30度；当天《长江新闻号》全节目段的平均收视率为

（本期收视率：0.3575%，排名：5）

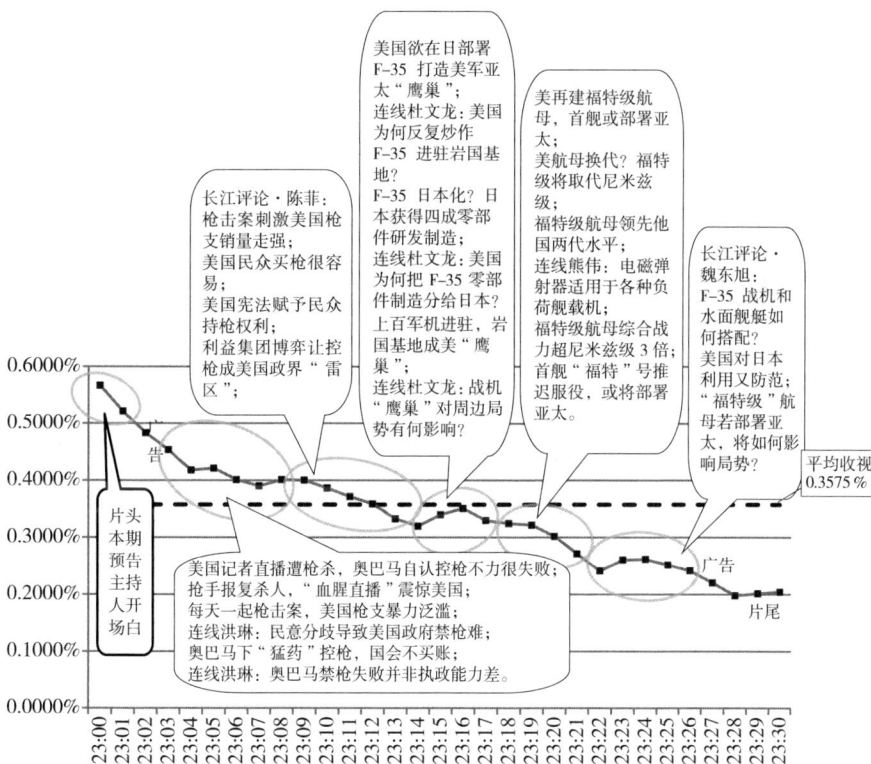

美国欲在日部署F-35 打造美军亚太"鹰巢"；连线杜文龙：美国为何反复炒作F-35 进驻岩国基地；F-35 日本化？日本获得四成零部件研发制造；连线杜文龙：美国为何把F-35 零部件制造分给日本？上百军机进驻，岩国基地成美"鹰巢"；连线杜文龙：战机"鹰巢"对周边局势有何影响？

美再建福特级航母，首舰或部署亚太；美航母换代！福特级将取代尼米兹级；福特级航母领先他国两代水平；连线熊伟：电磁弹射器适用于各种负荷舰载机；福特级航母综合战力超尼米兹级3倍；首舰"福特"号推迟服役，或将部署亚太。

长江评论·陈菲：枪击案刺激美国枪支销量走强；美国民众买枪很容易；美国宪法赋予民众持枪权利；利益集团博弈让控枪成美国政界"雷区"；

长江评论·魏东旭：F-35 战机和水面舰艇如何搭配？美国对日本利用又防范；"福特级"航母若部署亚太，将如何影响局势？

平均收视0.3575%

片头本期预告主持人开场白

美国记者直播遭枪杀，奥巴马自认控枪不力很失败；抢手报复杀人，"血腥直播"震惊美国；每天一起枪击案，美国枪支暴力泛滥；连线洪琳：民意分歧导致美国政府禁枪难；奥巴马下"猛药"控枪，国会不买账；连线洪琳：奥巴马禁枪失败并非执政能力差。

广告

片尾

0.6000%　0.5000%　0.4000%　0.3000%　0.2000%　0.1000%　0.0000%

23:00 23:01 23:02 23:03 23:04 23:05 23:06 23:07 23:08 23:09 23:10 23:11 23:12 23:13 23:14 23:15 23:16 23:17 23:18 23:19 23:20 23:21 23:22 23:23 23:24 23:25 23:27 23:28 23:29 23:30

图6-5　《长江新闻号》2015年8月27日分钟收视率走势图

数据来源：央视资讯科技有限公司。

0.3575%，而在陈菲谈控枪问题的第一个"长江评论"时段，2/3 时间收视率高于这一平均数。这也说明"长江评论"成功地阻止了观众快速流失的局面，当天《长江新闻号》在同类新闻节目中排名第 5 位（参见图 6-5）。

即使同为"过程化"论证，表达方式也各有千秋。从主持人提出问题、引入评论的方式上划分：有新闻引入式、观点引入式、数字引入式、漫画引入式、悬念引入式等。从评论员观点的呈现方式上分：有观点主导式、观点后延式、观点隐藏式等。

所谓观点主导式，即评论员对主持人的提问，直抒胸臆，先亮明自己的观点，然后层层分析，论证自己的观点。这种呈现方式最适合那些思辨性强的"是非"问题，也适合"对评论问题的再评论"。比如，2012 年 9 月，日本野田佳彦政府非法对钓鱼岛"国有化"时，就辩称日本政府将钓鱼岛收归国有，就是为了防止它被石原慎太郎主政的东京都政府或其他政治团体买走，避免为中日关系造成麻烦。对于这一大是大非的问题，栏目评论员在节目中当然要旗帜鲜明地先亮出观点，对日本政府的谬论进行批驳，而不是娓娓道来先摆足论据，再亮明观点。

"观点后延式"则与"观点主导式"相反，评论员先一开始并不亮出观点，而是就主持人提出的问题，向观众介绍自己对新闻事件的独到观察和理解，然后在评论中间环节或者评论结束前亮明自己的观点和意见。这种呈现方式适合那些需要评论员对新闻信息进行"补充"的提问，也适合那些需要精心论证提出独家观点的提问。请看 2015 年 12 月 30 日《长江新闻号》的一段长江评论：

　　主持人：在两岸媒体合办的 2015 海峡两岸汉字节上，我们发现，"和"字当选为 2015 海峡两岸的年度汉字，这又体现了什么呢?

评论员：个人觉得"和"字是历届两岸年度汉字评选活动中，所产生的最美的汉字。2008年以后的两岸汉字，先后是"震"、"生"、"涨"、"微"、"平"、"进"、"转"。从2008年的"震"撼人心开始，2009年"生"机勃兴，2010年水"涨"船高。之后2011年见"微"知著，2012年"平"步青云，2013年再"进"一步，2014年"转"者运也。这次年度汉字"和"字是排在第一位，43万张票当选；"安"字排在第二位，得票42万张；"握"字排在第三位，得票40万张。中国人讲究"和和美美"、"以和为贵"、"家和万事兴"，两岸民众选"和"字，既是抒写了两岸关系今天的发展现状，也预示着两岸关系美好的未来，"和"字反映了两岸人民的心声和期待。

观点隐藏式，即评论员从始至终并不直接亮出自己的观点，而是分析事件走向的若干种可能，研判其各自的发展趋势和影响，将个人观点和倾向性意见暗含于评论员提供的新闻事实之中。它比较适合那些事件真相不明朗，发展趋势和走向不清晰，评论员不便主观臆断的问题。这种呈现方式的好处是，它能为观众提供更多观察问题的视角，将对新闻事件的解释权和判断权交给观众。

五、对电视评论生存空间的展望

21世纪的第二个10年，无疑将是中国新闻史上的一个大变局年代。在本世纪的第一个10年里，互联网的兴起，将新闻传播"裹挟"进了自媒体时代，报纸的式微，已经从当初业界的争议变成了全社会的共识；现在，这种冲击波已经传导到了广播和电视，后者已深深地感受到了岁月的寒意，电视传播主体性构建呈现出与过去完全不一样的风貌。电视何去何从，让人一遍遍想起莎士比亚戏剧中哈姆雷特那震撼人心的独白："活着，还是死去，这是一个问题。"其实，电视人不仅要在"活着"或"死去"之间做出选择，不仅要变法图强，去突围、去寻找一条活路，更重要的问题或许是：要明白活着的为什么活着，死去的又为什么会死去。

2016年元旦是《长江新闻号》开播4周年的日子。作为地方卫视创办的一档国际新闻节目，它为什么能在短时间内迅速引起关注？在地方卫视纷纷开办同类节目时，它靠什么站稳自己的一席之地？在互联网时代，在资讯传播异常快捷的时代，电视新闻评论节目为什么还会有生长空间？这种类型节目的明天又会是什么样子？等等，这些问题，电视工作者常常会不由自主地想起，并且努力试图寻找接近真相的答案。

首先，自然要归功于互联网。互联网的兴起和自媒体时代的到来，将传统媒体逼到了墙角，但是，它也为传统媒体带来了很多东西，比如即时化的全球资讯，扁平化的信息到达模式，这些都为地方卫视报道国际新闻提供了可能。如果像过去一样，地方卫视获取国际新闻资讯只能依靠新华社、中央电视台等少数几个信源，地方卫视要办一档日播国际新闻节目，是不可想象的。另一方面，互联网促推新媒体的迅速发展，海量信息传播格局使得受众接受信息的广度和规模发生了巨大变化，同时也刺激了受众对深度信息的需求，真可谓"成也萧何，败也萧何"。尼葛洛庞帝所讨论的互联网"赋权"功能，不仅仅是对年轻人这个群体更多地赋权，也表现在对许多沉睡资源的赋权。

其次，电视媒介观点信息短缺提供了生长空间。如前文所述，西方媒体高度重视对意见信息的传播，而国内电视新闻评论仍处在成长期。特别是国内的时政新闻报道，或者仍然是纯粹的宣传品，或者退缩到了"政策预告式"的民生新闻层面，真正意义上的时政新闻仍然很稀缺。而《长江新闻号》在国际新闻报道上的探索，实际上只是尊重了新闻规律，做出真正意义上的"时政新闻"。而这种努力，正好满足了信息爆炸时代受众对"观点信息"的需求。

最后，尊重电视传播规律的结果。电视新闻评论该以什么样的方式呈现？观点信息如何与电视"嫁接"？"述"多于"评"的节目还算不算新闻评论？这一系列问题，曾经长期困扰着电视人，在一定程度上也扼杀了电视人创新的步伐。而《长江新闻号》一边大胆创新"理论"，一边勇于实践，执着（或者叫本能）地坚持强化新闻评论的叙事功能，摸索出"用故事说话"的多种形式，以及观点信息的多种表现手法，这实际上是对电视传播规律的尊重，也是对电视受众主体性建构的尊重和有效探讨。

结　语

电视传播从改变人的感官比例开始，就以前所未有的广度和深度影响着受众的主体性构建。这场由传播中介的改变而造成的改变，不仅仅表现在社会生产方式（特别是信息生产方式和接受方式）的改变，而且表现在社会消费方式的深刻变化，更是表现为对受众主体性构建方式的改变。电视传播带来的人的内在气质的变化到底有哪些？通过什么样的机制来促成这些变化？通过什么样的途径来促成变化向着积极健康的方向发展？是本书的出发点。

本书借鉴了西方学者和国内学者关于主体性和传播效果研究的一些理论成果，运用了电视传播效果调查的相关数据，力图证明，通过有效的机制设计，电视传播完全可以避免长期以来学者们担心和批评的主体性消解的问题。在电视传播和主体性构建之间找到一个良性机制，正是本书要解决的课题。

第一，电视传播为主体性构建打开了新的空间。电视改变了文字符号和声音符号传播过程中的抽象转化为具象的过程，直接通过眼睛把视觉符号植入人的头脑，用视像时空来再现生活时空。电视传媒是事件的复制者，它用特殊的视音频逻辑来复制事件的时空。对时空的重新组合与剪裁，是为了重新铸造我们的时空意识和感觉，重新唤起我们的想象能力和创造能力。电视用特殊的符号制作方式几乎无限地扩大了人们的感官经验，尤其是视觉经验。这种感官上的延伸是具有重大意义的，电视传播重新组合了世界，电视呈现的图像仿佛就是世界的图像，电视的边界不仅成为人们认知的边界，而且似乎成为世界本身的边界。它接管或者代替了人们认知世界的文化感官。

第二，电视传受关系的主体间性为主体性构建提出新课题。电视传播，是形成传播主体与接受主体分离对应关系的直接原因之一，电视是人们接触最频繁、接触时间最长、选择性最多的媒介，它改变了人们的认知习惯和生活方式。它的生存空间在于传播主体对传播客体的转化，也就是把客体也当作具有自主选择能力的主体，电视的视像化也就是人文化、生活化。主体间关系的建立，改变了传统的价值观、认识观和传播观，主体性构建的作用机制也就发生了根本变化。

第三，电视受众呈现多彩复杂景观，整合日常生活、符号消费和价值消费的统一等外在机制的作用，促成交叉主体、虚拟主体、双重消费主体等电视受众主体独有的特征。电视受众不是单一属性的主体，而是由多重环境影响、多重文本召唤下的多重主体。电视通过电视收视的仪式化来实现社会领域的标准化，通过独特的机制构建私人领域的社会化。电视的家庭收视的特征，貌似是一种纯粹私人领域的行为，与致力于公共事务的公共领域似乎不相干。殊不知，电视通过参与感和共识感的营造，把国家和家庭"接合"起来，促使家庭成为公共领域的一部分。电视培养了双重消费者，电视受众既是媒介的消费者，又是电视展出商品的消费者。电视传播造成的最深远的效果，就是非现实空间显现出的人的主体地位即虚拟的主体地位。它通过身体缺场提高主体的感知能力，通过虚拟超越提高主体的自由度，通过非现实化提高主体开放程度。

　　第四，信息的碎片化获取、价值观的隐喻式引导、功能的感官式延伸等内在机制的作用，使得受众主体性的构建以润物无声的方式悄悄发生，所以必须把握好这种机制的作用机理，引导电视朝着有利于人的主体性构建的方向发展。电视是一种特殊的符号，通过特殊的作用（结构、行动）机制，来影响受众的主体性构建。碎片化是信息的片段化，是思维方式的类型化，也是信息接受的消费化，是主体性的解构和重构的过程。电视传播运用的最为普遍的修辞手法是隐喻，通过树立模仿的榜样、塑造形象、强化观念、建构认知来影响受众的价值建构。电视对时空的极限突破，大大超越了主体因为时空的局限而形成的主体构建的局限，拓展了主体的感知空间和思索空间。

　　第五，做好体制机制的设计是引导电视传播积极促进人的主体性构建的最有效的途径，也是本书要解决的问题。公共空间是主体性构建的有效平台，因为在这个空间里，批判的自由可以保证人们选择的自由，公共空间可以避免人们少受权利和商业的双重侵蚀，保持主体的相对独立性。电视可以通过强化公众意识、搭建沟通平台、变革表达语态和建立防损机制来营造公共领域，从而为主体性构建创造一个良好的宏观环境。能动性是主体性的核心内容，能动的传受关系是主体性有效构建的必然需求。建立能动的传受关系，使受众成为主动创造的主体，是电视传播者必须解决的问题。一方面，传播者的讯息编码方式和意义是为受众所能理解和接受的；另一方面，受众能够接受或者至少有选择性地接受。传播者必须是能动的传播者，必须是自由自觉的传播者，是充分尊重受众的主体性并且能够在传播过程中为受众主体性的构建留有空间的传播者，是创造自由自觉的受众的传播者。电视传播既要为受众提供多种信息、多种视角和多种选择，也要通过信息编码的方式对受众进行适度的引导。电视传播造成的仿像和现实、信息和娱乐、政治和娱乐、高雅文化和通俗文化、媒介和社会之间的断裂，使得过去长期形成并且对人的主体性构建发挥过积极作用的各种边界正在断裂或者消失，主体性问题面对前所未有的困局。那么必须设置有利于沟通的议程，建立有利于思考的中介、建立自由自觉的传受主体来弥合边界断裂，来实现人的主体性和主体性实现的最高境界—总体性。要通过传播建立起生产而非占有和重复的主体性生产机制，构建多向度而且自由的主体，以总体性作为传播的尺度，实现电视受众主体性的有效构建。

　　本书力图在两个宏观命题之间找到令人信服的逻辑关系，并且运用了调查和数据分析成果来论证。由于本人水平有限，课题也偏于宏大，许多方面难免粗疏和浅显，许多地方还有纰漏，敬请各界朋友指正。

参考文献

1. [美] 赫伯特·马尔库塞：《单向度的人：发达工业社会意识形态研究》，刘继译，上海译文出版社 1989 年版。

2. [美] 弗雷德里克·杰姆逊：《后现代主义与文化理论》，唐小兵译，陕西师范大学出版社 1986 年版。

3. [加] 马歇尔·麦克卢汉：《理解媒介——论人的延伸》，何道宽译，商务印书馆 2000 年版。

4. [德] 哈贝马斯：《交往与社会进化》，张博树译，重庆出版社 1989 年版。

5. [德] 哈贝马斯：《交往行动理论》第 1 卷，曹卫东译，上海人民出版社 2004 年版。

6. [德] 哈贝马斯：《交往行动理论》第 2 卷，洪佩郁、蔺青译，重庆出版社 1994 年版。

7. [美] 约翰·费斯无：《传播符号学理论》，张锦华译，台湾远流再版公司 1995 年版。

8. [英] 戴维·莫利：《电视、受众与文化研究》，史安斌译，新华出版社 2005 年版。

9.《马克思恩格斯选集》第 1 卷，人民出版社 2012 年版。

10. [德] 马克思：《1844 年经济学—哲学手稿》，人民出版社 1979 年版。

11. [美] 诺伯特·赖特：《非零年代——人类命运的逻辑》，李淑珺译，上海人民出版社 2002 年版。

12. [美] 诺伯特·维纳：《人有人的用处》，陈步译，商务印书馆 1978 年版。

13. [美] 哈罗德·D. 拉斯韦尔：《世界大战中的宣传技巧》，张洁译，中国人民大学出版社 2003 年版。

14. [美] 肯尼斯·博克等：《当代西文修辞学：演讲与话语批评》，常昌富译，中国社会科学出版社 1998 年版。

15. [美] 特伦斯·霍克斯：《结构主义和符号学》，瞿铁硼译，上海译文出版社 1987 年版。

16. [美] 库利：《人类本性和社会秩序》，包凡一等译，华夏出版社 1989 年版。

17. [美] 乔治·H. 米德：《心灵、自我与社会》，霍桂桓译，上海译文出版社 1992 年版。

18. [美] 尼克·布朗：《电影理论史评》，徐建生译，中国电影出版社 1994 年版。

19. [美] 杰克·富勒：《信息时代的新闻价值观》，展江译，新华出版社 1999 年版。

20. [美] 沃尔特·李普曼：《公众舆论》，阎克文、江红译，上海人民出版社 2002 年版。

21. [美] 马克·波斯特：《信息方式》，范静晔译，商务印书馆 2000 年版。

22. [美] 保罗·莱文森：《数字麦克卢汉》，何道宽译，社会科学文献出版社 2001 年版。

23. [美] 约翰·费斯克：《理解大众文化》，王晓珏、宋伟杰译，中央编译出版社 2001 年版。

24. [美] 贝斯特、凯尔纳：《后现代理论》，张志斌译，中央编译出版社 1999 年版。

25. [美] 乔纳森·弗里德曼：《文化认同与全球性过程》，郭建如译，商务印书馆 2003 年版。

26. [法] 埃米尔·涂尔干：《社会分工论》，渠东译，三联书店 2002 年版。

27. [法] 尤瑟夫·库尔泰：《叙述与话语符号学》，怀宇译，天津社会科学院出版社 2001 年版。

28. [法] 罗兰·巴特：《神话——大众文化诠释》，许蔷蔷、许绮玲译，上海人民出版社 1999 年版。

29. [法] 米歇尔·福柯：《必须保卫社会》，钱翰译，上海人民出版社 1999 年版。

30. [法] 皮埃尔·布尔迪厄：《关于电视》，许军译，辽宁教育出版社 2000 年版。

31. [法] 让·波德里亚：《消费社会》，刘成富、全志钢译，南京大学出版社 2000 年版。

32. [法] 让·波德里亚：《完美的罪行》，王为民译，商务印书馆 2000 年版。

33. [法] 雅克·德里达：《声音与现象》，杜小真译，商务印书馆 2001 年版。

34. [法] 让—弗朗索瓦·利奥塔：《后现代道德》，莫伟民译，学林出版社 2000 年版。

35. [法] 阿芒·马特拉：《世界传播与文化霸权》，郭英剑译，中央编译出版社 2001 年版。

36. [美] 弗莱德·R.多尔迈：《主体性的黄昏》，万俊人、朱国钧、吴海针译，上海人民出版社 1986 年版。

37. [美] 沃纳·赛佛林、小詹姆斯：《传播理论——起源、方法与应用》，郭镇之等译，华夏出版社 1999 年版。

38. [英] 安东尼·吉登斯：《现代性与自我认同》，赵旭东译，三联书店 1998 年版。

39. [英] 安东尼·吉登斯：《现代性的后果》，田禾译，译林出版社 2000 年版。

40. [英] 戴维·莫利、凯文·罗宾斯：《认同的空间——全球媒介、电子世界景观与文化边界》，司艳等译，南京大学出版社 2001 年版。

41. [英] 索妮娅·利文斯通：《理解电视——受众解读的心理学》，龙耘译，新华出版社 2003 年版。

42. [英] 迈克·费瑟斯通：《消费文化与后现代主义》，刘精明译，译林出版社

2000 年版。

43. [英] 齐格蒙·鲍曼：《全球化——人类的后果》，郭国良等译，商务印书馆 2001 年版。

44. [英] 尼古拉斯·阿伯克龙比：《电视与社会》，张永喜、鲍贵、陈光明译，南京大学出版社 2001 年版。

45. [美] 约翰·菲斯克：《电视文化》，祁阿红、张鲲译，商务印书馆 2005 年版。

46. [德] 哈贝马斯：《公共领域的结构转型》，曹卫东等译，学林出版社 1999 年版。

47. [德] 哈贝马斯：《作为"意识形态"的技术与科学》，李黎等译，学林出版社 1999 年版。

48. [德] 哈贝马斯：《后形而上学思想》，曹卫东、付德根译，译林出版社 2001 年版。

49. [德] 西美尔：《金钱、性别、现代生活风格》，顾仁明译，学林出版社 2000 年版。

50. [加] 哈罗德·伊尼斯：《帝国与传播》，何道宽译，中国人民大学出版社 2003 年版。

51. 涂纪亮：《英美语言哲学概论》，人民出版社 1988 年版。

52. 陈崇山、弭秀玲主编：《中国传播效果透视》，沈阳出版社 1989 年版。

53. 常昌富编：《大众传播学：影响研究范式》，中国社会科学出版社 2000 年版。

54. [德] 康德：《实践理性批判》，韩水法译，商务印书馆 1999 年版。

55. [德] 黑格尔：《精神现象学》（上、下卷），贺麟、王玖兴译，商务印书馆 1979 年版。

56. [德] 弗里德里希·尼采：《权力意志——重估一切价值的尝试》，张念东、凌心译，商务印书馆 1991 年版。

57. [德] 卡尔·雅斯贝尔斯：《现时代的人》，周晓亮、宋祖良译，博凡校，社会科学文献出版社 1992 年版。

58.［法］萨特：《存在主义是一种人道主义》，周煦良、汤永宽译，上海译文出版社 1988 年版。

59.［美］悉尼·胡克：《历史中的英雄》，王清彬等译，上海人民出版社 1964 年版。

60.［德］恩斯特·卡西尔：《人论》，甘阳译，上海译文出版社 1985 年版。

61.［苏］M. A. 帕尔纽克等：《主体与客体》，安启念、林娅译，辽宁大学出版社 1990 年版。

62.［苏］伊·谢·科恩：《自我论》，佟景韩、范国恩、许宏治译，生活·读书·新知三联书店 1986 年版。

63.［美］马斯洛等：《人的潜能和价值》，林方主编，华夏出版社 1987 年版。

64.［美］道格拉斯·凯尔纳：《媒体奇观——当代美国社会文化透视》，清华大学出版社 2003 年版。

65. 孙旭培：《新闻学新论》，当代中国出版社 1994 年版。

66. 陈力丹：《精神交往论——马克思恩格斯的传播观》，开明出版社 2002 年版。

67. 吴廷俊：《新记〈大公报〉史稿》，武汉出版社 2002 年版。

68. 申凡：《采访心理学》，人民日报出版社 1988 年版。

69. 屠忠俊、吴廷俊：《网络新闻传播导论》，华中科技大学出版社 2002 年版。

70. 石长顺：《电视传播学》，华中理工大学出版社 2004 年版。

71. 石长顺：《公共电视》，武汉大学出版社 2007 年版。

72. 张昆：《大众媒介的政治化功能》，武汉大学出版社 2003 年版。

73. 单少杰：《主客体理论批判》，中国人民大学出版社 1989 年版。

74. 李德顺：《价值与人的主体性》，中国人民大学出版社 1989 年版。

75. 薛克诚、洪松涛、吴定求主编：《人的哲学——马克思主义人学理论初探》，中国人民大学出版社 1992 年版。

76.《主体与客体》，中共中央党校出版社 1990 年版。

77. 张曙光：《人的世界与世界的人》，河南人民出版社 1994 年版。

78. 宋锦添：《自觉能动性研究》，中国人民大学出版社 1986 年版。

79. 杨金海：《人的存在论》，广西人民出版社 1995 年版。

80. 郭湛：《主体性哲学——人的存在及其意义》，云南人民出版社 2000 年版。

81. 李楠明：《价值主体性》，社会科学文献出版社 2005 年版。

82. 高岸起：《实践的主体性》，中国人民大学博士后研究人员出站报告。

83. 黄作：《不思之说——拉康主体理论研究》，人民出版社 2005 年版。

84. 尹树广、黄惠珍：《生活世界理论：现象学—日常生活批判—实践哲学》，黑龙江人民出版社 2004 年版。

85. 欧阳谦：《人的主体性和人的解放》，山东文艺出版社 1986 年版。

86. 潘自勉：《论价值规范》，中国社会科学出版社 2006 年版。

87. 张咏华：《媒介分析：传媒技术神话的解读》，复旦大学出版社 2002 年版。

88. 林少雄：《视像与人——视像人类学论纲》，学林出版社 2005 年版。

89. 王安民、陈永国、马海良主编：《后现代性的哲学话语：从福柯到赛义德》，浙江人民出版社 2000 年版。

90. 金丹元：《电视与审美——电视审美文化新论》，学林出版社 2004 年版。

91. 王岳川主编：《媒介哲学》，河南大学出版社 2004 年版。

92. 刘婷：《影像叙事》，中国传媒大学出版社 2006 年版。

93. 车玉玲：《总体性与人的存在》，黑龙江人民出版社 2001 年版。

94. 李彬：《传播学引论》，新华出版社 2003 年版。

95. 冉华：《电视传播与电视文化》，武汉大学出版社 1998 年版。

96. 赵建军：《虚拟实践与人的主体性困境》，《光明日报》2002 年 10 月 2 日。

97. 时统宇：《从法兰克福到伯明翰——电视批评理论的西方思想资源再析》，《现代传播》2002 年第 4 期。

98. 陈超群：《道德的主体性与自主型生存方式》，《思想理论教育》2003 年第 10 期。

99. 李欣人：《传播关系的哲学思考》，《当代传播》2005 年第 4 期。

100. 何道宽：《媒介即文化——麦克卢汉媒介理论批评》，《现代传播》2000 年第 6 期。

101. 于德山：《当代媒介文化》，新华出版社 2005 年版。

102. 陈卫星：《影像：传播悖论》，《现代传播》2001 年第 3 期。

103. 时统宇：《伦理的追问与学理的批评——对西方电视批评理论的一种解读》，《现代传播》2001 年第 5 期。

104. 杨伯淑、李凌凌：《艺术的视角——理解麦克卢汉》，《现代传播》2001 年第 6 期。

索 引

后　记

　　我是一位在电视新闻一线工作的电视新闻记者，多年来，怀着对电视传播中的诸多疑惑开始了电视传播学方向的思考。从覆盖和影响的人群规模来看，电视至今仍然是最具穿透力的传播媒介，所以，研究这一课题，无疑具有重要的现实意义。但要在传播实践和传播学中找到一个科学的理论架构，确实很有难度。正是因为国内外知名学者的重大研究成果奠定的媒体消费理论的研究基础，才使得我的这项研究得以自信起步，所以，在这里，首先要向致力于传播哲理研究的思想家们致敬，向他们为建设人类思想大厦作出的巨大贡献致敬！本书引用了许多学者的研究成果，在此表示由衷的感谢！

　　在本书撰写过程中，得到了我的导师石长顺教授的热心指导和无私帮助。在书稿撰写过程中，他多次就研究方向、理论框架提出非常宝贵的意见，为该书的成稿奠定了基础。

　　我的同事崔妮、刘骞为该书提供了重要帮助。崔妮是综艺节目制片人，所做节目在全国产生了广泛影响，她对娱乐节目的思考纳入了我的主体性研究框架，期待理论和实践有个较好的结合。刘骞先生是《长江新闻号》创办人之一，对电视新闻评论有自己独到的思考，对受众主体性与新闻评论的关系有深入的探讨。本书第五章、第六章主要来自两位的智慧。

本书只是对电视受众主体性的粗浅探讨，许多方面还不够成熟，也请同行批评指正。

最后，要特别感谢方国根同志对本书的极大支持和热情帮助。感谢人民出版社哲学与社会编辑部同志们的辛苦工作。

向培凤

2017 年 12 月

责任编辑:方国根

图书在版编目(CIP)数据

电视传播与受众的主体性构建/向培凤 著. —北京:人民出版社,2018.7
ISBN 978－7－01－018563－7

Ⅰ.①电… Ⅱ.①向… Ⅲ.①电视-传播媒介-研究 Ⅳ.①G22

中国版本图书馆 CIP 数据核字(2018)第 281984 号

电视传播与受众的主体性构建
DIANSHI CHUANBO YU SHOUZHONG DE ZHUTIXING GOUJIAN

向培凤 著

人民出版社 出版发行
(100706 北京市东城区隆福寺街 99 号)

北京中科印刷有限公司印刷 新华书店经销

2018 年 7 月第 1 版 2018 年 7 月北京第 1 次印刷
开本:710 毫米×1000 毫米 1/16 印张:15.75
字数:200 千字

ISBN 978－7－01－018563－7 定价:68.00 元

邮购地址 100706 北京市东城区隆福寺街 99 号
人民东方图书销售中心 电话 (010)65250042 65289539